应用型学前教育专业教材

RE 融媒体版

U0659536

幼儿园
绘本教学概论
基础理论与教学应用

YOU'ERYUAN
HUIBEN JIAOXUE GAILUN

JICHU LILUN YU JIAOXUE YINGYONG

王 蕾 ◎ 主编

北京师范大学出版集团
BEIJING NORMAL UNIVERSITY PUBLISHING GROUP
北京师范大学出版社

图书在版编目(CIP)数据

幼儿园绘本教学概论：基础理论与教学应用/王蕾主编. —北京：北京师范大学出版社，2020.10(2024.1重印)

应用型学前教育专业教材

ISBN 978-7-303-26320-2

Ⅰ.①幼… Ⅱ.①王… Ⅲ.①阅读课－教学研究－学前教育 Ⅳ.①G613.2

中国版本图书馆 CIP 数据核字(2020)第 169558 号

图书意见反馈：gaozhifk@bnupg.com 010-58805079
营销中心电话：010-58802181 58805532
编 辑 部 电 话：010-58808898

出版发行：北京师范大学出版社 www.bnupg.com
　　　　　北京市西城区新街口外大街 12-3 号
　　　　　邮政编码：100088
印　　刷：天津旭非印刷有限公司
经　　销：全国新华书店
开　　本：787 mm×1092 mm 1/16
印　　张：18
字　　数：322 千字
版　　次：2020 年 10 月第 1 版
印　　次：2024 年 1 月第 7 次印刷
定　　价：48.00 元

策划编辑：罗佩珍　　　　　　　责任编辑：杨磊磊　张柳然
美术编辑：陈　涛　焦　丽　　　装帧设计：陈　涛　焦　丽
责任校对：陈　民　　　　　　　责任印制：马　洁

编委会

主 编

王 蕾

副主编

李英华

编 委

（按章节先后排序）

沈 洁　王 冰　许 欣　刘为群
范煜璟　成 丽　王 蕾　张凯真
钱佩雯　周 瑾　秦亚其　张喜梅
李英华　李 静　孙凤岐　罗 捷
谭 梅　宋俊娟　沈 宁　毛 莉
赫晴雪

前　言

FOREWORD

　　对学龄前儿童而言，以图画为主、文字为辅的绘本（图画书）是最适合他们的读物，绘本是每个儿童人生的第一本书。近些年来，随着绘本在中国儿童图书市场的崛起，绘本已经成为学前教育早期阅读和幼儿园语言课程的主要内容，也是幼儿园五大领域活动设计中经常使用到的载体和基础元素。绘本的阅读指导成为幼儿教师必备的专业素养。在这样的背景之下，为高校学前教育专业学生开设绘本教学课程，将有助于更好地培养幼教领域的师资人才，满足他们未来的职业岗位需求。

　　就目前现状来看，学前教育专业开设的儿童文学（或称幼儿文学、学前儿童文学、低幼儿童文学）课程中，绘本教学仅为教学内容中的一个章节，教学内容相对简单，理论知识单薄，教材中尤其缺乏对于幼儿绘本独特性及教学应用的阐述，教学实践也相应不足。因此，基于学前教育发展的绘本教学研究，即绘本与学前教育的结合研究已成为当下学前教育学科、儿童文学学科发展的重要方向，编写一本专门面向幼儿园的绘本教学概论教材也极为必要。

　　《幼儿园绘本教学概论：基础理论与教学应用》教材以习近平新时代中国特色社会主义思想为指导，依据《教师教育课程标准（试行）》《幼儿园教师专业标准（试行）》《幼儿园教育指导纲要（试行）》和《3—6岁儿童学习与发展指南》政策文件精神，紧密结合学前教育专业课程改革动向、学前教育专业人才培养需求而编写。

教材结构

　　本教材分为上、中、下三编，共计十三章。

　　上编"绘本的基础理论"系统介绍绘本的基础理论知识，包括对绘本的内涵、构成、种类及其艺术特征的分析。这些基础理论知识是绘本教学的根本，很多幼儿园都在进行绘本教学研究，但对于绘本的理论知之甚少，或者不够系统，导致绘本教学讲故事、重形式、玩手工的套路式浅教学现状，要推动绘本教学走向专业化，理论基础的夯实必不可少。

　　中编"作品阅读与创制"包括中外绘本的发展历程、绘本经典作品赏析及绘本的创作与制作。这部分从绘本的作家作品入手走进广阔的绘本阅读世界，同时特设的"绘本的创作与制作"一章，从绘本的阅读到写作，籍此希望绘本教学工作者要拿起笔来，自己亲身创作一本图画书，并把它制作出来，有了这样一个过程，才能更好地理解绘本内容与形式区别于其他读物的独特性所在，同时才能对儿童的绘本创作与制作提供一手的实操经验，而不是纸上谈兵，隔靴搔痒。

下编"绘本与学前教育"论述了绘本在学前教育中的实践应用。该编突出研究了绘本对幼儿教育的独特价值、绘本教学多维方法论，探讨了绘本在幼儿园五大领域的应用途径及家园共育中绘本亲子共读的策略，解读了幼儿园绘本教学活动的典型案例，较为全面地阐述了当前绘本在幼儿园各类教学活动中的应用状况及操作路径。

本教材各章设有"学习目标"，明确每一章学生需要达到的学习标准；"学习导图"，以框架形式提示学生本章的知识要点；"本章导言"，概述本章学习的意义，导入本章的学习。各章教学内容之中附有"知识链接"，以二维码形式呈现，选取相关的电子资料包或教学资源，补充学习资料，扩大教材容量。教学内容之后设有"问题讨论"，为学生提供课堂教学的研讨问题或相关的专业技能训练；"课后练习"，学生完成综合类习题或相关实践活动，巩固知识，学以致用。各章"参考文献"统一放置于书末，旨在为学生进一步的学习提供文献资料的线索。

教材特色

1. 指导思想：立德树人、培根铸魂。本教材以幼儿园绘本教学为切入口，关注师范生基本素养(如教学能力、语言能力、传统文化的传承能力等)的提升，引导学生发现幼儿教育、绘本教学的乐趣，形成科学的儿童观、教育观，热爱儿童、热爱教育事业。比如，有意识地梳理了中国绘本的历史发展，择取反映体现社会主义核心价值观的绘本故事，重视用中国原创绘本作品培养学生对中华优秀传统文化的自信等。

2. 基本原则：理论性与实践性相统一。教材包含基本理论、作品阅读与创制、绘本与学前教育三编内容，旨在使学生通过学习掌握绘本基本理论，认识绘本在幼儿教育中的重要作用；具备一定的绘本鉴赏能力、创编能力及专业的绘本教学能力，为将来开展幼儿园绘本教学及相关活动奠定良好基础。三编内容从理论层面到实践操作层面，前后关联，层层递进。每章内容体例也同样注重了理论性与实践性的结合，阐述理论知识的同时，兼顾图画书作品的艺术赏读与学前教育实践中的应用。知识要点的讲解避免了过于学术化，与作品阅读相结合，生动呈现；与教学活动相结合，学以致用。这样的体例设计充分将绘本教材的基本理论、作品信息及其教育实践理念、方法等一并介绍给教材使用者，力求让绘本教学的课程内容变得立体、多元，并且极具操作实践性。突出对于绘本基本理论及其教学应用的系统梳理与阐释，是本教材的创新点。教材编写集中汇总、系统阐释了全国师范院校教育学、儿童文学学科的专业学者近几年在绘本教育领域的最新研究成果，探讨了绘本在学前教育领域的独特教育价值，体现绘本在学前教育教学应用中专业应用，力求为学界提供一个较为完整的绘本教学知识体系，这在国内师范院校的儿童文学课程、学前教育课程改革中体现出较高水平的首创性。

3. 作品选取：讲求经典性与代表性、文学性与教育性相兼顾。阅读作品可以帮助读者深入理解基本理论，提高其作品鉴赏、创作能力。教材除了各章节选用典型作品之外，专门设置了第六章绘本经典作品赏析，并附有中外经典绘本主题书单。作品既有世界经典图画书，也有中国原创的优秀图画书作品，同时所选作品均为目前在国内已经出版的作品，以此保证教材使用者在学习教材内容时，能通过书店、图书馆等途径进一步深入阅读与使用教材中的作品。教材中的作品鉴赏，是兼具文学性与教育性分析的教育解读，这有助于学前教育专业学生进行文学赏读的同时能够对作品的教育实践应用进行综合性思考。

4. 教材形式：图文并茂，纸媒与数字资源融合。绘本作为一种图文共茂的儿童文学样式，其作品阅读及教学应用活动，借助融合媒体技术可以高效地、直观生动地呈现出来，提高读者的阅读学习效果。在出版社的支持与协助下，编写组精心设计、收集、制作了各章配套的教学资源素材，包括教材中涉及的绘本作品信息、重点画页及点评、绘本教学活动图片、课件、微课及视频录音等。融媒体的运用将大大拓展教材的信息量，使本教材成为信息时代学前教育教材的新形态。

《幼儿园绘本教学概论：基础理论与教学应用》教材适用范围广泛，包括高等师范院校学前教育本专科生；高等职业院校学前教育专业本专科生；课程与教学论研究生；幼儿园在职教师；高等院校文学院及教育学院儿童文学课程学习的本科及研究生；从事学前教育的培训机构教师、少儿儿童图书馆员、绘本馆工作人员等。

本教材由首都师范大学儿童文学教育研究基地牵头全国师范院校的相关专业学者共同编写完成。全书由主编与副主编拟定教材提纲，并对所有章节文稿进行了修润、加工、统稿、定稿。各章节具体分工为：第一章首都师范大学初等教育学院沈洁；第二章首都师范大学初等教育学院王冰；第三章首都师范大学初等教育学院许欣；第四章首都师范大学初等教育学院刘为群；第五章石家庄幼儿师范高等专科学校范煜璟；第六章石家庄幼儿师范高等专科学校成丽；第七章首都师范大学初等教育学院王蕾、苏州市相城第一实验小学张凯真、南京市天妃宫小学钱佩雯、北京市人大附中石景山学校周瑾、山西应用科技学院管理学院学前教育系秦亚其；第八章济南幼儿师范高等专科学校张喜梅；第九章石家庄幼儿师范高等专科学校李英华、李静；第十章邢台学院孙凤岐；第十一章成都大学罗捷、谭梅；第十二章贺州学院宋俊娟；第十三章宿迁学院沈宁；附录北京府学胡同小学毛莉、北京市陈经纶中学嘉铭分校赫晴雪。教材编写组成员均为国内高校从事绘本基础理论研究、儿童文学研究、学前教育研究的重要学者，编写团队力求使教材从基础理论、内容规划、体例设计等方面兼具学术性和实践性。

感谢国内多所幼儿园为本教材提供了绘本教学的案例、图片、视频等资料及建议。感谢北京师范大学出版社罗佩珍老师为本教材编辑工作付出的辛劳。希望本教材能为国内学前教育的绘本教学专业化历程贡献绵薄之力。

主　编　王　蕾

副主编　李英华

目 录
CONTENTS

上 编 绘本的基础知识

中　编　作品阅读与创制

下　编　绘本与学前教育

上 编

绘本的基础知识

第一章 绘本的内涵

学习目标 ▶

1. 了解绘本的定义、绘本的独特性。
2. 掌握绘本对儿童身心发展的独特价值。

学习导图 ▶

绘本的内涵
- 绘本的定义
- 绘本的独特性
- 绘本的读者
- 绘本的功能
  - 绘本带给幼儿"悦读"的情感享受
  - 绘本对幼儿的认知发展起着积极的作用
  - 绘本对幼儿审美能力的提高作用
  - 绘本对幼儿语言能力的提升作用
  - 绘本是开启幼儿想象力的有力工具

学习导言 ▶

绘本是一种特殊的儿童文学样式，它的主要阅读对象为儿童。与其他儿童文学体裁相比，绘本有着独特的美学特征和艺术表现形式，它以图画和文字两种媒介为儿童创造了一个独特的阅读世界，在儿童早期阅读中占据重要地位。

绘本的内涵是什么？绘本与插图读物有什么区别？与其他图文结合的艺术形式又有着哪些不同？它的功能是什么？这些是我们首先要解决的问题？也是对绘本进行研究和学习的基础。

第一节　绘本的定义

绘本是近年来流行的一种特殊的儿童文学样式。与其他儿童文学体裁相比，绘本以其精美的图画和简约精致的语言，深受儿童的喜爱，为儿童带来一种独特的阅读体验，在儿童早期阅读中占据重要地位。

"绘本"在英文中被称为"Picture book"①。在我国，"Picture book"有两种翻译方式，一种是"图画书"，另一种是"绘本"。

"绘本"一词源于日语，是日本国内对图画书的统称。中国台湾学术界在20世纪90年代开始使用"绘本"一词。后随着幾米成人绘本进入大陆，"绘本"一词也开始在大陆使用，并引发阅读热潮。

绘本源起于欧洲，已经有100多年的历史了。1658年，捷克教育家扬·阿姆斯·夸美纽斯(1592—1670)出版了《世界图解》一书，又名《可见的世界》。这本书被称为西方第一本专为儿童创作的书籍，内含附有插图的词语150多个，包括自然、人类活动、社会生活和语言文字等方面的内容。虽然以现代的眼光来看，《世界图解》并不是真正意义上的绘本，但作为儿童文学史上第一本专为儿童而作并带有大量图画的读物，它通常被称为世界上最早的绘本。到19世纪时，欧洲出现了许多带有插图的书籍，但它们与我们现代意义上的绘本有着较大差异。这些书籍中的绘画的作用主要是阐明或装饰文本。

现代意义上的绘本被认为出现在19世纪末。约翰·洛威·汤森在《英语儿童文学史纲》一书里认为："为书画插图是一回事儿；图画占同样重要且通常是最重要地位的图画书又另当别论了。现代图画书的起源应该说是19世纪后30年。且若以个别艺术家而言，起源于英国的刻画家与印刷商——艾德蒙·伊凡斯(Edmund Evans)。"②艾德蒙·伊凡斯先后与沃尔特·克莱恩(1845—1915)、凯特·格林纳威(1846—1901)、伦道夫·凯迪克(1846—1886)这三位儿童插画大师合作，出版彩色插画童书。无论从创作理念和艺术呈现上，都带有现代绘本的特征。1902年，英国的比阿特丽克斯·波特(Beatrix Potter)编绘了《比得兔的故事》，这个以"很久以前，有四只可爱的兔子，他们的名字分别叫佛罗普赛、莫普赛、库特泰尔和彼得"开头的开本很小的书，被认为是现代绘本的真正开端。

通过绘本的发展历史，我们可以了解到，现代意义上的绘本曾经与插图儿童读

---

① 佩里·诺德曼的《说说图画》一书的英文名字是《*Words About Pictures：The Narrative Art of Children' Picture Books*》。

② ［英］约翰·洛威·汤森：《英语儿童文学史纲》，127页，谢瑶玲译，台北，天卫图书有限公司，2003。

物之间有着密切的联系，但在发展中绘本逐渐形成了自己独特的叙事手法。绘本中的图画不再是文学插图，而是与文字地位相当，甚至占主要地位，并与文字一起叙事。

而对于绘本的概念，国内外的研究者都有自己的理解和定义。

约翰·洛威·汤森认为，绘本的图画摆脱了仅作为文学插图或插图本儿中的附庸地位，和文字并行相当，甚至占主要地位，并且有时候完全没有伴随文字。①

加拿大学者佩里·诺德曼在其著作《说说图画》中这样给出绘本的定义："绘本，不同于其他任何语言艺术或视觉艺术的形式。这种以年幼孩子为读者对象的书，通过一系列的图画，结合较少的文字或根本没有文字，来传达信息或讲故事。这些书里的图画和文字跟其他情境里的图画和文字都不同，传达信息的方式也不同。"②

日本学者松居直在《我的图画书论》中这样界定："把图画只是作为对文章的补充和说明，或是为了加上图画让孩子看了高兴，这类的书都不能称之为图画书。什么是图画书，图画书是文章说话，图画也说话，文章和图画用不同的方法都在说话，来表现同一个主题。"③

与松居直一起活跃于日本绘本研究领域、大力倡导"成人绘本阅读"的柳田邦男对绘本的定义是："图画书是图文合奏的载体，图文互动能创造出一个有深度的立体世界。图画不是文字的简要说明，更不是文字的附属，而文字也不是图画无法表现出来的内容的补充。"④

彭懿认为："图画书是用图像与文字共同叙述一个完整的故事，是图文合奏。说得抽象一点，它是通过图像与文字这两种媒介在两个不同的层面上，交织、互动来讲诉故事的一门艺术。"⑤

以上研究者对于什么是绘本，虽然有不同的理解和表述，但他们都从绘本图与文的关系层面来进行定义。在他们的阐释中，都有一个共通点，即承认绘本图画与文字有着相辅相成的关系。

经历了长久的讨论后，现在学者们在绘本的基本构成要素上取得了共识，即绘本构成的三要素是图画、文字和叙事。他们认为绘本是结合了两种不同的媒介：图像和文字，成为一个融合的文本，共同完成叙事的儿童文学的特殊样式。

总而言之，绘本是以书为载体，围绕一个主题，通过连续的画面，用图画和文字共同完成叙事的儿童文学的特殊样式。

---

① ［英］约翰·洛威·汤森：《英语儿童文学史纲》，325 页，谢瑶玲译，台北，天卫图书出版公司，2003。

② ［加］佩里·诺德曼：《说说图画：儿童图画书的叙事艺术》，8 页，陈中美译，贵阳，贵州人民出版社，2018。

③ ［日］松居直：《我的图画书论》，178 页，季颖译，长沙，湖南少年儿童出版社，1997。

④ ［日］柳田邦男：《感动大人的图画书》，54 页，王志庚译，桂林，广西师范大学出版社，2018。

⑤ 彭懿：《图画书：阅读与经典》，10 页，南昌，二十一世纪出版社，2008。

第二节　绘本的独特性

通过绘本概念的演变，我们可以清楚地了解到，不是所有带图的书都可以被称为绘本，绘本是有别于其他有图的儿童读物和艺术形式的。

绘本不同于带有插图的儿童书籍。有插图的儿童读物，画面与画面之间缺乏关联，插画只是起到了对文字的辅助说明的作用，不具有绝对存在的意义，我们即使单独阅读文字，也可以了解整个故事。比如，青少版《西游记》，为了增强书籍的形象性和生动性，会有配合文字内容的插图。这一类读物，就不是绘本，而是插图版儿童小说。而绘本的图画与文字之间，却有着极其密切的联系，它们既彼此成就，共同完成叙事，又彼此独立，为幼儿提供双重阅读体验。特别是图画，带有强烈的叙事功能，儿童即使不认识字，有时候也能根据图画"读出"故事。有的绘本甚至一个字都没有，但图画也通过它内在的叙事功能，完成了对故事的讲述。

绘本不同于中国读者所熟悉的连环画。在西方绘本进入中国之前，连环画曾经成为中国一代儿童最为喜欢的一类书籍。连环画，因为其印刷的特点，又被称为"小人书"，主要是对先期出版了的文学作品进行改编，是老少皆宜的一种通俗读物，如曾经家喻户晓的《三毛流浪记》《连环图画封神演义》等；还有根据电影改编的电影连环画，如《地雷战》《地道战》等。连环画以连续的图画来刻画人物形象，讲述故事，一般是一页一幅图，下边包含 100 字以内的文字叙述。图画是对叙事文字的辅助，本身不带有叙事的特性，更不会表达文字没有讲述的东西。图画表达的是故事的某一个时刻，也不带有连续性，完成主要叙事的，还是文字。因此，连环画与绘本相比，绘本可以没文字，连环画却不可以无文字。而且连环画的图画无法表达人物复杂的心理活动，也无法引领读者的情绪。

绘本和以绘画为主的艺术门类——卡通和漫画——属于不同的艺术种类。虽然在绘本中，有的画家会使用到卡通漫画的手法，但绘本不等于卡通，也不同于漫画。卡通和漫画是有故事情节、有连续性的画面、有对话旁白及音响符号的故事画，借鉴了动画片的表现手法，更多强调画面的镜头感，画面动感强烈，不会表达人物的内心情感和情绪。绘本一般一页一图，不分格，而卡通漫画一页有多幅图。卡通漫画的文字不像绘本一样具有视觉化的特点，它只是为了辅助说明图画，因此，它起到了表示画面中人物的对话、独白或旁白等作用，并且在画面中使用了对话框（对话泡）的形式。

加拿大学者李利安·H. 史密斯在《儿童文学论》中有这样下面一段描述。不久之前，一个男孩子和弟弟坐在一起看威廉·尼克松的《聪明的比尔》。哥哥对弟弟说：

"托米，你不识字也没关系，只要挨页翻，看画就能明白故事。"[①]"看画就能明白故事"，表达了对绘本最本质的认识。绘本通过图画来表达故事，图画充当了文学故事的表达媒介，这是绘本与单纯以文字为表达媒介的幼儿读物相区别的地方。

绘本是文字和图画都在说话，用不同的方式说话，用不同的方式来共同表现同一个主题（故事）。绘本中的故事世界既不是单纯的文字故事，也不是单纯的图画故事，而是图文有机结合构成的第三种故事世界。

第三节　绘本的读者

从绘本的发展历史来看，绘本最初是基于幼儿的兴趣和阅读需要而产生的，因此，绘本的目标读者是幼儿。日本儿童读物研究会撰写的《孩子和绘本的学校》概括绘本的定义时认为其"内容、表现、造书都以孩子为主要对象设计"[②]。无论绘本的创作者选择的是现实的还是幻想的题材，手法是传统的还是现代的，它的内容主要指向的是孩子的生活和心理世界，表现了不同年龄段的孩子身心的发展，具有引导和协助幼儿进行生活、社会认知和学习的功能。

在实际的创作中，许多绘本在人物的塑造、故事情节展开、结构安排、图书的构图、版式及装帧设计等方面，都充分地考虑了孩子的接受和阅读趣味，都从幼儿的欣赏角度出发，以拟人的、夸张的、对比的、循环往复等艺术元素，作为绘本在构图和行文中的主要表现模式。

为了符合幼儿的视觉感知特点，绘本造型大多数都以可爱为标准，比如通过形象比例的失调，形体的圆润、夸张等方式，来表现人物、动物的可爱的特点。

熊亮的"中国绘本系列"的造型就极富趣味性。《兔儿爷》（熊亮/文·图）（见图1-1）里，无论是小兔儿爷的形象，还是绘本中儿童的形象、周围的景物，都是以圆润的线条来进行勾勒的。在兔儿爷刚一出场的时候，所有的线条都以圆形为主，兔儿爷有着圆圆的、长长的耳朵，圆圆的小脸，圆圆的小鼻头儿。兔儿爷戴着的帽子，穿着的小铠甲，边缘都是圆润的，包括手里拿着的捣药的小棒槌也是长圆形的。故事里眼中充满了企盼的儿童，在焦急地等待着兔儿爷，他有着圆圆的脑袋，留着西瓜头，圆圆的眼睛，手指也是胖乎乎圆润润的，穿着圆滚滚的衣服。就连兔儿爷刚出场时，它身后的那棵树，每一个枝条都是向内向上弯曲，看上去就像一朵花儿一样，兔儿爷则站在圆圆的月亮上。这本书整体的造型与中国传统节日——中秋节人月两团圆的意蕴，很好地融合在一起，既有文化的传达，又有童稚的趣味。

---

①　转引自康长运、唐子煜：《图画书本质特点研析》，载《大学出版》，2002(2)。

②　陈晖：《论绘本的性质与特征》，载《海南师范学院学报（社会科学版）》，2006(1)。

图 1-1 《兔儿爷》内页

《无论何时都能相见》([日]菊田真理子/文·图)，是一本非常适合幼儿阅读的书籍。讲述的是一只叫小白的小狗，它和主人美熙天天在一起玩耍，过着十分幸福的生活。小白特别喜欢美熙，希望永远和美熙在一起。可是有一天，美熙去世了，小白一下子不知道该怎么办了。在接下来的内容中，绘本以十分简洁的画面——一只小狗、三朵白云——将小白内心的孤独十分贴切地表现了出来。在画面中，简洁的文字写着：我常常，很寂寞。这是一只小狗对离世的主人充满无限思念的故事，其构图和语言都符合孩子的欣赏习惯。

以幼儿为读者的作品还以异趣横生的故事来反映幼儿的情感和生活。《我来当妈妈》([日]内田麟太郎/文，[日]中村悦子/图)一书，描写了叫咪咪和太郎的小兔子，玩当妈妈的游戏。在书中，太郎问："当妈妈是什么感觉呀？"咪咪告诉他："可以叫孩子的名字""要牵着孩子的手走路。"太郎又问："还有呢？"咪咪回答说："还有担心""担心孩子，忍不住想要紧紧地抱着，不知不觉就流泪了。"过后，妈妈喊他们的名字。他们长长地答应了一声，跑过去，紧紧抱住了妈妈。作者在书的最后用醒目的大字写着："紧紧的哦！"绘本用小兔子的形象，生动地把孩子对爱的理解表现出来，有趣而又感动人心。特别是那句"紧紧的哦"，像极了妈妈平时对孩子说话的方式。孩子们看着咪咪和太郎，就会想到自己。内田麟太郎在他的一篇名为《终于见到兔子了》的随笔中，曾经提到过这个绘本故事是以他自己的成长经历为蓝本创作的。几乎每一个孩子在幼年的时候都做过假扮爸爸妈妈的游戏。幼儿从绘本的故事里看到了童年游戏的快乐，从咪咪和太郎的身上，感受到对亲人的爱。

《猜猜我有多爱你》([爱尔兰]山姆·麦克布雷尼/文，[英]安妮塔·婕朗/图)里，小兔子对大兔子说："猜猜我有多爱你。"大兔子说："哦，这我可猜不出来。""我爱你有这么多。"小兔子说，他把手臂张开，开的不能再开。大兔子张开长长的手臂说："我爱你有这么多。"小兔子于是又说："我的手举得有多高我就有多爱你。"大兔子把他长长的手臂举起来说："我的手举得有多高我就有多爱你。"这可真高，小兔子想，我要是有那么长的手臂就好了。小兔子又有了一个好主意，他把脚撑在树干上，倒立起来，说："我爱你一直到我的脚趾头。"大兔子把小兔子抛起来，抛的比自己的头顶还高，说："我爱你一直到你的脚指头。""我跳得多高就有多爱你！"小兔子笑着跳上跳下。"我跳得多高就有多爱你！"大兔子也笑着跳起来……小兔子与大兔子就这样比较着谁的爱更多些，从白天一直到夜晚的降临。小兔子太困了，他望着夜空，说："我爱你一直到月亮那里。"小兔子说完就闭上了眼睛睡着了。"哦，这真是很远，"大兔子说，"非常非常的远。"大兔子把小兔子放到用叶子铺成的床上，他低下头来，亲了亲小兔子，对他说晚安。然后他躺在小兔子的身边，微笑着轻声地说："我爱你一直到月亮那里，再回到你身边。"孩子总喜欢和别人比较，《猜猜我有多爱你》中的小兔子就是个典型的例子。只不过，他和大兔子在比赛谁的爱更多一些，这是爱的表达。整个作品充溢着爱的气氛和快乐的童趣，小兔子亲切可爱的形象、两只兔子相互较劲的故事构架以及新奇的细节设置、充满爱意的语言都对孩子有着极大的吸引力。

因为读者主要是幼儿，绘本的图画还强调色彩的丰富性和和谐性。《母鸡萝丝去散步》（［美］佩特·哈群斯/文·图）的整体画面包含了黄色、红色甚至绿色。这些颜色都特别饱满，显现出一种明朗的氛围，预示着整个故事将是轻松的、明快的。母鸡萝丝在每一幅图中出现时，狐狸在其后紧紧跟随，但是因为种种巧合，萝丝每次都安全地避开了狐狸的攻击，狐狸却受到了惩罚。整个故事通过颜色为我们预示了一种安全、美满的结局。

《妈妈的红沙发》（［美］薇拉·威廉斯/文·图）里（见图 1-2），整体的色调是红色、橘色、明黄色、粉色，为这个故事打下了一个温暖的基调。

阿根廷作家伊索尔 2013 年获得林格伦文学奖。她得到的评价是："伊索尔的图画书是从孩子们的视角创作的……她的出发点是用孩子们的清晰的视角来看世界，通过有力的艺术表现来呈现孩子们的疑问……"[①]因此，孩子视角的呈现，对幼儿生活的关注，成为绘本创作者的首要目标。

图 1-2 《妈妈的红沙发》内页

---

① 孙莉莉：《欢迎走进图画书王国》，29 页，桂林，广西师范大学出版社，2018。

　　许多经典绘本还是作者送给自己孩子的礼物。德国医生海因里希·霍夫曼在
1844 年自己手创了绘本《蓬头彼得》，送给 3 岁的儿子做礼物；让·德·布吕诺夫为
他的儿子创作了《小象，巴贝尔的故事》；《不来梅的音乐家》是瑞士的汉斯·费舍尔
为女儿创作的；日本的濑名惠子因为想让孩子喜欢吃胡萝卜，而创作了一本有趣的
书《哪个小孩爱吃胡萝卜》……

　　从 20 世纪七八十年代后，逐渐出现了成人对于绘本的阅读和需求。绘本在表现
题材的丰富性上，不仅为儿童提供了阅读的愉悦，也给成人带来了极大的阅读乐趣。

　　比如，中国本土儿童绘本画家熊亮和其他绘本画家所编绘的"中国绘本系列"。
这一系列以中国传统故事为蓝本，以传统国画绘制技法，完整地展示出一个记忆中
的中国。比如，熊亮以兔儿爷、小石狮、灶王爷为形象的绘本，浓缩了中华文化图
像符号。还有周翔的《荷花镇的早市》（见图 1-3），蔡皋的《桃花源的故事》，朱成梁
的《火焰》等绘本，结合了欧美绘本的设计思路，继承了中国传统绘画的技法，描述
了中国人对家庭和寻根文化的依恋，对现代人精神的乌托邦的追寻。这些绘本既吸
引了孩子的目光，也得到成人的喜爱。

图 1-3　《荷花镇的早市》封面

　　还有一些绘本，表现出对于传统童话故事的解构，如《三只小猪》（［美］大卫·威
斯纳/文·图）（见图 1-4）。在这个故事里，三只小猪的房子被大灰狼吹跑了，但三

图 1-4　《三只小猪》内页

只小猪也被吹到了"故事外",成功逃离。没错,是"故事外"。双重世界的塑造,挑战着幼儿的阅读经验,给传统的童话故事注入了当代的精神,也得到成人的青睐。

绘本作为儿童文学的独特样式,实际上是可以超越年龄和时代,是适合所有人群阅读和分享的。绘本中涉及的幽默、智慧、悲伤、离别、思念,让人深思,给人启迪。《活了100万次的猫》(〔日〕佐野洋子/文・图)、《小黑鱼》(〔美〕李欧・李奥尼/文・图)等很多作品,涉及了心灵成长、亲子矛盾、朋友关系等。这些主题都会成为吸引成人读者的内容,因此绘本也被称为"0岁到99岁的读物"。[①]

"大人也要读图画书"是柳田邦男在1999年提出的倡议。《在荒漠中遇见一本图画书》及《感动大人的图画书》两本书,讲述了他引领大人走进图画书、疗愈伤痛、丰盈内心的过程。

虽然成人选择阅读的绘本在主题、绘画风格等方面,区别于以快乐、趣味、游戏为主的孩子看的绘本,但是这些绘本与幼儿阅读的绘本之间却有着一个共同属性,即儿童性。比如,创意很别致,设计很独特,效果夸张,版面印刷精美……无论从内容和形式都显出了相当程度的儿童化。在题材的选择以及题材的处理上,都呈现出一种儿童的特征,表现出对成人世界的反讽。

总的来说,现代绘本被大众认为是专供孩子阅读的书籍形式,但因为其丰富的表现技法和特定的图画与文字的组织关系,也给阅读书籍的成年人带来全新感受,使绘本的受众不再只局限于孩子,还包括成人。借助图画和文字的搭配、自由组合以及灵巧多变的版式设计,绘本将幼儿的世界与成人的世界联系起来,把生活哲学和生命感悟融合在方寸之间。

第四节　绘本的功能

作为幼儿接触的"人生第一本书",绘本不仅成为孩子幼年时期的重要伙伴,而且伴随着他一生的成长。因此,绘本在以美丽的色彩、精巧的线条、简约精致的文字为幼儿呈现出一个美丽绚烂的艺术世界的同时,也对他们心灵的健康和智力的发展起到了极其重要的作用。

一、绘本带给幼儿"悦读"的情感享受

绘本在自身的发展演进过程中,被看作是孩子幼年阶段的一种重要的教育手段。好的绘本总是洋溢着浓郁的趣味性、欢愉性和游戏性,因此,阅读绘本首先带给幼儿的不是教化,而应该是情感的快乐,一种快乐的情感享受。松居直在他的《幸福的

---

① 林美琴:《绘本有什么了不起》,25页,乌鲁木齐,新疆青少年出版社,2012。

种子》一书里，曾经谈道："我得到了一个结论：绘本对幼儿没有任何'用途'，不是拿来学习东西的，而是用来感受快乐的。而且一本绘本愈有趣，它的内容愈能深刻地留在孩子的记忆里，在成长的过程中，或是长大成人之后，他自然能理解其中的意义。"[①]幼儿是带着赤子之心接触故事并享受快乐的。即使是大人读绘本，也没有必要总是思考人生。成人的目光之所以能在无数多的有关人生哲理的书籍中被绘本吸引，恐怕也正是由于绘本唤起了成人心灵深处，因为岁月的沧桑而被深深掩埋住的那份对快乐的追求。

在《什么，这是什么》（［日］木坂凉/文，［日］田代卓/图）一书里，孩子们会发现，这是一次神奇的视觉发现之旅。作者把相似的颜色、形状、线索隐藏在图案前景中。在寻找的过程中，孩子获得了极大的快乐。看到《骨碌骨碌，咚咚咚》（［日］纳村米琦瑶/文·图）这本书，一团团黏土活起来了。黏土团们虽然造型简单但表情丰富，让孩子们不禁哈哈大笑，忍不住自己要试一试用黏土来捏个什么。读《火车快跑》（［美］唐诺·克鲁斯/文·图）时，打开书的扉页、第一页，都没有看到火车，只有长长的静静的铁轨。小火车在哪儿呢？听，铁轨上传来火车的声音，咔嚓咔嚓，咔嚓咔嚓，火车开过来啦，越来越快。火车穿过隧道，驶过铁桥，经过城市，穿过白天和黑夜，"嗖"地跑远了。孩子们嘴里一边唱着"咔嚓咔嚓，咔嚓咔嚓，火车开啦"，一边玩着开火车的游戏，多么有意思呀！

幼儿是天真的，正如法国儿童文学理论大师保罗·阿扎尔（Paul Hazard）在《儿童与成人》一书中这样说道："住在这片国度里的生命，好像是一种全然不同的存在，在他们身上，有一种奇异的不知疲倦的充盈与丰满。他们从早到晚的奔跑，喊叫，争吵，在跳跃中来来回回，睡眠只是为了明天早晨好继续开始今天的一切，他们弱小而不够灵敏的身体，却已经是一个迫切焦急的希望。他们富有，因为他们拥有一切绚丽的可能，想象已经不仅仅是他们首要的快乐了，而是他们拥有自由的象征。想象是他们生命的动力，理智还未将他们捆绑起来，他将在未来的日子里，让他们了解到他的狭窄空间，他们将自己的梦投射到云朵上，这些幸福的生命，没有烦恼，没有利益，没有包袱地玩耍着游戏。"[②]

正是因为孩子这样的特点，自由、积极和快乐恰好是幼儿在阅读绘本时需要的一种情感体验，这让他们的阅读行为变为一种"悦读"的情感体验。

二、绘本对幼儿的认知发展起着积极的作用

相比较于其他书籍，绘本因其叙事的独特性——文字和图画共同叙事的特征，用两种很不一样的媒介方式来讲述一样的事情，因此有研究者认为，绘本反映人类

---

① ［日］松居直：《幸福的种子：亲子共读图画书》，20 页，刘涤昭译，南昌，二十一世纪出版社，2013。
② ［法］保罗·阿扎尔：《儿童与成人》，转引自孙莉莉：《欢迎走进图画书王国》，8 页，桂林，广西师范大学出版社，2018。

认识世界的过程，比其他任何出于想象的体验都要强。比起单凭文字或者图画讲述的故事，幼儿能通过绘本极少量的信息，获得极多的知识。《小红帽》（[德]格林兄弟/文，[美]特瑞娜·沙特·海曼/编绘）绘本，与格林兄弟用文字讲述的《小红帽》故事相比，画面以其富有深意的设计，展现了比童话故事更复杂、更详细、更具体的内容，包含更多的信息。孩子一边通过文字了解故事，一边通过画面看到更多的内容。比如，每一页设计精巧的文字框，看似只是装饰，但孩子们会从中发现文字没有的信息。这种复杂的信息很容易被幼儿吸收，因为它是由信息较少的文字和信息较少的图画相互作用产生的。

也就是说，绘本因为文字和图画相结合产生的奇妙的化学反应，是幼儿可以轻松学到许多知识的理想方式。孩子第一次拿到一本书，书的形状，书的颜色，甚至于书的质地，其实都已经让孩子有了一种对于"书"的很直接的感受。在翻开书页的过程中，他了解"阅读"是一种什么样的习惯。在看到绘本中色彩艳丽的图像时，哪怕这些图像并不是以一种写实的方式表现出来的，但是因为图画的叙事性特点，也让幼儿在阅读的过程中逐渐地开启了他的认识之旅。

(一)对自己身体的认知

《我的身体，这是什么》（[日]秦好史郎/文·图），熊宝宝小酷、小玛，和爸爸一起洗澡，擦一擦肥皂，身上咕嘟咕嘟地冒泡泡，咯吱吱，哗啦哗啦。小酷洗肚子，小玛洗后背，他们全都白了，成了泡沫小熊。在这本绘本中，通过洗澡，通过熊宝宝与爸爸的对话，在一问一答中，幼儿认识了身体，并初步了解了从上到下的认知顺序，也让他们感受到了洗澡是有趣的事情。而《妈妈的乳房》（[日]土屋麻由美/文，[日]相野谷由起/图），则让儿童通过图画了解到，为什么妈妈的胸部比爸爸的大，妈妈的乳房会不会像牛妈妈一样挤出牛奶。绘本以故事的形式让幼儿了解到了男性与女性身体结构的不同。《小威向前冲》（[英]尼古拉斯·艾伦/文·图），则以生动形象的画面，讲述了一个小精子的神奇大冒险，让幼儿了解到自己是怎样来到爸爸妈妈身边的。

认识自己的身体，了解自己是男孩儿还是女孩儿，是幼儿逐步建立人格意识的开始。通过阅读，他们了解了男性与女性、男孩儿与女孩儿之间的区别，为幼儿心理和人格的健康发展奠定了基础。

(二)认识世界

除了认识自我，绘本也在孩子的面前展示着自然、生活，展示宇宙及人类的历史。

《根娃娃》（[德]辛芷·冯·奥尔弗斯/文·图）里，根娃娃们为了躲避寒冷的北风，藏在了地下，安静地睡着，做着美丽的梦，直到大地妈妈把他们唤醒，迎接春天的到来。根娃娃们选择自己喜欢的颜色，给自己穿着衣服，还帮助和他们一样在地下睡觉的小虫、甲虫、金龟子、大黄蜂等梳洗打扮。春天终于到了，根娃娃们来到地面，拿着草叶和鲜花；夏天来了，又走了；秋天来了，西风告诉根娃娃们该回家了。排着整齐的队伍，根娃娃们又一次回到大地妈妈的怀抱。在那里，他们会睡一个长长的觉，等待下一个春天的到来。《根娃娃》系列，把植物的根想象为一个个可爱的小娃娃，把大地想象为慈祥善良的母亲，通过温馨而形象的故事，将植物春生夏荣、秋收冬藏的过程展现出来。

《我们，我们的历史》（[法]伊万·波莫/图，[法]克里斯多夫·伊拉·索梅尔/文），以图画和文字结合的形式，在孩子们面前展开了整个人类文明历史：繁荣与衰落、现在与明天、和平与战争、荣耀和耻辱、进步和野蛮。通过阅读绘本，孩子们了解了人类自己在宇宙中的发展历程，同时也了解了，无论如何看待我们的历史，人类注定还要继续前行，继续书写自己的未来。没有枯燥乏味的说教，也没有繁芜复杂的数字，本书通过多彩的图画和简洁的文字，让孩子们在潜移默化中获得了丰富的知识。

而《忙忙碌碌镇》（[美]理查德·斯凯瑞/文·图）则以动物的形象来模拟人类的行为，巧妙地把科学的种子悄悄地埋进了孩子的心灵。第一个故事讲阿拉法种蔬菜和粮食，然后如何用赚到的钱去合理消费的故事。第二个小故事盖房子，把房子的建筑过程、房屋构造和装修细节进行了详细地介绍。甚至在图画里，还有自来水管和污水管道的排列，及怎样安装水槽、浴缸、冲水马桶，怎么用滑轮把浴缸钓上来的。从科学的角度看，这些信息是非常专业的，可是因为作者用丰富的色彩、细部的勾勒来表现这些精确的科学内容，所以孩子通过看图，就对盖房子有了一个整体的认知。这本书一共涉及了十个相对独立又总体关联的小故事，除了我们刚才讲的内容，《忙忙碌碌镇》里还包括天文、生态、医疗、农林、交通、食品加工等，用写实的手法，把科学的信息，与故事、优美的画面结合起来，注重的不是科学知识的传授，而是一种由视觉图像阅读开启的科学思维的训练。小读者通过他的眼睛在感受科学的力量，在探索新知。

（三）对爱的情感认知

幼儿从出生时刻开始，就生活在大人的无限关爱中。通过感受成人世界的爱意表达，他们也在逐渐地建立起自己的情感世界，开始着对"爱"的学习，而这种学习将要用他的一生来完成。《爱心树》（[美]谢尔·希尔弗斯坦/文·图）简述了一个让人深思的故事——小男孩与一颗苹果树的故事。曾经，小男孩与苹果树非常亲密，小男孩用大树的树枝做成花冠戴在头上，还会抓着大树的枝条荡秋千、捉迷藏，累了就靠着大树休息……男孩长大了，他还带着他爱的姑娘来树下玩耍，他会在树上刻下爱心。但后来，他不再和大树玩耍了。大树很孤独，它等待着男孩的再次到来。当男孩再来找大树的时候，他希望大树能够帮助他。大树慷慨地送给了男孩自己的果实，让他去卖钱，让男孩把树枝砍下来盖房子，让男孩砍下树干做成船。男孩一次一次索取后离开，杳无音信。最后，男孩老了，他来到苹果树的身边，大树对他说："我没有什么可以给你的了。你看，我这个老树墩，正好叫你坐在上面休息。来吧，孩子，坐下吧，坐在我身上休息吧。"于是男孩坐下来，大树很快乐。这个故事在表现男孩和树的关系时，有温馨的情感流动，也有一种伤感。男孩很轻易地抛弃了他与大树的亲密关系，任由大树独自寂寞、孤独，但即使如此，当男孩老了，大树还是爱着男孩，并很快乐。这是一个带有寓言性质的故事。幼儿在阅读时，一开始可能会懵懂，但大树的经历一定会触动幼儿的纯真心灵，让他们在图画的世界里，开启一个将会伴随着他终生的学习课题——如何去爱。而《老鼠的房子》（［俄］伊格尔·欧尼科夫/文·图）（见图1-5），为我们讲述了一只名字叫作"洞主"的小老鼠的故事。"洞主"在繁华的大都市，希望用自己的力量建造一个家。这是一只无论形体还是力量都很弱小的小动物，但是他却像一个有力量的人一样，为自己建造了一座舒适的小房子。随后，有不同的小动物相继来到小老鼠的房子前，希望跟他一起居住。他热情地收留了他们，为他们在孤独的城市里提供了一个温暖的栖身之所。虽然，在故事的最后，小老鼠的房子被大熊拍碎了，但勇敢的小老鼠和他的朋友们背着行李，去寻找新的家园——他要重新建造一座房子。小小的老鼠虽然形体非常弱小，但是因为拥有着一颗坚强而温暖的心灵，他成为在这个冰冷的都市里给他人提供温暖和善意的英雄，他用自己的爱，赢得了朋友对他的尊重。

图 1-5　《老鼠的房子》内页

爱的能力，是幼儿生命中的必修课，幼儿要用一生的时间来学习。绘本则成为这门"课程"的有益的"教科书"。

三、绘本对幼儿审美能力的提高作用

好的绘本能够将成人世界的物像，创造性地转化为生动感人的艺术形象，使之适合孩子们的审美趣味。随着绘本的发展，绘本的风格也越来越多样。在不知不觉中，绘本提升着幼儿对于美的鉴赏能力，大大拓展了孩子们的审美范围，也提高了他们感受美的能力。

具象与写实风格是绘本中最为典型而又永远不过时的表现风格。这种绘画语言，

通常为孩子们营造出一种细腻、精美、真切而又脱俗的画面效果。画家有的时候使用铅笔淡彩，或是油画、丙烯等表现手段进行创作，通过写实的手法，再现了现实生活中的人、动物形象和生活场景。写实手法的绘画，因为与现实的距离非常接近，所以成为最容易与儿童沟通的一种表现形式。

抽象风格的绘本带给孩子的是无限的遐想与智慧的启迪，培养了他们的想象力与创造性思维。阿根廷著名插画作家伊什特万·施里特尔创作的作品《世界上所有的钱》，是用纸拼贴出来的，完全手工制作。作者运用剪刀剪出所有的图片，再用胶水固定粘贴。所有的形状都避免使用直尺，追求一种自然的效果。画面中人物和场景形象抽象、简洁、色彩艳丽，甚至还可以看到剪切粘贴时的层次痕迹，在画面上营造出的阴影的立体效果。就是这样一幅极具抽象色彩的作品，却深受孩子们的喜爱。

印象派的绘本则有它独特的解读方式，通过变幻莫测的光线与色调，带给孩子们感悟和领略美的乐趣。

还有各国民族艺术风格的绘本，使儿童在了解本民族特色文化之外，也在他们面前打开了一片异域的天空。如中国传统绘画在绘本中的使用，熊亮的中国系列绘本、杨志成的《饥饿山的猫》（[美]杨志成/文·图）（见图1-6）、蔡皋的《桃花源的故事》等。或采用中国传统水墨的语言来进行表现，或借鉴传统绘画技法，以中国古代文化作为主要内容，或在绘本中凸显中国文化元素的象征意义，透出浓郁的东方味道，使民族传统艺术在绘本中得以被重新表达和认识，给儿童以审美的愉悦和体验。《影子》（[美]马西娅·布朗/文·图）使用剪影的表现手法，搭配着瑰丽的色彩、跳动的节奏，表现出非洲原始部落的风情。

图1-6 《饥饿山的猫》内页

除了绘画，折纸、剪纸、浮雕、拼贴等艺术风格也经常被使用在绘本中。正是丰富多彩的绘本的艺术风格，带给了幼儿全新的审美体验。幼儿的审美能力也在阅读绘本的过程中得到了极大的提升。

四、绘本对幼儿语言能力的提升作用

绘本对于幼儿语言的学习有很大的帮助。这不仅仅是指浅层次的识字，绘本对幼儿语言学习的益处更多来自绘本的表现形式。幼年时期是学习语言的关键期，这个时候，幼儿学习语言主要有两方面的任务：一是学习掌握语言的内容和形式；二是指以语言为工具进行交流，主要是指孩子运用语言锻炼交际能力。在这两个方面的学习中，绘本都被看作是最合适的读物。

首先，即使孩子不认识字，在阅读绘本的过程中，孩子也会慢慢地开始对语言的学习，这是由绘本自身的特点决定的。绘本一般是由图画和文字共同组成，有的时候只有图画。对于无文字的绘本，孩子会通过图了解故事，为语言的训练增加了素材。而绘本的文字特点，主要是生动、简洁，既符合幼儿心理发展的内在节奏，又贴近幼儿的生活，孩子读起来不会很吃力。比如，《蹦》（［日］松冈达英/文·图），全书就只有一个字，"蹦"，青蛙（图画）＋蹦（文字），猫咪（图画）＋蹦（文字），小狗（图画）＋蹦（文字）……这样文字与画面结合，让孩子了解"蹦"这个字的读音及其代表的意思。经典绘本《棕色的熊，棕色的熊，你在看什么》（［美］比尔·马丁/文，［美］艾瑞·卡尔/图），在书中有这样的话："棕色的熊，棕色的熊，你在看什么""我看见一只红色的鸟在看我"，"红色的鸟，红色的鸟，你在看什么""我看见一只黄色的鸭子在看我"。全书就随着这样的一问一答，用重复的韵律和节奏，通过各种动物与色彩，在孩子面前奏响了语言的韵律。孩子通过读书和聆听，通过有趣的画面，慢慢地学会这样的表达，"你在看什么，我看见……在看我"。《我的连衣裙》（［日］西卷茅子/文·图），画面非常漂亮，有一个不断重复的结构，一遍又一遍重复着类似音乐里的节拍，画面充满节奏感，也让儿童感受到语言也有如音乐般的韵律。"一块雪白的布，飘呀飘呀，从天上飘了下来。"小白兔用它做裙子，"缝纫机，咔嗒咔嗒，我来做一条连衣裙吧！"穿上雪白的连衣裙，小兔子走在花田里，"哎呀，连衣裙变成花朵花样了！"就这样，小兔子穿上雪白的连衣裙，走进花田，然后小兔子的连衣裙变成花朵裙。后边，小兔子的白裙子变成雨点、草籽、小鸟等花样。绘本就是在这样的一连串的重复中，使儿童感受到了一种音乐的律动，同时也使儿童领略到了语言的音乐美。《我们要去捉狗熊》（［英］迈克尔·罗森/文，［英］海伦·奥克森伯里/图），配合着优美的图画，以韵文朗诵诗的语言呈现出来："我们要去捉狗熊，我们要捉一只大大的。天气这么好，没什么好怕的。"当他们遇到野草、河流等，他们又一起唱："上面飞不过，下面钻不透，天啊，只好硬着头皮向前走。"句子读起来朗朗上口。配合着画面中大人和孩子的动作，绘本中还有很多来自大自然的象声词。比如，五个人穿过草地的"窸窸窣窣"，涉水过河的"哗哗啦啦"……孩子们特别喜欢这些带有音响效果的象声词。通过这些象声词可以让孩子掌握丰富的语言词汇，并且能够感受到这些词汇的魅力。

其次，绘本对幼儿语言能力的提升还表现在绘本独特的阅读方式上。孩子在他（她）的幼年时期，因为不识字，所以很多绘本的阅读是由幼儿和他的父母共同来完成的。孩子坐在父母的怀里，爸爸或者是妈妈用温柔的声音，把绘本中的文字，读给孩子听，就像讲故事一样读出这些文字，揉进了自己对这个故事的情感。在朗读的过程中，孩子还会停下来问"这是什么，那是什么"，爸爸妈妈会停下来讲解。这样的阅读，就让孩子了解到语言除了表意的功能，更是一种交流的工具。在这样的亲子阅读中，孩子就完成了对语言的学习和实践。

五、绘本是开启幼儿想象力的有力工具

想象力对于幼儿来说，比知识更重要，因为幼儿的知识是有限的，而想象力则是无限的，它推动着世界上一切的进步，并且成为知识进步的源泉。在幼年时期，培养孩子的想象力是十分关键的。绘本本身就是作者想象力的艺术呈现。当它以画面、线条和简洁的文字，以可爱、有趣的模样出现在幼儿面前时，就成为给孩子插上想象翅膀的神奇之手。

《阴天，有时下肉丸》（［美］朱迪•巴瑞特/文，［美］罗恩•巴瑞特/图）特别有意思。绘本的名字就已经让小朋友禁不住要展开想象了：天空不是下雨吗，天空也会下雪呀，可是什么时候天空会下肉丸呢，这是多么神奇啊！于是孩子带着好奇，带着一脑袋美妙的想象，翻开书，发现真的会有肉丸从天上掉下来！而且在这个吧唧吧唧小镇，天空不仅可以掉肉丸，还会掉馅饼，还有许许多多其他的美味的食物，而且是在每天的早饭、中饭、晚饭的时间。小镇的居民们就这样过着天降美食的好日子。直到有一天，好天气变糟糕了，一会儿是面包风暴，一会儿又是薄饼飓风、果酱暴雨、椒盐风暴……看起来好吃的东西，一旦以风暴的样式出现，对于小镇的居民来说就是一个大的灾难。孩子们看到了也许会想：天呀！当美味的面包，成群结队地来的时候，也会让人感到很恐怖，令人瑟瑟发抖。多么神奇的想象力啊！大自然与美食，就这样奇妙地结合在了一起。如果你不善待这些美食，那老天爷也会小小的惩罚你哦！

《野兽出没的地方》（［美］莫里斯•桑达克/文•图）（见图 1-7），则以简单诗意的语言，以天马行空的想象力，为我们讲述了调皮男孩迈克斯的故事。那天晚上，迈克斯穿上他的狐狸衣服在家里一个劲儿地捣乱，把妈妈气坏了，说他真是个小野兽。而迈克斯也很不服气，对妈妈说："我要把你吃了。"结果还没吃晚饭，迈克斯就被关进了自己的房间。可是神奇的事情发生了：在黑暗中，一座森林开始在他的房间里生长。天花板上垂下了藤蔓，墙壁没有了，周围是密密的树林。像孤身一人的古希腊英雄奥德修斯一样，迈克斯立刻开始了他的冒险：海浪为迈克斯带来一艘小船，他驾着小船出发，用了几乎一整年的时间（细心的小朋友会发现这里时间的奥秘），终于来到野兽国。在那里，迈克斯制服了住在那里的暴躁狂乱的野兽，成了国王。

在和野兽们疯过闹过之后，他开始想念他的家人。最后，他放弃了野兽国国王的王位，回到了最爱他的亲人那里。走出房间，他的怒气已散，却发现热腾腾的晚饭就摆在那儿。

在迈克斯用幻想编织的"野兽出没的地方"，他成了一个能制服凶猛的野兽的小英雄。作为野兽之王，他用各种方法驯服了野兽。通过在神奇的想象世界里的游历，迈克斯消解了对妈妈的愤怒，然后心平气和地返回到真实的世界里⋯⋯

绘本就是这样，以图画的形象和或简约、或诗意、或富有深意的文字，进行着对幼儿的种种能力的培养。

经过一百多年的发展，绘本已经成为一种新的幼儿文学样式，拥有自己独特的叙事特点和审美特征。它通过图画与文字两种媒介的彼此互动传递信息、表达感情。它成为幼儿阅读的首要选择，也以其多样的艺术风格、丰富的主题内容，吸引着成人的目光。在幼儿的成长历程中，绘本将为他们开启"悦读"之旅、打开想象之门，让他们在色彩与文字交织的世界里认识自我，认识世界。

问题讨论

1.《世界图解》和《比得兔的故事》哪部是真正意义上的绘本？二者的本质区别是什么？

2. 谈谈绘本为何在美学特征和艺术表现形式上具有独特性。

课后练习

1. 简要说明绘本的内涵。

2. 结合具体作品，谈谈绘本对幼儿发展而言有哪些重要作用。

第二章　绘本的构成

学习目标 ▶

1. 掌握绘本的构成，理解每一部分的独特价值。
2. 能够结合具体绘本作品进行构成分析。

学习导图 ▶

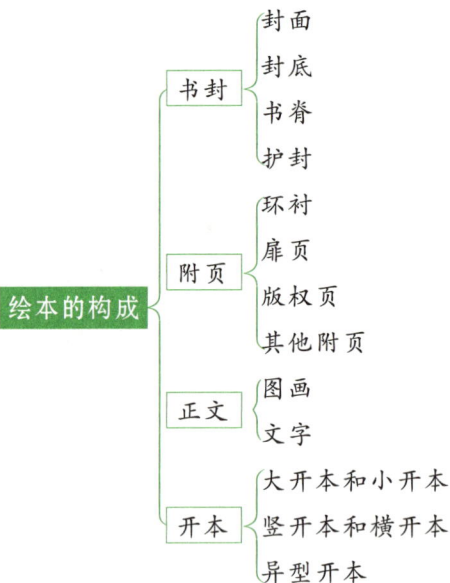

学习导言 ▶

　　绘本具有图文合奏、共同叙事的特质。一本绘本构成中的每一页、每一笔都有其不可或缺的用意与价值，具有叙事的整体传达特点。当读者打开一本绘本时，通常会很快被书中的故事所吸引。人们会依据自己的兴趣与感受，去理解书中的画面与文字。对于绘本阅读而言，这还只是表面印象或仅仅是辨识对象。如果不了解绘本的构成形式及其表达功能，那就很难深入地理解书的内涵，完整地去阅读这本绘本。

总体来说，一本典型的绘本的文本形式的构成可以分为三个基本部分，即书的封皮、前后附页和正文。而绘本作为一种具有独立艺术特点的图书样式，书中的每个组成部分都是故事讯息的来源，共同构成完整的叙事体系，那么作为绘本整体构成中的外在形态开本，也与故事的传达有着重要关联。因此，在这一章对绘本的开本加以介绍。

第一节　书　封

一本书的书封部分，主要包括封面、封底和书脊三个部分。大多数绘本的封面、封底、书脊是分别设计的，有的绘本的这三者则连成一幅完整的图画。精装的绘本还常在硬质封面外面套有护封。

一、封面

封面是一本书的灵魂，我们对一本书的第一印象就来自封面。绘本的创作者会精心地设计封面，好让读者一看到封面，就会产生强烈的阅读兴趣。绘本的封面上除了印有书名、作者、译者、出版社名称这些文字信息外，封面的图画通常是故事的精华，提示了书的故事主题、绘画风格、色彩基调等。如《你很快就会长高》（［英］安琪雅·薛维克/文，［英］罗素·艾图/图），封面上就是一个长着圆圆的大脑袋的小男孩站在一群大人的腿下。透过封面图画，结合书名，我们猜测到这个小男孩就是故事的主人公，这本书讲的是关于他渴望长高的故事。同时，封面夸张的画面风格也预示了全书夸张幽默的绘画格调。又如《团圆》（余丽琼/文，朱成梁/图），这本书

图 2-1　《你很快就会长高》封面

的封面画的是在外工作的爸爸回家了，一家三口在除夕夜躺在床上即将入睡的画面。温馨的画面，明快的色调，结合书名和用来放书名的喜庆饰品红布条，读者大概能够猜出这个绘本讲的是关于家人团聚的亲情故事。

绘本封面的创作比较灵活多样。许多绘本的封面是从书内选取的一个画面，也有一些是画家单独创作的。

(一)封面为取自内页的图画

绘本的封面如同电影的海报或广告，扮演着吸引读者注意的重要角色。因此，绘本的封面往往是选择了内页中最能突出主题、最能传达故事情趣、图画表现力最强的那一幅画。例如《灰王子》([英]芭贝·柯尔/文·图)，封面(图2-2)上是害羞的灰王子裤子掉了，还在奋力奔跑的画面，这是书中内页的一幅插图。图本身没有任何变化，只不过运用到封面上时，图画的边框颜色由蓝色变成了蓝紫色，更能给人以神秘而浪漫的感觉，十分契合故事表现的内容。又如《菲菲生气了》([美]莫莉·卞/文·图)的封面具有震撼的视觉效果。它选取了书内"菲菲从来没有像现在这样生气过"的那幅图，精准地表达了菲菲的内在情绪。火红色的背景，菲菲偾张的鼻孔，圆瞪的蓝色眼睛，直翘的辫子，让菲菲的怒气一目了然。再比如陈致元的《咕叽咕叽》(陈致元/文·图)，封面是一幅充满浓浓的爱意的温馨画面：鸭妈妈正在为她的宝宝们读书。当然在她的宝宝中，除了鸭宝宝们，还有名字叫咕叽咕叽的鳄鱼。鸭妈妈不管宝宝们长得是什么样，都是一样爱他们。也正是因为这样的爱，她的鳄鱼宝宝才没有听信其他坏鳄鱼的话。这个封面很好地诠释了故事关于爱、包容的主题。这个封面也是对书内页的插画稍做改动，把原来表现夜晚的黑色背景改成了黄色，还在左上角增加了小鳄鱼的形象，这样让主人公的形象更突出，让画面更温暖。

图 2-2 《灰王子》封面

(二)封面为单独创作的图画

为提示故事的内涵，画家们常会为书的封面专门画一幅画，并在画里设计一些令读者十分期待的东西。例如，安东尼·布朗的《朱家故事》，封面(图2-3)上画的是妈妈背着高大肥胖的爸爸和两个儿子的画面。爸爸和儿子的脸上都露出笑容，只有妈妈弯着腰，没有一丝笑容。这个封面是对绘本内容和主题的一种提炼。这部作品是以超现实主义的艺术手法，幽默地阐释了安东尼·布朗对性别平等、家庭文化的立场。朱家虽然是一个英国四口之家，但繁重的家务都由身为职业女性的朱太太一人承担。朱先生和两个儿子"饭来张口、衣来伸手"，他们对朱太太的辛苦视而不见。封面的画是在隐喻全家人把重担都压在妈妈的身上，也暗示着父子的快乐是建立在妈妈的痛苦之上。又如《疯狂星期二》（[美]大卫·威斯纳/文·图），封面是一个巨大的钟表，表盘占据了画面较大的面积，指针指向快到九点，而画面上荷叶、青蛙、狗等都不是很明显。这个封面点明了时间是这个故事发生的重点要素，故事是按照时间顺序展开的，描绘了在四个时间段发生的令人瞠目结舌的故事。

　　封面是对书进行预测的最重要的来源。封面不要轻易翻过去，可以通过封面猜测故事。例如，《花格子大象艾玛》（[英]大卫·麦基/文·图），封面上是一只花格子的大象。"大象不都是灰色的吗？世界上怎么会有彩色的大象？"有趣的画面会立刻吸引幼儿的眼睛。从封面猜测里面的故事既可以激发幼儿的阅读兴趣，也有利于想象能力的培养。

图 2-3　《朱家故事》封面

二、封底

　　封底相比封面要简洁一些，但绘本封底的信息有时是非常丰富的。除了印有一些作品的内容简介、获奖情况、推介评论、书号和定价等信息外，绘本的封底大多会有从正文中选取或是单独精心绘制的一幅图。

(一)呼应封面及正文的封底

　　有的绘本的封底图画是与封面及故事内容相呼应，体现着创作者巧妙的构思。

例如《安的种子》(王早早/文，黄丽/图)，封底上是一幅单独创作的椭圆形小图，画的是一朵盛开的白色荷花掩映在碧绿的荷叶之间。这个封底很好地呼应了安手捧千年莲花种子的封面。又如《蚯蚓的日记》([美]朵琳·克罗宁/文，[美]哈利·布里斯/图)，封底(图2-5)也巧妙地呼应了封面及内容，封面(图2-4)的画面中小蚯蚓戴着小红帽，坐在小蘑菇桌旁写日记，小读者读到的正文即小蚯蚓的日记。封底中的小蚯蚓又在写日记了，他写道："6月5日，我有一种被偷看的感觉。"诙谐幽默的话让每一位读者都忍俊不禁。

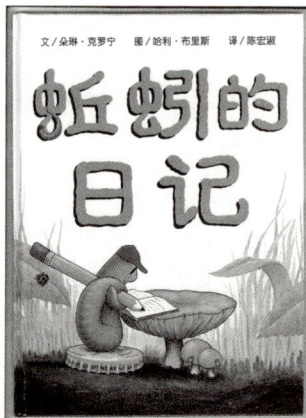

图2-4 《蚯蚓的日记》封面

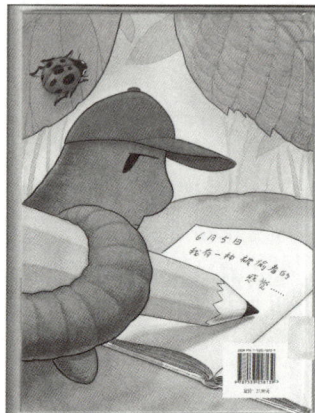

图2-5 《蚯蚓的日记》封底

(二)延续故事内容的封底

封底是读者从故事走向现实的出口。许多绘本的故事一直讲到封底才结束，意味深长，充满乐趣。例如，《第一次上街买东西》([日]筒井赖子/文，[日]林明子/图)，这本书讲的是小女孩帮妈妈买牛奶的经历，在上街的过程中，她多次遭受挫折，遇到意外。到底小女孩有没有买到牛奶呢？这要等我们看完全书，翻看封底时才知道。因为作者已经把故事结局画在封底了：小女孩正喝着牛奶，她把那只受伤的腿搁放在妈妈身上，腿上还贴着创可贴呢！又如《团圆》(余丽琼/文，朱成梁/图)，这本书讲述了一个外出打工者的三口之家在过年时团圆的温馨故事。封底(图2-6)画面是这个故事的延续。画的是爸爸在外地工作的房间，桌上显眼的位置摆放着一家三口的全家福照片，旁边瓶子里是那枚有象征意义的硬币。从这些房间摆设中，我们看到了爸爸对家以及对妻女的深深眷恋。故事中深沉动人的感情氛围一直延伸到了封底。因此，当我们读完一本书正文之后，合上书时，绘本的封底也是不应错过的。

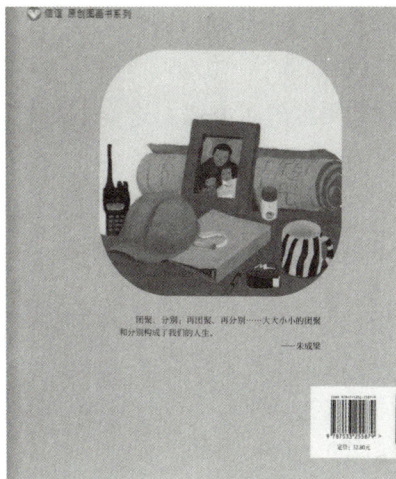

图 2-6　《团圆》封底

(三)拓展故事内容的封底

　　有些单独创作的封底图画上，会出现正文中没有的人物或场景，这样的封底往往是对故事内容的丰富，起到了突出主题的作用。例如，《獾的礼物》([英]苏姗·华莱/文·图)，封底(图 2-7)的小图与封面獾给排着长队的动物们剪纸的场景一样，只是时间变成了明月当空的晚上，年老的獾依然坐在那棵大树下，俨然一位睿智而温和的长者，好像在和一只小老鼠述说着什么。这只小老鼠无论在前面正文的文字中，还是图画里，都是未曾出现和被提及的。在正文里，土拨鼠、青蛙、狐狸、兔子等都讲述过獾给予自己的帮助。这只未出现过的小老鼠呢，当然也是得到过獾的帮助的许许多多动物中的一位，它对獾也有着温暖而美好的回忆。封底这个画面，更加凸显了故事的主题意蕴。

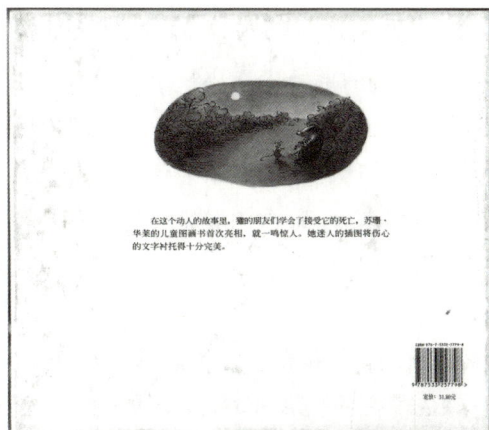

图 2-7　《獾的礼物》封底

(四)和封面是一幅画的封底

　　有的绘本的封底和封面组成了一幅完整的图画，封底要和封面连在一起阅读，这样才能完整地了解书中所要讲述的故事内容。比如《14只老鼠去春游》（［日］岩村和朗/文·图），这14只老鼠包括爷爷、奶奶、爸爸、妈妈、老大到老十这10只老鼠宝宝，他们组成了一个和和美美的大家庭。这本书的封面（图2-8）和封底（图2-9）连起来是一张完整的图画，图上画着齐齐整整的14只老鼠一大家子正坐在原野上休息。又如《鸭子骑车记》（［美］大卫·香农/文·图），封面和封底的这幅图画，画的是故事的主人公一只鸭子伸开双翅，正快乐地骑着一辆自行车。

图 2-8　《14 只老鼠去春游》封面　　　　图 2-9　《14 只老鼠去春游》封底

另外，绘本的封底还有许多有趣的设计，如《大脚丫游巴黎》（［美］埃米·扬/文·图）、《爷爷一定有办法》（［加］菲比·吉尔曼/文·图）、《别让鸽子开巴士》（［美］莫·威廉斯/文·图）等，需要读者去细心地发现其中的奥妙。

三、书脊

书脊是书的封面和封底连接的部分，相当于书芯的厚度。书脊有圆脊和平脊之分。一本书的书脊虽小，但代表着书的整体形象。当图书立于书架上时，人们最先看到的部分便是书脊。有人把它称为书的眼睛，说明了它的重要性。封面上的主要文字信息——书名（包括丛书名）、出版社的名字和标识、作者姓名等，都会经过浓缩出现在书脊上。绘本书脊的文字信息，一般上中部印有书名和作者，下部是出版社名称。绘本书脊的背景色一般与封面封底一致，有些绘本书脊上还有一些特别设计的图画。因为书脊与封面、封底是连接在一起的，像《蚂蚁和西瓜》（［日］田村茂/文·图）、《彼得的椅子》（［美］艾兹拉·杰克·季兹/文·图）、《城里最漂亮的巨人》（［英］茱莉亚·唐纳森/文，［德］阿克塞尔·舍夫勒/图）等绘本的书脊就是整幅图画中的一部分。有的绘本把封面上的关键人物，缩小印在了书脊上。例如，无字绘本《小红书》（［美］芭芭拉·莱曼/图），书脊图和封面上是一样的，就是抱着小红书奔跑的小女孩形象。这样的设计，会让读者看到书脊的时候，就发现了作品的主人公。有些绘本书脊上，画的是与故事内容相关的图案，比如《大卫，上学去》（[美]大卫·香农/文·图），书脊是大卫的作业纸的图案，与封面上书名和正文的文字设计相呼应。

四、护封

有些精装图画书在硬质封面外面还套着一张外包纸，一般称为护封。护封包裹着整本书，护封的前后都有一个向里折进的折口，这是前后勒口。护封的画面一般与封面相同，但是在前后勒口处往往会印着故事简介、获奖情况、作者和绘者介绍、出版日期等信息。这些信息可以帮助读者对这本书有更多、更全面的了解。例如，《小红书》（[美]芭芭拉·莱曼/图）的护封的前勒口上是故事内容的简介，后勒口上则是作家和她这本书创作灵感的介绍，并配有一幅展现她创作的小图。而《野兽出没的地方》（[美]莫里斯·桑达克/文·图），护封的前勒口上印有这本书获得过 1964 年美国凯迪克奖金奖的信息，后勒口上是关于这本书的评价。平装图画书没有护封，但读者可以通过观察前后环衬、封面和书名页等附页信息来了解故事内容。需要注意的是，有的精装绘本有腰封，它和护封是有区别的。腰封包在封面腰部的一条纸带，一般可以印与该书相关的宣传、推介性图文。例如，《安的种子》（王早早/文，黄丽/图）的腰封，交代了本书的作者、获奖情况、出版社、价格等，另外，腰封上印着的"子"字和缩小了的封面图画，已经开始带读者去了解故事了。

第二节　附　页

绘本的附页是正文前后的辅助内容，用以增强绘本的阅读体验，主要包括环衬页、扉页、版权页、简名页、献词页等。绘本作为一种具有独立艺术特点的图书样式，书中的每张图、每个组成部分都是故事讯息的来源。绘本的附页上的每个信息都对故事的完整表达和完美呈现起到支撑作用。

一、环衬

环衬（一般用于精装书）是封面与书芯之间的一张衬纸，通常一半粘在封面的背后，一半是活动的，因其以两页相连环的形式被使用，所以叫"环衬"，也有人把它形象地称为"蝴蝶页"。书前的一张叫前环衬，书后的一张叫后环衬。

绘本的环衬一般有以下几种形式。

（一）以色纸为环衬

有些绘本使用与封面同色系或与整个故事基调相吻合的彩色纸作为环衬，来帮助表达绘本的主题。如《菲菲生气了》将人物情绪状态以直观的画面形式呈现，环衬是大红色，它表现了菲菲像火山爆发一样的愤怒情绪。《和甘伯伯去游河》（[英]约翰·伯宁罕/文·图)的环衬是绿色衬纸，它与整本书绿色的色调协调一致。有些绘本的前后环衬画面色彩并不相同，有的可能是配合故事情景的，也可能是补充正文故事细节的。例如，《打瞌睡的房子》([美]奥黛莉·伍德/文，[美]唐·伍德/绘)的前后环衬颜色就是不一样的。故事的开始是一个阴雨连绵的天气，前环衬的颜色也像乌云一样，用了深灰色纸；而到了故事的最后，雨过天晴，后环衬颜色也随之变成了明亮的蓝色。

(二)以图案为环衬

有的绘本环衬印有与故事内容相关的图案，来增加作品趣味性，如《鸭子骑车记》([美]大卫·香农/文·图)的环衬就是鸭子所骑自行车的车把上的彩色飘带。又如《第五个》([奥]恩斯特·杨德尔/文，[德]诺尔曼·荣格/图)，金黄色的背景上是五把一组的白色椅子，这些椅子密密麻麻地排满了整个环衬(图 2-10)。白色的椅子很容易让人想起医院。这个环衬的图案是与书中的"五个受伤的玩具坐在椅子上等待看病"的故事内容有着密切的联系。

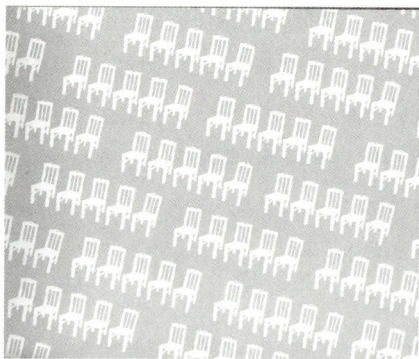

图 2-10 《第五个》环衬

(三)以图画为环衬

有些绘本的环衬设计了与故事内容密切相关的图画，这些图画往往是故事的组成部分。例如，《好饿的小蛇》([日]宫西达也/文·图)，前环衬(图 2-11)是小蛇来到树林中寻找食物；后环衬(图 2-12)画面又变成了跟前环衬一样的树林，小蛇已经吃饱了，很满足的样子。细心的小读者会发现后环衬中原来那棵长满苹果的树没了。哪里去了？从前面的故事中可以找到答案——当然是小蛇吃了。这本书的前后环衬相互呼应，形成了故事的序幕和尾声。又如《松鼠先生和月亮》([德]塞巴斯蒂安·麦什莫泽/文·图)，在前环衬上，男孩和父亲在运输干奶酪休息的途中，有一个奶酪从车上滚了下来，被男孩发现了，他着急地告诉了父亲。作品从前环衬开始了故事的讲述。扉页的大跨页是故事的继续，小男孩在追赶滚落的大奶酪，正文讲的却是一个关于月亮的童话故事。松鼠先生发现"月亮"(奶酪)掉到了自家门口，它担心别人怀疑是自己偷的，于是倾尽全力要把月亮搬开。最后，它和山羊、刺猬等小动物联手，终于把"月亮"送回了天空。童话故事讲完了，到后环衬画的还是那对父子，在仰望星空。男孩高兴地指着天空中黄色月牙儿，与父亲交谈着。后环衬又把故事从童话中拉回到了现实。故事始于现实又终于现实，这前后环衬相互呼应，讲述了一个现实世界中关于奶酪的故事。而我们读者会猜测：书中那个关于月亮的幻想故事，是不是父亲为安抚儿子丢失奶酪的失落情绪而讲述的呢？

图 2-11 《好饿的小蛇》前环衬

图 2-12 《好饿的小蛇》后环衬

环衬是阅读中最容易漏读的书页，一般会匆匆翻过，但这样会错过创作者那些设计的匠心独运，特别是那些会讲故事的环衬更不能漏读。

二、扉页

扉页又叫书名页，就是环衬之后、正文之前的一页，上面一般写着图书的书名、著作责任者(作者和译者等)以及出版者的名字。除了上述文字信息，往往配有图画。有的扉页图画是与故事场景有关的，有的是交代主人公的，有的是设置悬念的，有的是讲故事的。因此，这些图画的作用不可忽视。

(一)介绍场景

有的绘本扉页是介绍故事场景的，如《母鸡萝丝去散步》([英]佩特·哈群斯/文·图)的扉页(图 2-13)是一幅农场的布局图，从图中我们可以把握萝丝散步的路线。读完故事后对照农场布局，就对萝丝的散步路线有了整体的把握。又如《打瞌睡的房子》([美]奥黛莉·伍德/文，[美]唐·伍德/绘)，扉页是雨中老奶奶家的院墙，预示了这个故事发生在这个院子里。

图 2-13 《母鸡萝丝去散步》扉页

(二)交代主角

很多图画书的扉页会画出故事的主角，以告诉读者这是关于谁的故事。例如，《三只小猪》([美]大卫·威斯纳/文·图)扉页上是分别在背上驮着稻草、树枝和砖块的三只小猪。一看到扉页，我们就想起三只小猪盖房子的经典故事了。又如《三个强盗》([法]汤米·温格尔/文·图)，扉页是一个大跨页，三个头上戴高帽子的人出现在页面的左下方，漆黑的帽子漆黑的斗篷，只有眼睛是白的，这正是书中的主人公三个强盗。

(三)设置悬念

有些绘本在扉页设置悬念，以引发读者的好奇，具有激发阅读兴趣的作用。例如《城里最漂亮的巨人》([英]茱莉亚·唐纳森/文，[德]阿克塞尔·舍夫勒/图)，在扉页中，我们看到主人公巨人乔治，穿着破旧的衣服，弯着腰，驼着背，嘴角紧闭，脸上没有笑容，无精打采地走在通往城里的路上。巨人为什么不开心呢？他将去哪里呢？这些疑问吸引着读者走进这个美好的故事。

(四)叙述故事

有的绘本扉页是讲故事的。比如，在《要是你给老鼠吃饼干》中，扉页包括三个页面的图画。第一页，一只背着小背包的小老鼠正悠闲地从草地上走来；翻页后，跨页上一个小男孩正躺在同样的草地上读书，两个故事的主角在这片草地相遇了，从而产生了后面的故事。这个扉页就是故事的序幕。又如《大卫，不可以》([美]大卫·香农/文·图)的扉页，我们看到大卫的妈妈双手叉腰，脚尖抬起，似乎正在说："大卫，不可以！"尽管看不到她的脸，但是观察身姿，读者也明白大卫妈妈生气了，一定是大卫闯祸了。这个扉页是正文内容的前奏曲。有的绘本扉页是故事正式开始了。例如，《风喜欢和我玩》([美]玛丽·荷·艾斯/文·图)，画面上是一个手拿风筝的小男孩，文字是"我是戈贝托，这是我和风的故事"，很显然，故事从这开始讲起了。

三、版权页

版权页主要记录绘本的版权信息，版权页一般安排在扉页的反面或正文最后一页和后环衬之间。版权页一般与绘本的艺术表现力没有必然联系，其所放位置应以不影响故事叙述的完整性为宜，但有个别的图画书版权页与扉页是一幅画，具有叙事的作用。比如，《灰王子》（［英］芭贝·柯尔/文·图），左边是版权页，右边是扉页，图画是一个跨页，灰王子拿着吸尘器正在打扫卫生。不看版权页，就发现不了满地的垃圾和要洗的衣服、袜子，所以这样的版权页是不能漏读的。

四、其他附页

有些绘本有献词页，献词也称致谢。在献词页中，创作者感谢曾经对本书的创作给予帮助的人。有时，献词不单独作为一页，被放在版权页上。前面曾提到过的《朱家故事》（［英］安东尼·布朗/文·图）、《大卫，不可以》（［美］大卫·香农/文·图）等都有献词页。有的绘本还有简名页。简名页一般在书的第一页，只有书名和一小幅装饰图，没有其他出版信息，用来提示故事内容。另外，有些知识类绘本和传记绘本中出现的其他附页，如前言、后记、术语表、索引以及版本记录等，就不在这里赘述了。

第三节 正 文

绘本的篇幅一般是 32～40 页，除去前面的扉页、版权页、著绘者简介等，大致正文会有 28～36 页。当然也有一些绘本长度比较特别。例如，《推土机年年作响，乡村变了》（［瑞士］约克·米勒/文·图），正文只有七个大跨页。正文是绘本的主体，绘本的叙事基本上是在正文完成的，作品的情节、角色、情感、主题等都是通过正文传达出来的，正文是衡量一本绘本成功与否的主要依据。除了无字绘本，正文一般是由文字和画面组成。文字和图画以不同的方式传递信息、诉说故事，两者彼此相互呼应，共同构筑完整故事。

我们这节只是从正文图画和文字形式上的一些设计，来探讨绘本正文的整体传达性。对于绘本的图画和文字合奏的艺术特性，将会在第四章中做细致的阐述，这里就不讲了。

一、图画

绘本强调图画的叙事功能与连贯性，讲求图文巧妙融合的整体传达。在正文中，绘本的插画家巧妙地运用翻页及页面的布局等，来丰富表达内容、增强表达效果。

（一）重视翻页

绘本是一门翻页艺术，很多答案都会呈现在下一页，给读者带来惊喜的阅读体验。绘本的正文部分重视翻页的整体性及翻页的连续性。例如，《好饿的小蛇》（［日］宫西达也/文·图），正文中巧妙地利用翻页方式，在不断地重复中，在孩子一次次的猜测中，图画一次次为孩子带来出乎意料的连连惊喜。又如《好饿的小白熊》（［日］成田雅子/文·图），莎娜是很有爱心的孩子，当得知小白熊想吃天上的云朵后，她和小猫鲁鲁就帮着小白熊够白云吃。正文中其他的书页都是左右翻页的，捉云彩这一页突然变成上下翻页的大跨页，莎娜和小猫鲁鲁接起了长长的竹竿在捉云彩，这一页的视觉效果十分强烈。有时配合故事讲述，创作者会将正文中某一内页加长、加宽成为折页设计，成为书中的高潮。例如，《我变成一只喷火龙了！》（赖马/文·图），意想不到的一个大折页设计给人无限惊喜，加长的喷火长焰，使人感觉绚丽夺目、气势十足。

（二）巧用跨页

在绘本中，一幅插图占一页的是单页插图，跨越两个页面的是跨页插图。绘本正文的图画叙事，有的是全部采用单页图画，如《先左脚后右脚》（［美］汤米·狄波拉/文·图），用了34幅单页图画讲述了一个感人的祖孙亲情故事。有的绘本全部采用跨页大图，用于展现风景或者人物较多的故事场景。如前面提及过的《推土机年年作响，乡村变了》（［瑞士］约克·米勒），用了用7个精美的大跨页对一个乡村20年的变迁做了全景式的描绘。《巴士到站了》（［日］五味太郎/文·图），用15个大跨页描绘了在一辆巴士经过的海边、山区、小区等每一站都有很多人下车的场景。

图 2-14 《巴士到站了》内页

还有很多的绘本会在大量单页的图画叙事中加入一些跨页的设计，用以突出故事的人物、情节或渲染故事的高潮。例如，《绅士的雨伞》（［日］佐野洋子/文·图），这本书的主人公是一位固执的老爷爷，他十分珍视他的宝贝雨伞，出门都会将它带在身边。但是遇到刮风下雨，他宁愿忍受雨淋，也不愿将伞打开来用。故事开始都是用单页图画讲述的。当小男孩和小女孩撑着一把伞，唱起了"下雨了，滴答答。下雨了，哗啦啦"的歌一起离开时，这快乐的歌声感染了老爷爷，他终于打开了雨伞。这一页整个画面被雨伞笼罩着，佐野洋子用了大跨页凸显了老爷爷的变化。

另外，在跨页的页面布局的设计上，有些绘本是插图占一页，文字占另一页，如《胡萝卜的种子》（[美]露丝·克劳斯/文，[美]克罗格特·约翰逊/图）、《鼠小弟的小背心》（[日]中江嘉男/文，[日]上野纪子/图）等。这些绘本的文字很少，但还是文字和图画分放两页。这样的设置简单醒目，也构成了作品明快的节奏。有的绘本把文字放在另一页是文字较多的原因，如《爷爷有没有穿西装？》（[德]阿梅丽·弗里德/文，[德]雅基·格莱亚/图）、《开往远方的列车》（[美]邦廷/文，[美]希姆勒/图）等。

二、文字

文字在绘本中不仅具有传达信息和叙述故事的功能，更是对图画的再次渲染，使得图画更具有生命力，同时还具有承上启下的衔接作用，使叙事更加连贯流畅。绘本的文字一般比较简洁，这简洁的文字如何在正文页面中与图画完美结合、交相辉映，也是需要绘本创作者们巧妙构思的。

（一）文字布局

一本绘本的文字编排在正文中是极为重要的，会影响到故事的情感传递和意境营造。创作者会根据文字的长度来确定每页字数的多少和字号的大小，还要着眼文字如何在页面中与图画巧妙的融合。

很多绘本的文字是有规律地配在页面图画下方或上方。但是也有的绘本因为创作者的喜好或者故事情节的考虑，文字被设计成特殊的样式，放置的位置变得不规律，有的在插图内，有的在插图外，有的在插图之间。例如，凯迪克金奖获奖作品《三只小猪》（[美]大卫·威斯纳/文·图）（图 2-15），作者把三只小猪的经典故事进行拆解、重构，让三只小猪逃出了原版《三只小猪》的故事之外，接着三只小猪还穿越了《鹅妈妈童谣》和《武士屠龙》，最后带着龙、猫等朋友们又穿越回来，把大灰狼贴在故事大门之外，最后他们一起喝着文字煮成的汤，过着幸福的生活。这个绘本彻底颠覆了三只小猪的经典故事，在一本书中构架了五个故事。文字除了在每个小故事里字体、字的颜色都不同外，文字的排列更是五花八门，有的还使用了漫画中的"对话球"。特别是在最后一个故事里，故意让狼把一行行文字吹得七零八落，散落在地上，甚至还让文字被煮成汤喝掉。这样的处理，不仅好玩，而且也与作品中天马行空的非凡想象非常契合。

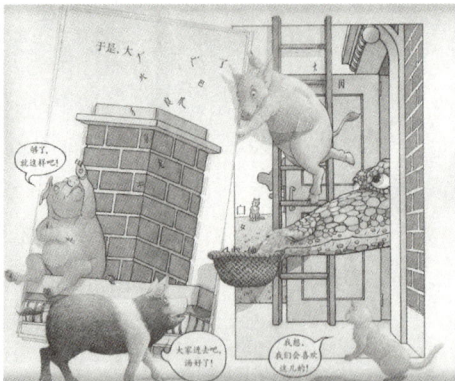

图 2-15 《三只小猪》内页

(二)文字图形化

有的绘本正文里，文字的排列方式发生变形，具有图画效果，给读者带来了强大的视觉震撼。例如，《淘气的泡泡》([英]玛格丽特·马伊/文，[英]波丽·邓巴/图)，讲的是一个小宝宝被一个淘气泡泡裹走，飘到了天上，众人集体营救被困在泡泡里的小宝宝的故事。这本书为了突出泡泡的淘气，文字的排列采用曲线形式，表现出泡泡向上飘起的运动感，让读者跟随着图画与文字的流动进行了一次惊险有趣的旅行。《小房子》([美]维克尼亚·李·伯顿/文·图)更是堪称这方面的经典作品。画面上呈"S"形的文字排列很像蜿蜒的山间小路，与图画对应，使得画面充满了美感。维吉尼亚·李·伯顿的另一本作品《逃跑的小火车头》(图 2-16)，也把文字变形，排列成了一条翻山越岭的铁道线的样子。

图 2-16 《逃跑的小火车头》内页

另外，一些绘本里的文字字体大小也呈现了图形化的特点。如《你很快就会长高》（［英］安琪雅·薛维克/文，［英］罗素·艾图/图），小男孩阿力希望自己尽快长高，配合大树、长颈鹿、巨人的画面。"我希望长高！"这三次重复的文字越来越粗大。这样的文字变形，形象地展现了阿力渴望长高的迫切心理，也为读者创造出更多的阅读乐趣。

第四节　开　本

开本是指一本书幅面的规格大小。对于开本这一绘本的文本外在形态，绘本的创作者们也是精心设计，追求与绘本内容和主题和谐统一，为读者奉献完美的阅读体验。绘本的开本是丰富多样的，有大的、小的，长的、方的，规则的、不规则的，等等。我们关注绘本的整体传达性，对其开本也要进行好好品味。

一、大开本和小开本

绘本的开本有大有小，小的不过巴掌大，大的有时会超过半张报纸。日本绘本大师松居直认为绘本的大小没有固定的标准。"不是说大了就好，小了就不好。而是要根据作者创作动机，以及应该如何用绘画来表现故事内容等因素来决定书的大小尺寸。"[1]因此，幼儿绘本的开本大小，一般要由幼儿的需求和绘本主题内容两个方面来决定。由于幼儿手臂伸展跨度较短的特点，开本不宜过大，同时幼儿的眼睛正处于生长发育的重要阶段，开本也不宜过小。因而幼儿绘本开本大多采用 20 开（181毫米×206 毫米）以及 16 开（184毫米×260 毫米），比较利于孩子们自己将绘本捧在手里阅读。例如，《朱家故事》（［英］安东尼·布朗/文·图）尺寸就是 20 开的，《灰王子》（［英］芭贝·柯尔/文·图）的尺寸大小是 16 开的。有的插画家还会选择超小的尺寸，如《比得兔的故事》（［英］比阿特丽克斯·波特/文·图）的尺寸大概是 14.5 厘米×11 厘米，这样的小开本是作者有意为之的。作者觉得这么小的尺寸与小孩的手最适合，让小孩可以方便地拿着阅读。另外，有些绘本是根据题材内容来选择开本的大小的。如《逃跑的小火车头》（［美］维吉尼亚·李·伯顿/文·图）一书，运用了 31厘米×33 厘米的大开本，有力地表现火车头逃跑去历险的动态情景。《恐龙如何说我爱你？》（［美］简·约伦/文，［美］马克·蒂格/图）采用了尺寸大约为 22.5 厘米×31 厘米的大开本设计，是为了表现出恐龙的巨大。这种大开本在视觉冲击力上更强烈，容易给读者带来一种身临其境的感觉。《让路给小鸭子》（［美］罗伯特·麦克·克洛茨基/文·图）也是采用了 31 厘米×24 厘米左右尺寸的大开本，画面恢宏壮阔，让读

---

① ［日］松居直：《我的图画书论》，13 页，郭雯霞、徐小洁译，上海，上海人民美术出版社，2009。

者产生了强烈的现场感。

二、竖开本和横开本

一般的绘本是长方形的，订口置于长边的是竖开本，置于短边的就是横开本。竖开本是最常见的开本形式，给人以稳定的感觉，传统绘本大多是采用左右翻页的竖开本。获得凯迪克金奖《树真好》（［美］贾尼思·梅/文，［美］马可·塞蒙/图），独特的窄长竖开本让读者产生新奇之感。这本书在外形设计上采用了 16 厘米宽、28 厘米高的长方形开本(图 2-17)形式。垂直方向延伸和增长的页面设计，增强了树干和枝叶的挺拔、婀娜的视觉效果。偶尔也有上下翻页竖开本绘本，如游戏绘本《藏猫猫》（［日］木村裕一/文·图），用上下跨页和长短页展现了站立的小狗、小猫、小怪兽、宝宝、优优等藏猫猫的游戏。

图 2-17 《树真好》封面

横开本分为左右翻页的和上下翻页的两种。左右翻页的横开本适合表现长距离感的画面，给读者以连续的和流动的视觉体验。如《母鸡萝丝去散步》（［英］佩特·哈群斯/文·图），为表现母鸡萝丝散步的方向感、前进感，创作者采用了长 23 厘米、宽 19 厘米的 16 开的横开本设计，表现出了场景的横向延伸感。《100 万只猫》（［美］婉达·盖格/文·图）是横长开本的典型。这本绘本的长宽比例接近 3∶1。创作者用这个横长开本有力地展现出老爷爷身后跟随着 100 万只猫的壮观场景。上下翻页的横开本是比较少见的，《月光男孩》（［丹麦］依卜·斯旁·奥尔森/文·图）采用了这种设计。这本书的开本尺寸是 33.5 厘米×12 厘米，采用上下翻页，看起来又长又窄，有效地增加了阅读时的距离感，奇妙地表现了月光男孩从天上落到地上的整个坠落过程。

三、异型开本

异型开本的绘本比较少，现在一般会用在概念书、玩具书的设计中，而绘本故事书极少采用异型开本。异型开本已经不再是长方形，而是形状变得不规则，甚至可能是大树、汽车、动物、水果、玩具等造型。例如，《车轮转转转》（鱼改燕/文，琳娜/图）系列绘本就是车的造型。这种绘本看起来更像是玩具，因此，非常受婴幼儿的欢迎。

问题讨论

1. 阐释教材未提及的知识类绘本和传记绘本中出现的其他附页，如前言、后记、术语表、索引的价值。
2. 简要阐释故事书极少采用异型开本的原因。

课后练习

1. 试以一本绘本为例，详细介绍这本书的构成及其设计用意。
2. 举例谈谈开本的设计与绘本内容、主题表达的关系。

第三章　绘本的种类

学习目标 ▶

1. 了解绘本分类的不同角度及基本种类。

2. 了解不同种类绘本的代表作及特点。

3. 掌握常见种类和体裁的绘本的特征，学会从整体上把握绘本，并以此进行绘本的赏读与教学。

学习导图 ▶

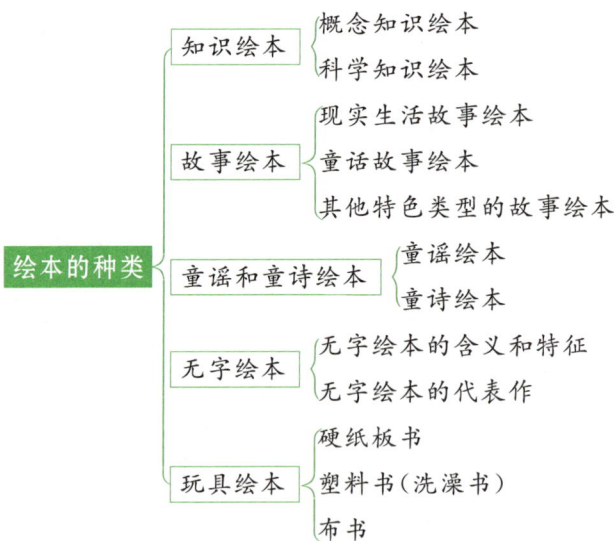

```
                      ┌ 知识绘本 ┬ 概念知识绘本
                      │          └ 科学知识绘本
                      │          ┌ 现实生活故事绘本
                      ├ 故事绘本 ┼ 童话故事绘本
                      │          └ 其他特色类型的故事绘本
 绘本的种类 ──────────┼ 童谣和童诗绘本 ┬ 童谣绘本
                      │                └ 童诗绘本
                      ├ 无字绘本 ┬ 无字绘本的含义和特征
                      │          └ 无字绘本的代表作
                      │          ┌ 硬纸板书
                      └ 玩具绘本 ┼ 塑料书（洗澡书）
                                 └ 布书
```

学习导言 ▶

　　绘本的创作和出版形式多种多样而又充满个性，涵盖范围十分广泛。因此，绘本种类的研究是一个相当复杂的概念，要给绘本分类也是件很困难的事。目前，国内外的研究者的分类的标准林林总总，分类的角度也各不相同。如按内容分为文学类绘本和知识类绘本；按照画面数量分为单幅绘本、多幅绘本和连续绘本；按照颜色分为彩色绘本和单色绘本；按照图画的风格分为具象型绘本和抽象性绘本；按照读者对象分为成人绘本和儿童绘本；按照使用的材质分为纸书、布书、塑料书、胶片书、触摸书和电子绘本等；按照版式分为口袋书、拼图书、洞洞书和造型纸板书等；按照特定的设计目的分为玩具书、游戏书、数数书、互动书、立体书和概念书等；按图文的叙事比重分为无字绘本和图文并茂的绘本；按文体分为诗歌类、故事类、散文类和小说类绘本等。由此看出，绘本内涵之宽、外延之广，人们很难从形式上对丰富多样的绘本进行绝对地归类，各种形式之间肯定会有交叉渗透。本章将选取绘本的几种基本样式，以描述性方式来进行分类说明。

第一节 知识绘本

知识类绘本是幼儿阅读资源的重要组成部分。它在幼儿早期阅读实践中的重要性也已经得到了教育界学者的广泛认可。图文并茂的知识绘本有利于提高幼儿的认知能力和语言能力，增加科学知识积累，是幼儿认识世界、学习各方面知识最好的启蒙读物。常见的知识绘本主要包括概念知识绘本、科学知识绘本等。

一、概念知识绘本

概念知识绘本是专门为婴幼儿设计制作的绘本。它包含形形色色的类型，如字母书、数数书、颜色书、形状书、句型书、识物画书等。它可以培养幼儿的想象力和观察力，使幼儿认识许多新的事物，因此它常被视作孩子的第一本知识性图书。像字母书就是帮助儿童认识字母的图书，主要是让孩子在快乐的情境中学习 26 个英文字母。比如《ABC 动物马戏团》（［日］tupera tupera/文・图），讲的是 ABC 动物马戏团到一个小镇来表演，马戏团的动物包含了 26 个英文字母，每个字母都由该英文字母为首的动物来代表，动物的出场顺序也依照 A 到 Z 的方式排列。动物们在大熊（Bear）团长的带领下，表演了很多精彩节目，包括乐器演奏、倒立爬山、喷水秀、跳火圈、赛车极速表演等。全书构思灵活，细节设计巧妙，以拼贴形式呈现画面，使得整本书非常具有立体感。鲜艳丰富的色彩，也让人赏心悦目。这类字母书使儿童在看图书、玩游戏的轻松过程中就认识了字母，阅读与学习的过程变得欢乐无穷、毫无压力。

《小蓝和小黄》（［美］李奥尼/文・图）主要讲述了小蓝和小黄是好朋友，他俩一起游戏，一起上学，最后小蓝和小黄融合在一起变成了"绿"。故事很直观地展现了颜色的变化。《我的白色小背心》（［荷兰］迪克・布鲁纳/文・图）则讲述了一个温馨的故事，绘本色彩明亮，线条简单。为了呈现丰富的颜色，书中给小女孩画上了红色袜子、黄色上衣。《换一换》（［日］佐藤和贵子/文，［日］二俣英武郎/图）讲述了一只小鸡与其他小动物换声音的经历。而《大家来听音乐会》（〔美〕莫斯/文，〔美〕普赖斯曼/图）里则以轻松幽默的笔调、温暖亮丽的色彩，勾勒出各种乐器的造型，让孩子了解了乐器的知识。除了颜色、声音之外，常见的概念知识绘本还有关于时间、感觉、空间、形状等类型。正是这些丰富多彩而又形象直观的绘本让幼儿感知到了世界的丰富性。

图 3-1 《小蓝和小黄》封面

图 3-2 《换一换》封面

图 3-3 《大家来听音乐会》封面

数数书也是概念知识书里一种重要的类别。皮亚杰曾说过："在数学教育里，我们必须强调行动的角色，特别是幼儿，操作实物对了解数学是不可缺少的。"为了帮助孩子进入奇妙的数学世界，数数书应运而生。父母经常会教孩子数数或者做加减法，但数学不同于讲故事，它是抽象的，必须借助于具体的常见的事物，孩子才容易理解。对孩子的数学启蒙可以贯穿于日常生活中，要让幼儿先建立起数的概念，再建立起数与事物之间的对应关系，然后才能进一步运用这种规则进行加减运算。如《首先有一个苹果》（〔日〕伊东宽/文·图）以讲故事的方式串联起数字："首先有一个苹果，两条虫子从里面钻了出来。"画面上相对应的也是一只大大的红苹果和两只从里边钻出的虫子。《十，九，八》([美]莫莉·班/文·图)是一本非常有趣的床头故事书，曾荣获 1984 年凯迪克银奖。书中父亲和女儿说晚安，然后一起细数了房间里的东西，让数数游戏陪孩子进入了梦乡。这类绘本可以把抽象的数字形象化，让孩子建立起数字概念，同时也培养起了学习数学的兴趣。

图 3-4 《首先有一个苹果》封面

二、科学知识绘本

大部分的科学知识绘本，以说明性文字为主，语言朴素平实，没有跌宕起伏、扣人心弦的情节。同时，图书中还会出现比较难的生词或专用术语。这些潜在因素往往会影响幼儿主动阅读的兴趣，或让一些阅读能力较弱的幼儿望而生畏。因此，在教学中，教师可结合图书的内容，添加一些适宜的音乐或视频，以增强图书的美感和趣味性。这样便可以充分调动幼儿的听觉、视觉等感官来参与，让阅读过程成为幼儿感受美、体验美的认知之旅。如《神奇校车》([美]乔安娜·柯尔/文，[美]布鲁斯·迪根/图)系列用孩子们一次次的冒险旅程给孩子们讲了一个个科学故事。其中的《海底探险》带领孩子们尽情遨游海底世界，让孩子们认识了很多伙伴，见到了很多新奇的东西，如鲜艳的珊瑚、美丽的水母、可爱的鱿鱼和硕大的鲸鲨等各类生物。在《在人体中游览》中，弗瑞丝小姐开着校车带领学生们进入人体遨游，一起探寻人体科学的奥秘，使孩子们在轻松游戏般的阅读中理解了许多人体科学的知识。《好饿的毛毛虫》([美]艾瑞·卡尔/文·图)描写了一只毛毛虫连着六天吃了各种各样的食物。孩子们通过这个绘本故事，了解了毛毛虫的生长，知道了毛毛虫破茧而出变成蝴蝶的过程。

李爱卿的《小机械立大功》中，介绍了杠杆、斜面、滑轮、轮轴、螺旋等，文字以提问和叙述的形式，配以有趣的图片。《莲花》这本图书详细地描述了莲在不同季节的生长状态以及莲花的生长过程，展现了从水面上到水面下的莲的结构，介绍了莲的各部分各有什么样的作用。《好吃的水果》配以各种水果图片，介绍了不同水果的名称、颜色、味道，分析了水果的主要结构"果皮、果肉、种子"，还列举了不同水果的生长地点，等等。

图 3-5 《神奇校车》封面

图 3-6 《好饿的毛毛虫》封面

第二节　故事绘本

　　故事绘本是指以叙述故事为目的的绘本，它可被称为绘本的主力军，不仅数量众多，经典佳作也多出于此。美国绘本凯迪克奖的获奖画家尤里·舒尔维兹在他的《用图画写作：如何创作儿童绘本》一书中说："一本真正的绘本，主要或全部用图画讲故事。"国际安徒生绘本奖、美国的凯迪克奖、英国的凯特·格林纳威奖以及国内丰子恺绘本奖等绘本大奖的获奖作品大都是这类的绘本。故事绘本题材多种多样，主要包括现实生活故事绘本、童话故事绘本和其他特色类型的绘本。

一、现实生活故事绘本

　　现实生活故事绘本大多表现孩子熟悉的日常生活，题材、内容贴近孩子的现实和心灵世界，容易激发起他们的情感共鸣。如《团圆》(余丽琼/文，朱成梁/图)就是一部将中国传统文化、现代生活内涵和儿童心理情感有机融为一体的感人作品。作者很自然地运用了中国文化的诸多因素，使孩子们了解了春节的风俗，如拜年、放鞭炮、贴春联、吃汤圆、舞龙灯等，也让孩子体悟到了团圆的珍贵和亲情的温暖，感受到了父爱和母爱的伟大。故事描绘得优美、亲切、温暖，是一部兼具人情味、历史感和艺术美的作品。

　　还有《第一次上街买东西》([日]筒井赖子/文，[日]林明子/图)，这本简单清新的小绘本描述了一个小女孩第一次上街的经历，情节自然亲切，故事就像发生在孩子们身边一样。与情节相辅相成的图画更是温馨细腻、富于生活情趣，烘托出小女孩每一点细微的心理变化和情绪流露，显得分外动人。因此，这本书才会令孩子们特别着迷。

图 3-7 《团圆》封面

二、童话故事绘本

童话故事绘本以图文结合的形式来表现富于情趣的童话故事，图画的强烈表现力和丰富多彩的题材使得这种绘本最受孩子的喜爱。如《猜猜我有多爱你》（[爱尔兰]山姆·麦克布雷尼/文，[英]安妮塔·婕朗/图）是一本薄薄的小书，作者用浅浅的黄、蓝、绿的水彩，描绘了一个简单的故事：兔妈妈和小兔子相互用身体动作表达着谁爱谁更多一些，但不管怎么比，小兔子总也比不过大兔子，最后，小兔子在兔妈妈暖暖的爱意下甜甜地睡了……这个故事告诉我们，爱会让这个世界明亮起来，当你很爱很爱一个人的时候，就要把这种感觉表达出来。

图 3-8 《猜猜我有多爱你》封面

再如《逃家小兔》（[美]玛格丽特·怀兹·布朗/文，[美]克雷门·赫德/图）、《奥莉薇》（[美]伊恩·福尔克纳/文·图）、《驴小弟变石头》（[美]威廉·史塔克/文·图）

等。在这类绘本中，除了原创童话外，有一些作品是根据经典童话改编创作的，经过插画家们的重新演绎，让原本精彩的童话更加充满魅力。

三、其他特色类型的故事绘本

除现实和幻想类故事绘本外，还有一些特色类型的绘本，如动物故事绘本、神话和民间故事绘本。动物故事绘本不是拟人化的动物童话、寓言故事，故事中不会出现具有魔法的人物，不会有非凡超常的事情，是写实性地真实描写动物的世界的故事绘本。例如，《流浪狗之歌》（［比利时］嘉贝丽·文生/图）是一本无字绘本，作品以流畅利落的笔调讲述了一个被主人抛弃的流浪狗的故事。一只被扔出车窗外的狗成了流浪狗，它邋遢、孤独、无助，忍受别人的唾骂和驱赶，独自走过春夏秋冬。但是它没有放弃，永怀希望，最终找到了自己的新主人——跟自己一样孤独的孩子，开始了新的快乐的生活。这本书表达的对动物生命的尊重和爱护及对人性的探讨，能够带给读者深刻的启发和思考。

神话和民间故事绘本则是最能反映民族的文化特色、充满了浓郁的民族特色、无论文字故事和绘画都具有明显的民族标记的绘本。张世明的《嫦娥奔月》体现了鲜明的壁画风格，线条飘逸、色彩明艳，整个画面具有一种唯美的张力，生动地传达出故事人物丰富、细腻的内心情绪。凯迪克奖获得者美籍华人画家杨志成的《狼婆婆》是根据我们熟悉的民间童话狼外婆的故事创作的，他的插画根植于中国文化的故事底蕴，采用中国绘画的"渲染"技法，营造了神秘朦胧故事意境，带给读者具有东方情韵的独特视觉美感。《神笔马良》的作者杨永青则用传统的故事和精美、有趣的绘画，给予了读者原汁原味的中国风的享受。

第三节　童谣和童诗绘本

著名的童书推广人多萝西·巴特勒（Dorothy Butler）曾说："童谣、玩具熊和尿布，是每个孩子成长中的必需品。"每个孩子都能通过听故事、唱歌和阅读绘本来感受语言的丰富魅力，孩子和文学的最初接触是由朗朗上口的儿童歌谣呈现的。这类绘本最大的特点是讲求语言的韵律，但二者的形式并不是完全相同的。童谣的前身是民谣，是为儿童作的短诗，通常以口头形式流传。儿童诗则是适合不同年龄儿童阅读吟诵的诗歌。

一、童谣绘本

童谣是指流行于儿童之间的，没有乐谱的一种民间歌谣形式。它的特点是通俗易懂、诙谐幽默、形式简短、朗朗上口、韵律好记。童谣的语言比较生活化、浅显单纯。篇幅一般较简短，想象丰富，富于节奏感、音乐性，注重押韵。凡是民谣中适合儿童听与唱的都可以归类为童谣。如 2012 年国内引进出版的《凯迪克的图画书》和《凯特·格林威的图画书》，内容都为英国流传很久的童谣。

有的童谣绘本是专门根据某首童谣而创作的单行本。最有代表性的是中国画家周翔的《一园青菜成了精》，该书获得了第一届丰子恺儿童绘本奖"评审推荐图画创作奖"。这首北方童谣语言生动有趣，韵律十足，主要表现了菜园里各类青菜之间的一场热闹的"大战"，战争结束，丰收在即。本书对各类蔬菜的独特个性都刻画得惟妙惟肖，充满童真童趣。作为画家，周翔运用独特的画风，巧妙地融入了中国特色元素。

也有体现中国民俗民风的，由著名民俗学家、散文家山曼编选的《百岁童谣》（全5 册）。该书汇集了 100 首中国民间童谣精品。包括描述幼儿游戏的《花巴掌》、刻画年节喜庆活动的《正月正》、汇集民间摇篮曲的《外婆桥》，以及表现田园风光、农家生活的《小巴狗》和《大槐树》。书中还配了六位画家充满乡野童趣的彩图，渲染出浓郁的民俗韵味。该书入选了"中国小学生基础阅读书目"。

图 3-9　《一园青菜成了精》封面　　　　图 3-10　《一园青菜成了精》内页

二、童诗绘本

童诗也属于韵文体裁。儿童诗是指适合儿童听赏诵读的自由体短诗，节奏韵律灵活自由，具有一定的书面语色彩。儿童诗题材广阔，内容丰富深厚，阅读对象多是大班的孩子以及学龄期儿童。如《萝卜联欢会》中，作家金近把一些蔬菜的特征巧妙地编成了儿童诗，使文字非常适合儿童朗读。诗人金波与西班牙插画家阿方索·卢阿诺合作的童诗绘本《我爱妈妈是自言自语》，演绎了母爱的温情。《中国原创图画书系列·任溶溶童诗绘本》读起来轻松自在，有很强的画面感。任溶溶的童诗语言浅显直白，节奏错落有致，将儿童生活中有趣的场景和情感体验加以定格，并进一步放大、渲染，表现了童年独特的生活情趣。还有根据俄罗斯民间故事改变的童话诗歌绘本《拔萝卜》（[俄]阿·托尔斯泰/编，[日]内田莉莎子/译写，[日]佐藤忠良/图）讲述了大家一起用力拔一个大萝卜的简单故事。这本书人物的造型是俄罗斯的传统装束，绘画上具有日本风格，人物动作和表情丰富，语言动感十足，非常适合亲子阅读和幼儿吟诵。

图 3-11　《拔萝卜》内页

《打瞌睡的房子》（［美］奥黛莉·伍德/文，［美］唐·伍德/图）也是一部很有趣的童诗绘本。作者用整齐的段落结构、重复的句型和语句、幽默的语言，描写了一个打瞌睡的房子，住在里面的人都在睡觉。床上一位打鼾的老奶奶，老奶奶的身上有一个做梦的小孩。小孩的身上有一只昏昏欲睡的狗。狗身上有一只打盹的猫。猫身上有一只呼呼大睡的老鼠。老鼠的身上有一只不睡觉的跳蚤。跳蚤咬了老鼠一口。老鼠跳了起来，猫、狗、小孩一个个都惊飞了起来，老奶奶还压垮了床，大家都醒来了……故事的角色丰富，戏剧感十足，充满趣味。绘本的语言也非常具有节奏感和韵律美，读起来朗朗上口。

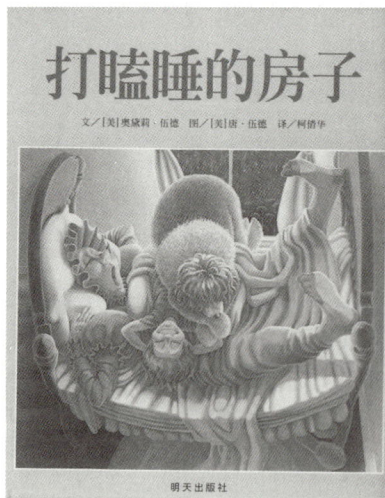

图 3-12　《打瞌睡的房子》封面

第四节　无字绘本

绘本按图文的叙事比重分为无字绘本和图文并茂的有字绘本。有字绘本是指既有文字又有图画，两者珠联璧合，形成一个不可分割的整体。它们相互配合又具有一定的独立性，共同完成一个故事的叙述，表现作品的主题。而无字绘本则是一种比较特殊的绘本类型。

一、无字绘本的含义和特征

无字绘本几乎没有文字，主要靠画面来叙述故事。情节简单，篇幅短小，画面有时具有一定的跳跃性，但表现的情节具有连续性。无字书的每幅画面，就像电影中的蒙太奇表现手法，依靠镜头的剪辑切换，依次组接成一个完整流畅的故事。对于无字书的理解，日本绘本研究者松居直曾说："无文字的绘本，即使没有文字也有故事、语言。它只不过是没有印上文字而已，实际上却仍然存在着支撑图画表现的语言。"由于婴幼儿识字量有限，只能通过图画接受文学作品，因此这类绘本更适合低龄儿童阅读。无字绘本没有文字上的限制，幼儿要弄懂作品内容，就需要对有内在联系的画面进行观察、分析、想象、解读，因此无字书可以更好地激发幼儿的联想，训练幼儿的口语发展，这在无形中促进了他们智力的发展。

一本经典的无字绘本，比一般图文并茂的绘本，在创作和构思上其实更具难度。因为创作者没有了文字的辅助，纯粹是在用图画讲故事。仅仅依靠图画传达出作者的感情和主旨，让幼儿感受到"画中有话"，激发幼儿展开丰富的想象，对一个绘本作家来说，无疑是对其创作的挑战。

一本没有文字的绘本，究竟应该怎么读，读了之后又能给幼儿带来些什么呢？孩子是否能够读懂呢？其实，和成人相比，孩子具备天生的图画阅读能力，婴幼儿的思维是一种具体形象性的思维，用图画表达的方式反而更符合他们的接受能力。对于还没有识字的婴幼儿来说，他们会把文字也当成是图画，所以，无字绘本可以说是专门为婴幼儿设计的。对于幼儿尤其是婴幼儿而言，他们更希望阅读的过程不是单纯地听故事、看故事，而是参与一种游戏、体验，完成一次发现、想象之旅，而图画能很好地满足他们的期待，激发他们的思考。我们常见到幼儿会对同一本绘本反复地翻阅，因为每一次阅读，幼儿都有可能发现一个新细节、一个新内容，获得新的体验。因此，无字绘本相比其他有字绘本更适合幼儿进行自主阅读。成人在为幼儿选择绘本时，可以有意识地为幼儿选择一些无字绘本，这样既可以帮助婴幼儿提高想象力与创造力，也可以对幼儿理解能力、观察能力的发展有一定的促进作用。

二、无字绘本的代表作

《海底的秘密》（［美］大卫·威斯纳/图）是一部获得凯迪克金奖的经典无字绘本。绘本具有精致的电影镜头感的画面和超现实主义的内容。一个男孩在海边捡到一部相机，他快速冲洗出了里面的照片，通过照片他惊喜地发现海底下竟然有如此不为人所知的神奇世界。这是一本能唤醒童真的绘本，书中展现的细节非常多，给了家长和孩子极大的想象和发挥的空间，是一部能吸引人反复阅读的无字绘本。

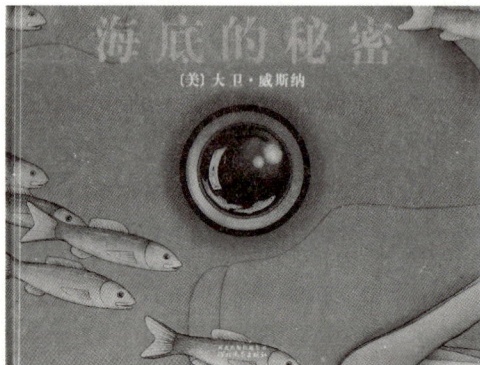

图 3-13 《海底的秘密》封面

《雪人》（［英］雷蒙·布力格/图）也是一本非常美的无字书，在欧美等地获得过诸多奖项。全书采用多格漫画的形式，共有 160 多张图画，宛如无声的流畅的电影镜头般，给小朋友讲述了是一个温暖又略带伤感的故事。男孩和雪人之间单纯美好的情感，让人感觉特别温暖和幸福。书中人物形象的神情和动作非常细腻生动，极具现场感。绘画全部都是彩色铅笔画出来的，色调淡雅柔和，正好营造了冬日里梦幻朦胧的美感。

图 3-14 《雪人》内页

　　较为著名的无字绘本还有瑞士著名画家莫妮克·弗利克斯的代表作"小老鼠无字书"系列、《7号梦工厂》([美]大卫·威斯纳/文·图)、《米菲的梦》([荷]布鲁纳/文·图)、《诺亚方舟》([美]杰里·平克尼/文·图)等作品。莫妮克·弗利克斯的"小老鼠无字书"系列图书，整套书八本，只有主题，没有文字。故事情节构思精巧，形式独特，绘制精美。其主角是一只胖乎乎的小老鼠，它百无聊赖，便在白颜色的书页上一点点咬出若干个洞，使整个页面形成字母的形状，或经过折叠成为小房子、飞机、小船等。掀开书页的背后，则呈现出田野和农庄，阳光灿烂，五谷丰登。孩子在快乐的氛围中去获得颜色、形状、字母、相反的事物、自然界的现象等知识，在阅读过程中不断地感受乐趣和惊喜。

　　经典的无字书《7号梦工厂》，讲述的是一个小男孩在美国帝国大厦上与一朵小白云偶遇。小男孩坐在云上，穿过云山雾海，来到了一座天空之城。城上插满了巨大的喇叭，有无数朵白云从里面飘出来，原来这里是神秘的7号梦工厂。于是，小男孩意外地开启了一段惊奇旅程，他的到来让有梦想但难以实现的云朵们得以幻化成一个个精彩杰作，也给这个城市的人们带来了一份份惊喜的礼物。但是这种情况让不希望秩序乱掉的管理者们非常不满。这本书获得了凯迪克银奖。

图3-15　《7号梦工厂》封面

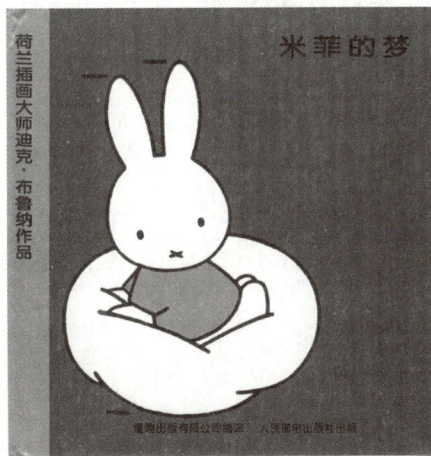

图3-16　《米菲的梦》封面

第五节　玩具绘本

　　玩具书本是特殊的也是具有比较高级的外在形式的一种绘本，它的设计非常有创意。之所以称之为玩具书，是因为它像玩具一样可以玩，但它同时也是图书，体现了知识性。玩具书打破了原有书籍通过单方阅读传递信息的模式，转向读者与书籍的互动。有的玩具书是立体的，有的玩具书隐藏着"机关"。玩具书主要有硬纸板书、塑料书(洗澡书)、布书等样式。

一、硬纸板书

硬板书具有鲜明的认知功能，可以说是婴幼儿认识世界的开始。这类书虽然纸质很硬，但大多采用圆角设计，可以避免划伤孩子。纸质厚实，撕不烂咬不破，可以避免婴幼儿发生危险，又利于翻阅。硬纸书结合幼儿的日常生活体验，让幼儿去认识各种事物，了解各种活动。这类书常常会被设计成玩具书，具有玩具功能和特殊的应用价值。幼儿可以先把书当成玩具来玩，再在爸爸妈妈的陪伴下一起读书，最后学会能自己独立地翻阅图书。硬板书最大的功能是通过玩玩具的方式让幼儿对书产生兴趣，从而爱上书籍。如台湾信谊图书公司推出的《小宝翻翻书》系列里设计了很多小机关，让幼儿自己动手来读书，这很符合低龄幼儿好奇心强的特点，可以让他们通过感知获得对事物的认知。还有像尼娜·兰登编绘的《猜猜我是谁?》书中反复出现文字"猜猜这是?"，相对应的画面是一个小洞，小洞里隐藏了谜底的一部分。幼儿每翻一页，就会猜一次谜，最后出现的谜底是一面镜子，而幼儿在镜子里看到的就是自己，非常有趣。

二、塑料书(洗澡书)

塑料书因为不怕水，可以浮在水面上，同时可让婴幼儿在洗澡时玩耍，因此又被称为"洗澡书"。这类书籍内容大多以日常事物、生活日用品为主。幼儿一边洗澡，一边玩，不仅能训练他们的手腕的抓握力量，还可以引导幼儿对事物的初步认知，增加洗澡的乐趣。有的洗澡书还能发出声音甚至喷水。如德国作家雅诺什的"小熊和小老虎"系列就做成了洗澡书。还有玩具书《大象亨利》，专门的《快乐宝宝洗澡书》等。

三、布书

布书被称为"小宝宝最好的软性益智读物"。它做成像宝宝平时玩的布玩具的样子。布书一般用棉布制成，触感柔软，书中设置了很多游戏机关，操作方便，能够训练幼儿的眼、手、脑的协调能力。如《你看见了什么》中，每只动物中都填充了软软的海绵，使小动物更具立体感和质感。有时一只动物身上会用不同的材质：比如一只小猪，身上的图案是印制的，轮廓是用线一针针缝上去的，又用丝质的带子做了两只脚缝上去。丝带是光滑的质感，二是身体略带粗糙的质感，这给幼儿带来了不同的触感体验。这类布书一般没有故事情节，但现在也有不少布书设计了简单浅显的故事内容，使得幼儿在玩玩具的过程中也能认识一些日常生活中常见的事物。如布书《温暖的家》里面包含了我们家里的家具用品陈设等，像小玩具、马桶、洗漱用品等，都是可以用手操作的，不仅锻炼了幼儿的动手能力，也使他们获得了对事物的认知。

问题讨论

1. 皮亚杰曾说过："在数学教育里，我们必须强调行动的角色，特别是幼儿，操作实物对了解数学是不可缺少的。"运用绘本种类的知识，谈谈你对这句话的理解。

2. 除了文章中阐释的绘本分类外，你还可以从哪些角度对绘本进行分类，说出依据。

课后练习

1.《7号梦工厂》属于哪种绘本？谈谈你如何根据已有的绘本种类的理论知识，来设计这本绘本的教学目标和教学方法。

2. 科学知识绘本的代表作有哪些？有什么特点？怎样能激起幼儿阅读科学知识绘本的兴趣？

3. 以具体作品为例，谈谈童话故事书的艺术魅力。

第四章　绘本的艺术特征

学习目标 ▶

1. 掌握绘本的艺术特征。
2. 掌握绘本中图画、文字的特点和表达功能，能够简单说明图画与文字之间的关系。

学习导图 ▶

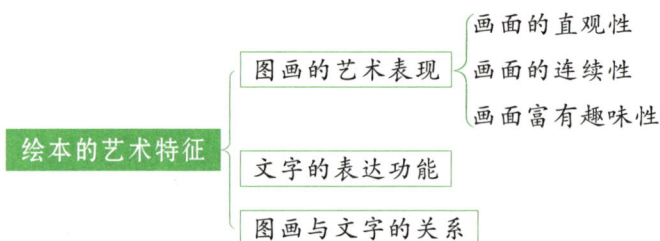

绘本的艺术特征
- 图画的艺术表现
  - 画面的直观性
  - 画面的连续性
  - 画面富有趣味性
- 文字的表达功能
- 图画与文字的关系

学习导言 ▶

绘本是一门综合性较强的艺术方式。表面上看，它集图画和文字于一体，作为讲述故事的必备要素，图、文、故事内容并不晦涩难懂。但同时，绘本在艺术表现上还需要保留充分的想象空间来促进幼儿的观察能力、想象能力以及思维能力的发展。这就要求绘本的创作要具有与幼儿故事、幼儿诗、幼儿童话等其他儿童文学样式截然不同的独特的艺术特征和呈现方式。

以往在梳理绘本的艺术特征时，人们大多只围绕图画来进行总结归纳。图画固然是绘本的表现主体，但如果脱离了组成绘本的重要因素之一的文字来进行论述，那对绘本的艺术特征的认识就不能说是全面的，所以，下面将分别从图画、文字、图画与文字之间的关系几个方面来论述绘本的艺术特征。

第一节　图画的艺术表现

一、画面的直观性

绘本是以儿童为主要接受对象的一种艺术形式，图画是其表现主体，它主要以画面来传递内容、表达情感。这就决定了绘本最鲜明的外在特征是画面要具有直观性。这一点我们从英国儿童文学研究者史密斯女士所举的例子中即可得到佐证。她举例，一个男孩和弟弟在看绘本，哥哥对弟弟说："托米，你不认识字也没有关系，只要挨页儿翻，看画就能明白故事。"史密斯女士举这个例子是用来解释什么是幼儿绘本的，但显然她是从这种艺术形式所具有的鲜明的特征这个角度来进行说明的。"你不识字也没有关系""看画就能明白故事"，即幼儿通过观察画面，故事内容就能基本了解了。这就是绘本画面的直观性在起作用。因为这样的特点，所以绘本可以很容易就被不同地域、不同语言、不同年龄的人理解和接受。

图画是绘本最本质的内容，绘本的画面其实就是一种语言——图画语言，它不像文字语言那样需要经过大脑的一连串的加工推理才能把握，它直接作用于人的视觉，是人们用眼睛直接便能感受到的。因此，图画语言本质上也是一种视觉语言。可以这样说，作者通过视觉语言来讲述故事，幼儿通过视觉语言来了解故事内容，实现"看画就能明白故事"。这时，艳丽的色彩、动感的线条、富有童趣的构图就成了直观性画面的重要的组成部分。直观性的画面成了传递故事内容、表达情感的载体。

尽管画面的直观性是绘本的重要特征，但儿童在这种直观性的视觉语言的接受上也有其自身的特点。绘本作家的创作也要符合幼儿的视觉接受心理。婴幼儿交界时期，孩子已经具象地掌握了空间、线段、图形的概念；到了幼儿时期，对色彩的辨别能力有了很大提高，并且具有了初步的对色彩进行搭配的意识。随着年龄的增长，孩子又渐渐发展出了立体视觉，可以观察出图画内部的联系。所以，依据儿童在不同时期的视觉接受心理来设计图画语言，使用足以引起儿童阅读兴趣的线条、色彩、图形等来营造可视性的故事空间以适应幼儿形象性思维发展的特点，就成了设计绘本的图画语言必须要考虑的因素。当儿童对画面的理解和解读已经变得越来越具体和准确，才能真正激发他阅读绘本的兴趣。例如，在《母鸡萝丝去散步》（[英]佩特·哈群斯/文·图）中，这种形象、直观的画面表现得就非常突出。在画面中，母鸡萝丝一心一意、悠闲自得地在散步，完全没有察觉背后狐狸的跟踪并准备偷袭的危险。画面流动性地展示了母鸡萝丝走过院子，绕过池塘，越过干草堆，经过磨坊……狐狸一路偷偷跟踪，但却碰到了一系列倒霉的事情，让它的偷袭无法实现。

有趣的故事就在这样形象而又直观的画面中逐渐展开了。作者利用艳丽的色彩，重复的图形和线条组成的直观的画面。不需要详细的文字的表述，孩子们就对画面表现出的内容心领神会了。

图 4-1 《母鸡萝丝去散步》内页左

图 4-2 《母鸡萝丝去散步》内页右

如果说《母鸡萝丝去散步》更适合低幼儿童的话，那么《大脚丫跳芭蕾》（［美］埃米·扬/文·图）则适合年龄更大一些的孩子阅读。《大脚丫跳芭蕾》讲述了一个叫贝琳达的女孩追求她的芭蕾舞梦想的故事。因为她有一双看似不适合跳舞的大脚，所以她在追求梦想的道路上遭遇到了一些挫折，好在最终她的梦想实现了。这个绘本令人印象深刻的是，每一页的画面中最突出的就是贝琳达的一双大脚，画面直观的提示使孩子们在阅读时非常关切这双"大脚丫"的命运：她到底能不能在舞台上跳舞，她是否能实现表演芭蕾舞的梦想……在这个故事中，形象而直观的画面使故事的情节变得通俗易懂，生动而又有趣。

图 4-3 《大脚丫跳芭蕾》内页

二、画面的连续性

画面具有连续性是绘本区别于带插图的儿童读物的一个重要特征。带插图的儿童读物只是偶尔会出现图画，而绘本本身就是依靠几十页的画面的联结讲述一个故事。绘本的每个画面看似是静态的，但随着一个画面向另一个画面的推移转换，动态的故事情节就展开了，绘本的画面因此就具有了连续性的艺术特征。

画面与画面之间的转换是需要一定联系的，就像一段文字与一段文字之间也要存在内在的关联一样。优秀的绘本绘画者会在每一页图画的构图中为下一页埋下一些伏笔或线索，在下一页中往往也会有回应，在不断推进的故事情节中，这些伏笔或线索也不断呈现出来从而使画面始终保持一定的连续性。正如竹内雄寒在《图画书的表现》中说的，"只要包含横跨两页的相似的'色彩''事件''情绪'这些信息就可以了。有了这些照应，读者就会感受到画面是连续的"[①]。他所说的相似的"色彩""事件""情绪"就可以看作是图画中的伏笔或线索。

例如，《月亮，生日快乐》(［美］法兰克·艾许/文·图)讲述的是一只小熊想和月亮做朋友的故事。小熊很喜欢月亮，他打算送给月亮一顶帽子当作生日礼物。他爬到山上和天上的月亮对话，听到回声，他以为是月亮说的话，看到落到地上的帽子，他也以为是月亮送给他的生日礼物。画面很简单，故事也很朴实，但给读者留下深刻印象的，是作者善于营造故事气氛的能力。绘本整体的画面色彩基本一致：蔚蓝的星空，浅绿色的草地，深绿色的河流，或深或浅的棕色的远山……不断重复的色彩，不断重复的简单的线条，极其相似的简洁的画面和舒缓的情绪，共同营造出了一派朴实无华又安宁祥和的艺术氛围。作者就是通过这样一种相似的色彩和情绪为读者搭建了一座连贯情节的桥梁。

于是，他划船渡过小河……

图 4-4　《月亮，生日快乐》内页左

走过树林……

图 4-5　《月亮，生日快乐》内页右

---

① ［日］竹内雄寒：《图画书的表现》，转引自朱自强：《儿童文学概论》，354 页，北京，高等教育出版社，2009。

绘本《逃家小兔》（[美]玛格丽特·怀兹·布朗/文，[美]克雷门·赫德/图）在画面的衔接处理上也很有新意，它采用了黑白画面与彩色画面交替并用的手法：用两张黑白画面联结两张跨页的彩色画面并不断循环的方式组成绘本。在黑白画面中通过人物对话交代主要的情节，而在彩色跨页里则没有对白，只呈现了一幅小兔和妈妈对前面所说的内容进行想象的画面。就是在这样的一组一组画面的不断衔接中，故事一点一点地被推向高潮。由此可见，画面之间即使没有相似的色彩进行联结，但如果在事件、情绪的表达上呈现一致，它也可以成为联结前后画面的枢纽。

三、画面富有趣味性

在幼儿文学中，"兴趣"是阅读的起点。绘本为了吸引幼儿的目光，激起幼儿的阅读兴趣，画面中出现的一切都要具有趣味性的特征。为了使画面更具趣味性，绘本作者常常会采用夸饰的方法来实现这一目的。所谓夸饰，顾名思义，就是过分地夸张修饰，具体来说，就是通过采用拟人、夸张、漫画化等方法来使画面更加生动有趣，目的是能够快速吸引幼儿读者的注意，引起他们的阅读兴趣。最常用的夸饰手法有以下几种。

第一，使用拟人化的方法来塑造形象，增添画面的故事性和趣味性。绘本作者往往给予动物以人的情感特征，使花花草草都被人格化，通过这种方法来讲述故事，达到感染儿童情绪，进而激发幼儿阅读绘本的兴趣。在《鳄鱼怕怕　牙医怕怕》（[日]五味太郎/文·图）中，作者就通过拟人化的方法塑造了鳄鱼的形象。鳄鱼牙疼，需要去看牙医，可是又怕治疗时的疼痛而不敢去看牙医。作者把他的矛盾心理通过生动有趣的画面形象地表现了出来。由于这种心理也来自儿童真实的内心世界，因此这样的图画语言很容易就使孩子和鳄鱼产生"共情"。随着对内容的好奇程度的不断加强，孩子阅读绘本的兴趣自然而然地就被激发了出来。绘本《梦想家威利》也是如此。

图 4-6　《鳄鱼怕怕　牙医怕怕》内页左

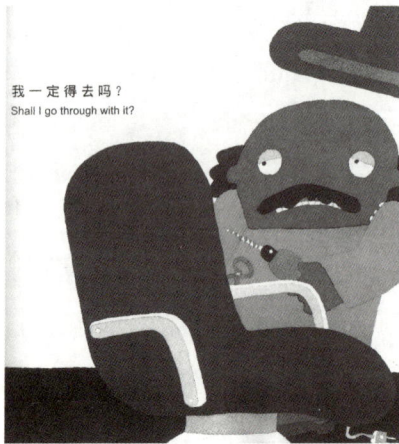

图 4-7　《鳄鱼怕怕　牙医怕怕》内页右

第二，夸张的造型也可以增添画面的趣味性。例如，《大脚丫跳芭蕾》（［美］埃米·扬/文·图）中，贝琳达的一双大脚丫使她差点就和她的梦想告别。为了突出她的大脚，作者在画面中就采用了夸张的手法把贝琳达的脚丫加以放大。这样的构图使孩子们在阅读绘本时直观形象地感受到了这双大脚丫带给贝琳达的"麻烦"，使孩子们既时刻担心贝琳达的梦想能否实现，又对这双大脚丫与她的梦想的不和谐而忍俊不禁……这种夸张的造型，对于引起孩子们的阅读兴趣起到了极大的促进作用。

第三，还可以通过将画面整体漫画化的方法来塑造形象。绘本中的角色形象基本符合现实中的形象，只是在现实基础上稍加想象和夸张，使得这些角色形象更加生动逼真，富有幽默感，看起来显得逗趣十足。在《我爸爸》（［英］安东尼·布朗/文·图）中，作者就塑造了一个既强壮、自信、体贴又有些害羞、敏感的爸爸的形象。作者通过对人物的漫画化的描画——想表现爸爸吃得像马一样多时，爸爸就以马的面貌出现；想表现爸爸像大猩猩一样强壮时，爸爸就以大猩猩的面貌出现；想表现爸爸像猫头鹰一样聪明时，爸爸就以猫头鹰的面貌出现……通过对人物的漫画化的描写手法，生动、幽默地表达了作者对父亲的热爱和崇拜之情。

总的来看，在大多数绘本作品中，这三者常常是结合在一起使用的，都是为了增加画面的故事性和趣味性，从而激发幼儿的阅读兴趣。通过拟人化、夸张等手法表现出的可爱的动植物形象都是充满了孩子气的，丰富了孩子们的充满了稚气的想象世界。这也是和孩子们的身心发展相适应的，因而受到了孩子们的认可和欢迎。

第二节　文字的表达功能

在绘本的世界里，图画的重要性不言而喻，这已经成了绘本作者、绘本研究者、绘本推广者以及读者的共识。绘本中虽然存在一定数量的没有文字的无字绘本，它通过画面一样可以达成叙事的目的，但有文字的绘本还是占绝大多数，因此，通过文字来表达故事内容还是绘本基本的表现形式。

尽管和图画相比，文字处于从属的地位，但它在绘本中所起到的作用不能忽视。文字是故事的叙事手段，它引导着绘本故事的展开。培利·诺德曼认为，在绘本中"好的故事的文字是扣人心弦的，那些文字迫使我们问道：'然后发生了什么事？'"[1]在绝大多数绘本中，文字和图画共同承担起讲述一个故事的任务，两者紧密配合，充分发挥出了日本绘本研究者松居直强调的"绘本＝图×文"的艺术效果，在共同的作用下使绘本的故事内容得以充分地体现。

绘本中的文字是通俗易懂、概括简要的。表面上看起来，它只是简单交代、说

---

① 转引自周杨林：《幼儿文学》，133 页，北京，北京理工大学出版社，2018。

明画面表现的内容，并不对内容做详细的描绘，也很少掺杂感情色彩。例如，《第五个》（［奥］恩斯特·杨德尔/文，［德］诺尔曼·荣格/图）讲述的是一个关于五个破旧玩具"看医生"的故事。绘本中的文字非常简单："门开了，出来一个""进去一个""还剩四个""门开了，出来一个""进去一个""还剩三个"……文字除了说明画面的内容以外没有描绘任何情绪情感，读者想要了解绘本的主题内涵则需要对画面进行仔细地观察，以寻找作者除了文字以外传递出的信息。除了通俗易懂，没有过多修饰外，文字往往概括简要。例如，《好饿的毛毛虫》（［美］艾瑞克·卡尔/文·图）中，"星期一，他啃穿了一个苹果。可他还是觉得饿""星期二，他啃穿了两个梨子，可他还是觉得饿""星期三，他啃穿了三个李子，可他还是饿""星期四，他啃穿了四个草莓，可他还是饿得受不了"……优秀的绘本总是以通俗简洁的语言与画面相应和，这种特点符合了幼儿的认知规律，使幼儿在图画和文字的相互呼应和相互交错中，对语言文字的表达方式有了初步的认识和了解。

门开了
出来一个

图 4-8 《第五个》内页左　　　　　图 4-9 《第五个》内页右

　　绘本中的文字虽然通俗易懂且概括简要，但它所具有的表达功能却是非常重要的。

　　第一，重复的句型充分地展现了语言的韵律美和节奏感，幼儿可以在父母或长辈的陪伴阅读下体会语言之美，对幼儿早期语言的学习大有益处。例如，《鳄鱼怕怕 牙医怕怕》（［日］五味太郎/文·图）和《连在一起》（［日］三浦太郎/文·图）都是适合幼儿阅读的绘本作品，它们的文字十分简单。在《鳄鱼怕怕　牙医怕怕》中，作者给绘本中的两个角色——鳄鱼和牙医设计了几乎一模一样的"台词"："我真的不想看到他，但是我非看不可""我好害怕""我一定要勇敢"……通过文字的不断重复而形成了一定的节奏。同时，幼儿在不断地重复中对语言文字的表达与使用也建立了初步的认识。在《连在一起》中也是如此，"连在一起了""连在一起了"在画面中反复出现，在不断地循环往复中形成了韵律美，读起来朗朗上口。总之，绘本可以陪伴幼儿牙牙学语，令孩子初步感受语言之美。被《洛杉矶时报》称作"一本图画与文字的天作之合"的绘本《打瞌睡的房子》（［美］奥黛莉·伍德/文，［美］唐·伍德/图）中，这种语言的韵律美和节奏感体现得也很有特点。在绘本的前半部分，作者不断地重复"床在打瞌睡的房子里，房子里的每个人都在睡觉"，使文字形成一定节奏与旋律，幼儿在跟读中容易上口，不知不觉中就学习了语言。总之，使用这种重复句型的表达方式的绘本俯拾皆是，它们都是幼儿学习语言的好材料。

第二，文字在画面中的呈现方式也具有重要的表达功能。首先，有的文字是在横跨页的左右页对应呈现，以此强调对作品中角色进行对比的作用。例如，在《鳄鱼怕怕 牙医怕怕》中，从绘本题目的设计上就已经呈现出两个角色情感态度对应的特点了。在接下来的画面中，不仅每一页文字的表述完全一样，文字的呈现方式在横跨页的左右两页中也呈现出对应的特点。这样的设计使文字的通俗简洁的特点一目了然，阅读起来既轻松又有趣，家长也可以通过图文的配合来引导孩子体会语言文字背后蕴含的丰富的感情色彩。绘本《连在一起》中，横跨页的两张画面表现的内容基本一致。只是为了要表现故事"连在一起"的主题，而在方向上是相对出现的，这样，小鱼的脸、鸭子的嘴、大象的鼻子、小猴子的手……才能连在一起。在文字的设计上，同两页一致的角色相匹配，每一页上都标注出了角色的名称。稍有不同的是，"和"的字体设计得小了一些，以便更好地突出角色的名称。综合来看，这种设计清晰直观，可以减少识字不多的幼儿在认读上的障碍，比较容易给幼儿留下深刻的印象。

其次，在绘本中还有的文字排列是以叠加的方式呈现的，以此达到对绘本主题进行强调的目的。在绘本《打瞌睡的房子》（[美]奥黛莉·伍德/文，[美]唐·伍德/图）中，文字排列形式的设计就很独特。在横跨页的两个画面中，文字以叠加的方式呈现在左侧的画面中，同右侧画面床上逐渐叠起的角色相呼应，即随着右侧画面上角色的不断增加，每增加一位，左侧文字也随之增加一行。文字随角色的增加而累积，画面上的角色也跟着层层叠叠地累积。随着画面的趣味性的不断增加，为幼儿的阅读不断地增添乐趣。

再次，还有的文字的呈现方式突破了传统的排列方式，起到了强调绘本中角色的某种情绪的作用。例如，《南瓜汤》（[英]海伦·库柏/文·图）中讲述了一个关于猫、鸭子和松鼠之间友情的故事。他们可以做出世界上最好喝的南瓜汤，这是由猫来把南瓜切成片、松鼠把水搅啊搅、鸭子负责放盐熬出来的南瓜汤。可是有一天，鸭子却想做一回大厨，自己来做南瓜汤。他跳上凳子踮起脚尖去拿挂在墙上的汤勺。伴随着"哐啷"一声响，汤勺掉了下来。作者在这句话的文字表现方式上进行了处理："哐啷"一词在画面左上方，以加粗、放大、变形的醒目方式被表现出来，用以表现这突如其来的举动带给大家精神上的冲击。"汤勺掉了下来"这几个字在"哐啷"一词的下方，字体明显变小，呈逐渐缩小状态，格式也被打乱了，歪歪斜斜地上下排列，视觉上让读者感觉真像是东西掉下去了的样子。文字呈现形式的变化传达出了一种出人意料的、令人不安的情绪氛围，预示着鸭子要打乱原来的分工合作的状态。那这三个伙伴将要面临什么，这一定会引起读者的好奇心。作者对文字的这种独特处理似乎与画面融为了一体，成了图画语言的一部分，给读者带来了视觉上的新鲜感，画面也显得更加生动活泼。

图 4-10　《南瓜汤》内页

《大卫，不可以》（［美］大卫·香农/文·图）也属于这类绘本。《大卫，不可以》讲述的是一个叫大卫的调皮的小男孩的故事。大卫还不太懂事，他把家里弄得一团乱，还做出许多危险的举动，所以大卫的妈妈总是说："大卫，不可以！"绘本的文字就采用了一种歪歪斜斜的、稍有变形的字体，既象征着大卫妈妈因为命令大卫不许调皮捣蛋而略带愤怒的情绪，又与这个调皮爱闯祸的小男孩的活泼、不安分的性格特征紧密配合。

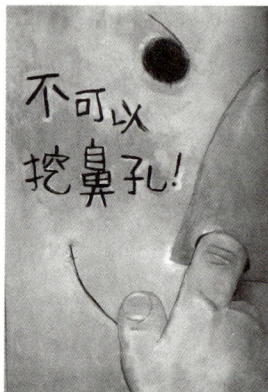

图 4-11　《大卫，不可以》内页左

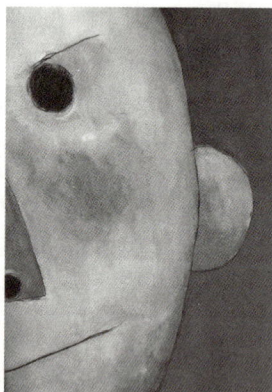

图 4-12　《大卫，不可以》内页右

总体来讲，绘本中的文字具有通俗、简洁的特点，与此同时，它还具有比较强大的表达功能。除此之外，多数绘本的语言文字也极富童趣。还有的绘本文字具有诗意的色彩，如改编自北方童谣的《一园青菜成了精》（周翔/图）和《耗子大爷在家吗》（周翔/图）等。绘本的多姿多彩的语言文字可以帮助儿童对绘本进行充分而全面的理解与欣赏，调动起儿童阅读绘本的热情和积极性；而且它还可以丰富图画语言，表现图画难以表现的内容，使儿童读者领会绘本更深层次的意蕴。

第三节　图画与文字的关系

绘本是图画与文字紧密结合的一种综合性的文学样式。除了小部分无字书外，大部分绘本的呈现形式是图文结合。在绘本中，图画和文字不是简单的相加，而是互相渗透、互相融合的关系。在彼此渗透与融合的过程中，图画和文字原本所属的艺术形态的模式发生了变化，逐渐从对方的艺术形态模式中吸收特点，从而形成一种具有独特审美形态的新的文学样式。这就是我们常说的图画和文字共同讲述一个故事，表现同一个主题，从而共同创造出一个崭新而丰富的艺术世界。戴维·刘易斯在《阅读当代图画书：图绘文本》中曾说："长久以来，对于图画书这种形式的基本特征取得了一个广泛的共识，就是它结合了两种不同的表现模式——图画（pictures）与文字（words）——成为一个复合的文本（composite text）。"①其中"复合的文本"，就是强调图画与文字之间的紧密关系。图画与文字的关系，简单说，就是"图文合奏"，即"图画与文字呈现出一种互补的关系，缺一不可，具有一种所谓的交互作用。文字可以讲故事，图画也可以讲故事，但一本图画书的故事还应该是图画与文字一起讲故事，即图文合奏"②。

绘本中图画与文字之间是相互呼应、互相交错的关系。失去了图画和文字的密切配合，对于绘本完整而丰富的意蕴传达，它的影响是极大的。具体情况可从以下几个方面来分析。

首先，有一类绘本，如果把图画和文字分割开来，单独看图画或是单独读文字，读者不仅不能体会到绘本的精彩之处，就连对基本内容的把握也无法实现。例如，根据中国民间故事改编的绘本《漏》（黄缨/图）中讲述了一个笨小偷和一只笨老虎的有趣故事。笨小偷想把王老汉家养的大胖驴偷走卖掉，笨老虎想把大胖驴吃掉。一天晚上，他们偷偷来到了王老汉家准备把驴偷出来，听见被吵醒的王老汉的老太婆说她什么都不怕，就怕漏！笨小偷和笨老虎偷听到后以为漏是一种可怕的怪物，稀里糊涂中把对方当成老太婆口中所说的"漏"，于是吓得狼狈地逃走了。大胖驴保住了，但王老汉家茅草做的屋顶却因为这两个笨家伙的到来真的遭了殃——漏雨了！整个绘本文字构成的部分故事性非常突出，单看文字的话，故事叙述得清楚明白；但如果不看文字只看画面，即使是成人读者对绘本内容的把握也难免会出现偏差。所以，如果把图画和文字分割开来看，也就更无法体会和想象两个笨家伙行为的滑稽可笑了。

---

① ［英］戴维·刘易丝：《阅读当代图画书：图绘文本》，转引自吴振尘：《幼儿文学》，112 页，北京，人民邮电出版社，2017。

② 彭懿：《图画书：阅读与经典》，10 页，北京，二十一世纪出版社，2008。

日本绘本大师五味太郎的《鳄鱼怕怕 牙医怕怕》也是如此。整个绘本展现的是鳄鱼和牙医之间的一场心理上的较量：鳄鱼牙疼，虽然不愿看到牙医但他非看不可；牙医也有同样心理，虽然不愿看到鳄鱼但出于职责非看不可。他们都要努力地去克服内心的恐惧以便完成治疗的过程，故事就在他们忐忑而又矛盾的心理活动中逐渐展开。在图文关系的处理上，绘本中的文字主要体现的是他们各自的心理活动，语言通俗浅白。最突出的特点是作者给他们设计了几乎一模一样的"台词"以显示他们都是一种"怕"的心理，虽然"怕"的原因各有不同。无论是一开始的"我真的不想看到他……但是我非看不可"，还是中间的"我一定要勇敢""我做好最坏的打算了"，最后的"多谢您啦！明年再见"。绘本以几乎一致的文字叙述平行地推动情节的发展。如果只看文字部分，两个角色的这些重复的话语平淡无奇，读者并不能只根据文字清晰地勾勒出故事的全貌；而如果忽略文字只看画面的话，读者从其简单的构图及朴拙的画风上，虽然能够了解大概的意思，但似乎也难以感受到作品的巧妙之处。但是，当文字介入画面中之后，即使是幼儿读者，也能够轻易地感受到鳄鱼与牙医之间每时每刻所发生的微妙的心理感受，这种画面与文字的完美结合确实能将幽默和趣味展现得淋漓尽致，令人爱不释手，一读再读。

其次，还有一类绘本，图画和文字本身都可以完整地讲述一个故事，但如果把图画和文字结合起来看，则能表现出更加丰富的内涵和更加精彩的艺术效果。这一特点在绘本《母鸡萝丝去散步》（[美]佩特·哈群斯/文·图）中体现得尤为突出。《母鸡萝丝去散步》的文字部分十分简单，都是诸如"母鸡萝丝出门去散步""走过院子""绕过池塘""按时回到家吃晚饭"这样的简单、客观地陈述事实的句子，文字浅白，节奏平缓，传达出的故事没有波澜。从文字来看，母鸡萝丝是绘本中的唯一角色；但从画面来看，一只狐狸却始终尾随着萝丝，看样子是要伺机偷袭，只不过他很倒霉，每次都不能得手。如果将图画与文字分开来看，这两个故事都很普通，但是当它们组合在一起时，故事就发生了奇妙的变化：一方面，母鸡萝丝悠然自得地在散步，丝毫没有察觉身后无时无刻不在觊觎着她的狡猾狐狸，因此，围绕着母鸡萝丝，画面传达出的是一种轻松惬意的故事氛围。而另一方面，围绕着狐狸，画面中既营造了他准备偷袭时的急迫与紧张，也展现了他因屡遭"不测"、狼狈不堪而带给读者的欢快愉悦的氛围。读者在这两种氛围的转换中不断地产生新的阅读期待，绘本丰富的内涵和图文结合的精彩艺术效果也得以充分地展现。由此可见，《母鸡萝丝去散步》中的图画和文字的融合使绘本表现出了独特的幽默和诙谐的意蕴，达到了日本绘本大师松居直所说的"图×文"的艺术效果。而单凭图画或者文字一方的叙述，都无法实现这种巧妙传神的故事效果，这也正是对培利·诺德曼在《阅读儿童文学的乐趣》中强调的"一本图画书至少包含三种故事——文字讲的故事、图画暗示的故事，以及两者结合后所产生的故事"①所做的最好诠释。

第三，在图画和文字的配合中，还有一种较为特殊的情况。绘本《莎莉，离水远一点》（［英］约翰·伯宁罕/文·图）展现的是成人的乏味枯燥的现实世界和孩子的精彩刺激的幻想世界之间的对立。为了表现这一主题，它在图文关系的构思方面比较独特：除去开头部分以单页形式对小女孩莎莉和爸爸妈妈来到海边沙滩晒太阳的故事起因进行必要交代以外，故事主体部分采用了横跨页的左页和右页的对比结构展开。左右页相互对照，左页是爸爸妈妈的叙事线索，右页是莎莉和一只小白狗的叙事线索。左页有文字，内容全是妈妈对莎莉的唠叨叮嘱，"不要踩到脏东西""不要摸那只狗""别打着人"……画面仍是日常乏味生活延续：妈妈织毛线，爸爸看报纸……而对眼前美景无暇关注。图画和文字一起勾勒、再现了一个平凡普通的现实的世界。右页的设计恰恰相反，一个字也没有，画面展现的是莎莉完全沉浸在自己的想象世界里的"杰作"——一场精彩刺激的冒险之旅：她和小白狗出海去，被海盗抓上了船，她打败了海盗拿走了藏宝图，最终找到了一大箱财宝……在这个幻想的世界里，莎莉不用在意妈妈的唠叨叮嘱，没有大人的规矩和束缚，有的只是自由自在的冒险和遐想。远离乏味枯燥的现实世界的莎莉独享着属于她自己的惬意和快乐，她的心灵也因此获得了极大的自由与满足。绘本的结尾，"莎莉牵着妈妈的手，全家人回去了"，这似乎预示着无论是大人的现实世界还是莎莉的幻想世界，最终都将归于生活的平淡，这其实也正是生活的本质。可尽管如此，它也并没有掩盖小女孩莎莉心中对自由世界向往的深刻意义。

图 4-13　《莎莉，离水远一点》内页左

图 4-14　《莎莉，离水远一点》内页右

表面上看，整个绘本的图画和文字各说各的内容，两者似乎没有交集，"文字与图画说的就完全不是一回事"，但实际上作者正是通过这种对比叙事，带给读者无限的思考。作者没有指责妈妈对莎莉的不停的唠叨叮嘱，但通过图画和文字的相互呼应和交错的表述，作者传神地表达出的在现实世界中精神备受压抑的小女孩心中对自由世界的渴望，实际上就是对妈妈的一种警示，这也足以引起所有读者的反省与

---

① ［加］佩里·诺德曼：《阅读儿童文学的乐趣》，268 页，刘凤芯译，台北，天卫图书文化公司，2000。

深思。从这个意义上来说，谁说绘本是儿童的专属读物呢？总之，从这个绘本的表现形式来看，虽然它同一般意义上的图文配合存在不同之处，但它同样表达出了丰富而深刻的内涵，拓展和丰富了绘本的图文结合的表现样式。

问题讨论

　　怎样理解绘本中"图画与文字呈现出一种互补的关系，缺一不可，具有一种所谓的交互作用"这句话的意思？

课后练习

　　1. 仔细阅读绘本《大猩猩》（［英］安东尼·布朗/文·图），说说其图画与文字的配合对于表现绘本主题的意义。

　　2. 说说绘本《爷爷一定有办法》（［加］菲比·吉尔曼/文·图）中画面的艺术表现作用。

　　3. 从你的绘本阅读积累来看，如何处理图画与文字的关系才能给幼儿读者留下深刻的印象？

中　编

作品阅读与创制

第五章　绘本的发展历史

学习目标 ▶

1. 了解国外绘本在不同历史时期的发展特点。
2. 了解国内绘本在不同历史时期的发展特点。
3. 了解影响绘本发展的主要因素。

学习导图 ▶

绘本的发展历史
- 国外绘本的发展历史
  - 萌芽与成长期(18—19 世纪)
  - 发展与成熟期(20 世纪)
- 国内绘本的发展历史
  - 孕育和萌芽期(1949 年以前)
  - 成长和发展期(1949 年至 20 世纪末)
  - 繁荣和探索期(21 世纪以来)

学习导言 ▶

　　现代人所熟悉的绘本在 17 世纪起源于欧洲,至今已走过了几个世纪的发展历程。绘本的历史演变,是和儿童的被发现、儿童观的确立以及印刷技术的发展密切相关的。当人们认识到儿童是独立存在的个体,需要专门给他们提供读物的时候,那些带有插图的书籍应运而生了。插画家们开始参与儿童读物的编辑,这就大大提高了插图书的艺术水准。不仅如此,考虑到儿童的阅读需求和兴趣,人们开始研究图画在儿童读物中所扮演的角色、地位和作用。随着这些理念的不断丰富和完善,越来越多的经典绘本被创作出来,并且成了当今最受孩子们喜欢的儿童读物。本章将从国外和国内两个维度对绘本的发展历程做一简单梳理。

第一节　国外绘本的发展历史

　　本节试图从绘本的萌芽到现代绘本的兴起再到当代绘本的繁荣,对绘本的发展历程做一简单梳理。

一、萌芽与成长期(18—19世纪)

绘本最早是以插图书的形式出现的，儿童的被发现、儿童观的确立以及印刷技术的发展等种种因素催生了插图书的诞生。1658年捷克教育家夸美纽斯编写的《世界图解》被公认为是欧洲最早的带有插图的儿童书。夸美纽斯认为给儿童编写的教科书应该配有插图，图文并茂，便于儿童理解。《世界图解》开创了由图画传授知识和语言的先例。书中的插图形象生动，和文字呼应配合，引人入胜，激发读者兴趣。夸美纽斯因此也被称为"儿童插图书的创始人"。1744年，英国著名的儿童图书出版商纽伯瑞开办了世界上第一家儿童书店，专为儿童印刷出版读物。纽伯瑞崇尚"快乐至上"的儿童教育观念，他在《美丽小书》中第一次尝试在书页中插入图画，为儿童提供娱乐。此后他不断改进，印刷发行了许多精美的儿童图书，深受儿童喜欢。

从夸美纽斯到纽伯瑞，他们以儿童的阅读需要为出发点，专门在儿童读物中放置了插图，并且让它们发挥了重要作用，增加了儿童学习、阅读的快乐。但是在这个阶段，插图在儿童读物中还只是对文字进行直观的演绎、补充和说明，文字依然是作品的主体。

19世纪英国出现了三位著名的插画大师沃尔特·克兰、伦道夫·凯迪克和凯特·格林威。其中，伦道夫·凯迪克被誉为"现代图画书之父"，他积极探索图画与文字的关系并进行实践，强调只有图画和文字在视觉上成为一体，彼此之间才能真正融合。1878年伦道夫·凯迪克为爱德蒙·埃文斯的《约翰·吉卜林的趣事》一书绘制插图，其中约翰骑在马上驰骋的插图，后来成为美国凯迪克奖的标帜。伦道夫·凯迪克一生虽然只活了短短40年，但他创作了16本书，构筑了现代绘本的基础。沃尔特·克兰和凯特·格林威两位插画家同样在为儿童提供的作品中呈现了精美的插图，提高了儿童读物的艺术品质，为儿童的阅读提供了视觉上的享受。

总的来说，在19世纪以前，插图仅仅用来做图书内容的装饰。但是19世纪以后，随着印刷工艺的进步和插画家的探索，插画不再仅仅依附于书中的文字，而是逐渐发展为一种独立的艺术形式，这就为绘本的发展打开了一扇崭新的大门。

二、发展与成熟期(20世纪)

进入20世纪，绘本创作步入了一个快速发展的时期，并在20世纪五六十年代逐渐走向成熟。各国的绘本大师在绘画技法、装帧设计、主题及艺术表现、文字和图画配合方面都做出了有益尝试。

(一)发展期(20世纪上半叶)

在绘本发展的起步阶段，英美两国的绘本创作走在了世界的前列。20世纪初，插画家们不仅在创作中努力提高插画的艺术水准，而且还积极尝试提高插画在书中的地位。英国的比阿特丽克斯·波特创作的《比得兔的故事》被称作是绘本发展史上的一部里程碑之作。和以往的插画书不同，作品中的图画不再仅仅是起装饰作用了，而是参与到故事的讲述中，图画与文字完全融合到了一起，成为不可分割的一个整体。波特的尝试和创作确立了现代绘本的基本叙事形态，比阿特丽克斯·波特也因此被认为是"现代图画书之母"。美国画家婉达·盖格的《100万只猫》则真正让图画开始讲故事了，书中的图画设计补充了文本，扩展了叙事空间，尤其是第4页与第5页合起来的那个画面，成为一个永久载入史册的经典画面。与此同时，人们津津乐道的还有这本书的留白和画面上手写的文字。婉达·盖格认为，绘本创作也是不折不扣的艺术创作，即使对象是小孩，也要全力以赴。正是因为这样的精神，以及她在绘画与文字上的独特风采，使得这本完全是黑白的绘本至今魅力依旧，被誉为是美国第一本真正意义上的图画书。

图 5-1 《比得兔的故事》封面

图 5-2 《100 万只猫》封面

20 世纪 30 年代绘本创作的主流转向美国。此时美国正从经济大萧条中复苏，随着工业实力的渐渐强大，美国插画家也开始了本土的绘本创作。在这之前，英国绘本的典范作品在这个领域树立了很高的标准，但是崛起的美国艺术家们开始潜心创作。随着现代彩色印刷技术及绘画技艺的提高，美国迎来了绘本创作的黄金时代。1937 年，为了表彰并鼓励儿童绘本的画家，美国图书馆协会设立了"凯迪克奖"。这是美国最具权威的图画书奖，其评奖的标准着重作品的艺术价值、特殊创意，尤其是每一本得奖作品都必须具有"寓教于乐"的功能。大奖的设置充分显示了美国社会对儿童教育的重视，以及对新兴的儿童图书门类——绘本的重视。美国本土的插画家以及那些因躲避战乱而流亡到美国的插画家们以极大的热情投入绘本的创作中，20 世纪 30 年代的美国开始步入绘本创作的黄金期。1938 年，多萝西·莱斯罗普凭借《圣经中的动物》成为凯迪克奖的第一位获奖者。

20 世纪 40 年代，第二次世界大战同样给美国经济造成了沉重的打击，图书出版和供给严重缺乏，但是依然出现了几位大师级的绘本作家和经典作品，如罗伯特·麦可斯基的《让路给小鸭子》和弗吉利亚·李·伯顿的《小房子》。这两部作品均获得了凯迪克奖金奖，两位插画家都从生活中获取了创作灵感，对当时社会的现实问题给予了关注。这两部作品的文字和图画都是插画家独立完成的，《让路给小鸭子》讲述了一个警察拦下所有车辆，护送排成一排的鸭子过马路的温情脉脉的故事。麦可斯基在作品中大胆尝试了鸟瞰镜头，为读者带来了新的阅读体验。为了把鸭子画得逼真形象，年轻的插画家居然在家中养起了好几只鸭子，尝试变换各种姿势，从不同角度描绘鸭子的形态。正是这种严谨的精神，造就了绘本的艺术水准。维吉尼亚·李·伯顿的《小房子》堪称是文图和谐设计的经典之作，文字在图画设计中扮演了重要角色。作者把文字作为画面的一部分进行了精心设计，并且不断调整书中的文字，以适应图画的节奏。这个故事是由视觉驱动的，读者看完绘本，会有一种十分享受的阅读感受。这一时期，玛格莉特·怀兹·布朗和克雷门·赫德联合创作的《逃家小兔》《月亮，晚安》被称作绘本中的摇篮曲。玛格莉特·怀兹·布朗构思的故事让小读者备感温馨，而且非常契合他们的生活经验。克雷门·赫德的图画无论色彩还是造型都让小读者感到温暖、静谧，文字和图画完美地融合在一起。

图 5-3 《小房子》封面

在 20 世纪上半叶，以英美两国为主的插画家们坚守为儿童创作的原则，特别注重了图画的观赏效果以及读者的阅读体验，让图画发挥了重要的叙事功能，和文字一起来讲述精彩的故事。

(二)成熟期(20 世纪下半叶)

1. 欧美绘本

进入 20 世纪 50 至 60 年代，绘本已经成为儿童最喜爱的图书样式。为了给儿童提供更多经典的绘本，让儿童的阅读生活变得丰富而有意义，欧美各国的绘本作家继续在创作中进行探索。为了激发绘本作家们的创作热情，提升绘本的艺术水准，1956 年英国设置了最高级别的童书插画奖项——凯特·格林威奖；1966 年国际儿童读物联盟(IBBY)用安徒生的名字设立了全球插画界的最高奖——国际安徒生奖。至此，国际安徒生奖、凯迪克奖、凯特·格林威奖成为全球儿童图画书奖的三大奖项。1967 年，布拉迪斯拉发国际插画双年展（BIB）开始举办。这个双年盛会代表了国际儿童插画界的最高水平，不仅呈现来自世界各地优良儿童绘本的插画作品，也提供给世界各国的画家一个机会，向专家与出版商展示他们的作品。从 1967 年开始，博洛尼亚国际儿童书展在展期间同时举办插画展览，并评选出该年最优秀的插画家，为世界各地的艺术家们提供了展示个人作品和交流经验的机会。在这样的社会大环境下，欧洲各国的绘本创作得以快速发展，并走向成熟。

　　这一时期美国的绘本创作仍然走在了世界的前列，诞生了一批承前启后的艺术大师。为了充分发挥绘本视觉传达上的优势，一些富有创意的作家在色彩运用及媒材的使用上进行了积极开拓。李欧·李奥尼、艾瑞·卡尔和玛西亚·布朗是这方面非常出色的代表人物。被誉为"色彩的魔术师"的李欧·李奥尼，开创了一个绘本的新时代，他是第一个使用拼贴艺术制作绘本的插画家。李奥尼用各种可以粘贴的材料，比如，用报纸、墙纸、布块、毛线、果皮等来代替颜料，粘贴在图画或画布上，使画面呈现出特殊的浮雕质感。其作品《小蓝和小黄》成为绘本抽象派的开山之作，作者用一蓝一黄两个色块演绎出了一个爱与融合的故事。尽管李奥尼开始创作绘本时已经 49 岁，但《纽约时报》曾不惜溢美之词给予他这样的评价"如果绘本是我们这个时代一种新的视觉艺术，李欧·李奥尼则是这种风格的大家"。这一时期他荣获凯迪克奖银奖的作品有《一步一步》《小黑鱼》《田鼠阿佛》《亚力山大和发条老鼠》。

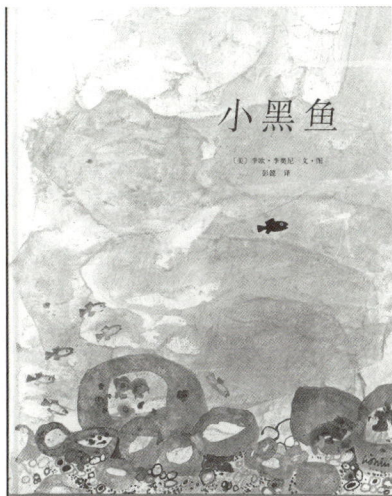

图 5-4　《小黑鱼》封面

　　艾瑞·卡尔不仅使用拼贴画来制作绘本，而且在他的绘本中还常常有类似玩具的元素，这大大增加了儿童阅读时的独特体验。比如，《好饿的毛毛虫》就是一本成功运用游戏互动的绘本，作者在书页上通过挖洞的形式告诉读者这些小洞是毛毛虫

留下的，而且毛毛虫是通过何种形式获取食物的。卡尔的探索和创作影响了此后对
0~3 岁婴幼儿绘本的创作。

这一时期，尤其值得称道的是玛西亚·布朗，她一共获得了三次凯迪克奖金奖
和六次凯迪克奖银奖，从 1950 年到 1955 年，她连续 6 次获得凯迪克奖。她是一位
善于运用各种媒材来讲故事的艺术大师。她深知插画的功用在于表达故事内容，因
此为了呼应每一本绘本不同的主题，玛西亚·布朗都试图变化媒材与时代风格作画，
包括木刻、拼贴、钢笔和墨水绘画、水彩画和水粉画。这一时期的经典作品有改编
自佩罗童话的《灰姑娘》《穿长靴的猫》，改编自安徒生童话的《小锡兵》以及《从前有一
只老鼠……》《石头汤》《三只山羊嘎啦嘎啦》等。

除此之外，美国的莫里斯·桑达克、艾兹拉·杰克·季慈和威廉·史塔克等艺
术大师还在主题上积极开拓，使得绘本在意蕴表达上变得丰富而有内涵。比如，莫
里斯·桑达克积极主张艺术作品除了反映成人关心的问题，还要考虑孩子们的需要，
他将自己的童年经历融入了绘本的创作中，他的作品一直都在探索童年时代的心理
恐惧和渴望，这种探索在《野兽出没的地方》达到了顶峰。这部作品被形容为"美国第
一本承认孩子具有强烈情感"的绘本。在作品中，桑达克特别在构图上进行了设计，
带给读者一种视觉上的新鲜体验，使读者的心也随着绘本中的小男孩由放纵到回归，
达到形式和故事内容的完美结合。《野兽出没的地方》在 1964 年获得凯迪克奖金奖，
莫里斯·桑达克也因其伟大的艺术成就在 1970 年获得国际安徒生奖插画家奖。艾兹
拉·杰克·季慈的《下雪天》第一次将黑人儿童作为主人翁，此后，他又以这个名叫
彼得的黑人孩子为主人公创作了"彼得系列"，其中《彼得的椅子》至今仍被人们津津
乐道。作品表现了"成长的自觉"这样一个极其深刻而又常常被忽略的主题，而且艾
兹拉·杰克·季慈匠心独运地采用了拼贴加油画的技巧，画面呈现了亲切的生活质
感。威廉·史塔克偏爱魔法故事，他喜欢在作品中回归到寻找自我的主题上去。创
作《驴小弟变石头》时，威廉已经是一位 62 岁的老人了，可是他却用大师之笔、孩子
之眼写出了一个洋溢在魔法之间的爱的故事。《驴小弟变石头》在 1970 年获得凯迪克
奖金奖。

图 5-5 《野兽出没的地方》封面

　　这一时期，图画和文字的关系处理仍然是作家们关注的焦点。1968 年，佩特·哈群斯的《母鸡萝丝去散步》出版，这部作品被视为处理图文关系的经典，它采用了文图矛盾叙事的结构，作品中的图画和文字形成一种滑稽的对比，文图合奏共同演绎了一个精彩的故事。

图 5-6　《母鸡萝丝去散步》封面

　　20 世纪 50 至 60 年代，欧洲其他国家的艺术家们同样创作出了经典的绘本，他们在色彩搭配、人物造型、开本设计等方面做出了有益的尝试。比如，国际安徒生奖插画家奖获得者、丹麦的依卜·斯旁·奥尔森为《月光男孩》设计了罕见的异型开本，讲述了一个从天而降的故事。这是一本从下往上翻的书，上下两个画面加起来，就变成了一个长长的竖画面了，如果将这一幅幅长长的画面连接起来，就宛如一幅长卷，从天上一直垂到了地上，月光男孩的奇异旅程尽收眼底。为了营造故事讲述的氛围，奥尔森在色彩使用上进行了冷暖搭配：大面积的蓝色，配上月亮、星星的黄色以及月光男孩红色的上衣，画面洋溢出一种说不出来的温暖。荷兰的迪克·布鲁纳专心为低龄幼儿创作绘本，他认为只有将故事和图画单纯到极限，才能让幼儿喜

图 5-7　《月光男孩》封面

欢，才能教会他们阅读的方法。小开本的设计，简单的线条、较大的色块、符号化的形象，韵味十足的文字，让小兔子米菲的故事风靡全世界。法国的汤米·温格尔就将一只聪明可爱、温柔体贴的小蛇作为了绘本《克里克塔》的主人公。瑞士的阿洛伊斯·卡瑞吉特成了 1966 年"国际安徒生插画家大奖"设奖后的第一位得主，其作品《赶雪节的铃铛》《大雪》《牧羊人安东》等享誉世界。卡瑞吉特的作品无论从文字还是图画上看，呈现的都是过去的世界，多少年前的事常常在他的童话故事里得以重现。另外一位瑞士的插画大师菲利克斯·霍夫曼将经典的《格林童话》中"睡美人"的故事改编成了绘本。他在色彩运用上独具特色，画面的色彩以灰色为主，连文字都是灰色的。配合清新淡雅的橙色和各个层次的绿色，透射出温暖真挚的情感。作品中精心设计的留白为读者提供了想象的空间。

20 世纪 70 年代，在绘本创作方面最值得关注的就是无字书，英国作家雷蒙·布力格斯的《雪人》堪称是无字书的经典。作者采用多格漫画的形式写了一个温暖的故事。1982 年，它被拍成家喻户晓的动画片《雪人》。1978 年凯迪克奖的金奖作品、美国的彼得·施皮尔的无字书《诺亚方舟》也大量地运用分割画面，将一个个动作分解在小图中来讲述故事。这一时期涌现的艺术大师还有国际安徒生奖插画家奖得主、瑞士的约克·米勒，他的主要作品有《挖土机年年作响——乡村变了》《森林大熊》（[瑞士]约克·史坦纳/文，[瑞士]约克·米勒/图）等。约克·米勒坚持立体感极强的写实绘画风格，偏爱漫画格的创作手法，这些都在《森林大熊》中得到了有力体现。英国的约翰·伯宁罕在绘本的文字与图画叙事方面做了大胆尝试，在其作品《莎莉，离水远一点》中用文字和图画分别讲述了两个故事——现实当中的故事和莎莉脑海中幻想的故事。约翰·伯宁罕是英国杰出的插画大师，曾两次获得凯特·格林威奖。

图 5-8 《雪人》封面

20世纪八九十年代，绘本创作进入一个新时代，一方面，激光拍照等现代化技术和生产能力可以制作出任何艺术形式的作品，另一方面，这个时期成长起来的绘本大师在学习借鉴经典作品的基础上大胆创新，作品呈现了多样的艺术风格。比如，爱尔兰的《你睡不着吗?》(〔爱尔兰〕马丁·韦德尔/文，〔爱尔兰〕芭芭拉·弗斯/图)是一本温馨的睡前绘本，它告诉孩子们：有恐惧感是正常的，并不可怕，而且是可以化解的。这部作品的版式设计也颇具创意。1988年，《你睡不着吗?》获得了英国凯特·格林威奖。英国安东尼·布朗的作品大都带有超现实主义的成分，画风细腻，色彩鲜明，而且特别注重设计绘本插图中的细节，力图让读者的每一次阅读都充满着搜寻的乐趣及期待。这些特点在其作品《大猩猩》《朱家故事》《穿过隧道》等中都得到了有力的印证，安东尼·布朗以其超群的绘画技巧和想象力获过许多奖项，其中包括两次凯特·格林威奖和国际安徒生奖插画家大奖。美国的大卫·威斯纳一贯肯定和重视儿童的想象，并借由手中的画笔，将他对儿童的理解表达在自己的作品当中。他特别喜欢无字书的创作，其经典的无字书作品有获得凯迪克奖金奖的《疯狂星期二》《怪兽饰之夜》、获得凯迪克奖银奖的《梦幻大飞行》《7号梦工厂》。除此之外，捷克插画大师柯薇·巴克维斯基在1983年和1992年分别获得布拉迪斯拉发的金苹果奖和国际安徒生奖插画家大奖，她特别擅长在作品中使用独特的色彩，并且设计具有魔术般的空间构图，代表作品有《绿色、红色、所有的颜色》《一、五、许多数字》《小小花国国王》等。

图5-9 《大猩猩》封面

图5-10 《疯狂星期二》封面

从20世纪50年代初到20世纪末，欧美各国的绘本创作可以说达到了顶峰，不仅经典绘本的数量众多，而且绘本的艺术特征也得到了完美演绎。在这一时期，绘本的理论研究也取得了丰厚的成果。比如，加拿大的佩里·诺德曼在《说说图画：儿童图画书的叙事艺术》这本著作中，对绘本最独特的画面语言及文图关系做了许多新颖独到且深刻的诠释；美国珍·杜南的《观赏图画中的图画》则以通俗的方式从图画艺术及美学的角度解释了绘本中的插图蕴含的丰富语言和意义。这些从不同角度对绘本进行的理论研究，为绘本的创作、阅读及教学提供了艺术指南。

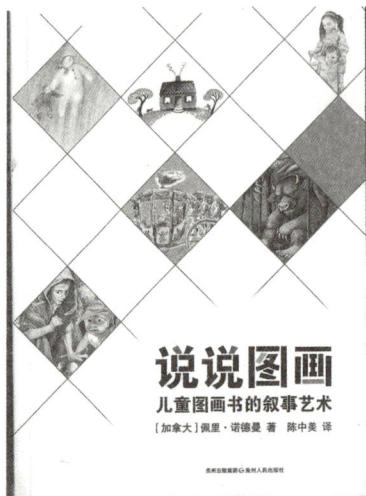

图 5-11　《说说图画：儿童图画书的叙事艺术》封面　　图 5-12　《观赏图画中的图画》封面

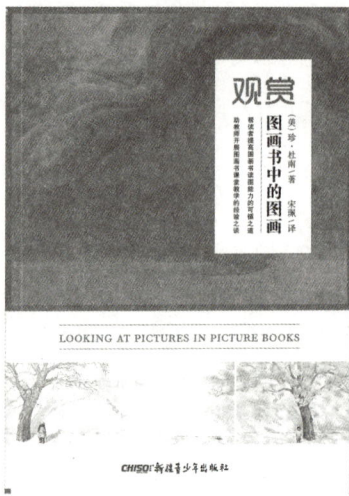

进入 21 世纪以来，新技术逐渐成为绘本创作的真正媒介和工具，一批有创新意识的插画家走在了新技术应用的前沿，通过运用计算机、软件和扫描仪等技术手段，创造出了精美绝伦的绘本。同时，绘本的研究也更加倾向于创作与出版、阅读与教学应用等方面的一种实践研究，比如，《儿童图画书的插图》《儿童图书的创作与插图百科全书》《利用图画书开展个性写作教学》等著作。

2. 亚洲绘本

受到欧美各国绘本发展的影响，以日本、韩国和中国台湾地区为代表的亚洲绘本也迅速发展起来。其中日本绘本的发展非常迅速，一些经典的作品在国际上享有盛誉。

日本的绘本从 20 世纪 50 年代开始起步，至 70 年代崛起，目前已成为绘本创作的大国。第二次世界大战后，日本在复兴经济的同时，也更加重视儿童教育的发展，日本政府、教育界大量引进、翻译欧美绘本。在借鉴、学习欧美绘本创作的基础上，日本的绘本作家积极进行创作实践，涌现出了一批享誉世界的艺术大师。

1963 年，"古利和古拉系列"中的第一本《古利和古拉》（［日］中川李枝子/文，［日］大村百合子/图）出版。这是一套十分洞察孩子天性的绘本，以孩子最喜欢的"做好吃的，吃好吃的"为主题展开故事，读起来分外亲切和快乐。1974 年被誉为"日本绘本史上不可逾越的巅峰"的"鼠小弟系列"（［日］中江嘉男/文，［日］上野纪子/图）出版，出人意料的情节、简洁明了的图画让孩子获得了纯粹的美感体验。无论大人还是孩子，都能从中感到无比的乐趣。20 世纪六七十年代的经典作品还有《我的连衣裙》（［日］西卷茅子/文·图）、《蚂蚁和西瓜》（［日］田村茂/文·图）、《活了 100 万次的猫》（［日］佐野洋子/文·图）等。

20 世纪 80 年代，日本绘本作家赤羽末吉、安野光雅在 1980 年和 1984 年分别获得国际安徒生奖插画奖，这也使得日本的绘本获得了国际认可。

图 5-13 《古利和古拉》封面

图 5-14 《鼠小弟的小背心》封面

日本绘本作家的创作风格迥异，意蕴深远，充满着无限的想象力。比如，五味太郎就是一位以独到创意著称的绘本作家，他的作品创意新颖、轻松幽默，和孩子的日常生活息息相关，却不加入严肃的说教。这也是他一直坚持的创作理念。他的作品常常会出现把书页镂空、将生活用品与动物造型结合等巧妙的设计，非常适合3岁以下的孩子阅读，成为家长寓教于乐的极佳选择。经典作品有《从窗外飞来的礼物》《小金鱼逃走了》《藏猫猫 藏猫猫》《鳄鱼怕怕 牙医怕怕》等。

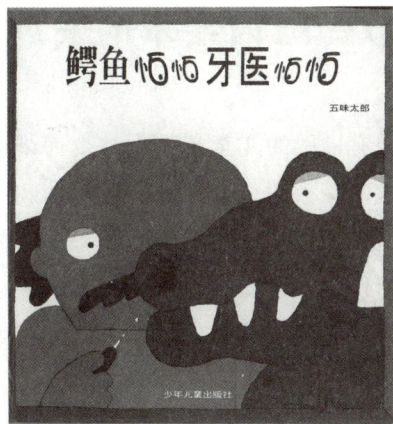

图 5-15 《鳄鱼怕怕 牙医怕怕》封面

日本的绘本之所以快速发展，离不开全社会对绘本创作、阅读和推广的重视。日本政府设置了各种绘本大奖，在学校、图书馆、社区开展了各种形式的绘本阅读和教学活动。特别值得一提的是，被誉为"日本图画书之父"的松居直为绘本的发展做出了巨大贡献。他不仅编辑出版经典的绘本，而且还潜心进行绘本研究，他的绘本理论在世界范围内都很有影响。其著作有《我的图画书论》《幸福的种子：亲子共读图画书》《什么叫图画书》《看图画书的眼睛》《图画书时代》等。

图 5-16 《我的图画书论》封面

此外，岩村和朗的"14 只老鼠"系列、宫西达也的《你看起来好像很好吃》《今天运气怎么这么好》、林明子的《第一次上街买东西》、庆子·凯萨兹的《不要再笑了，裘裘！》、高楼方子的《小真的长头发》等都是经典的绘本佳作。

第二节　国内绘本的发展历史

我国的绘本同样是从带有插图的儿童读物中演变而来的。随着人们对图画叙事功能以及儿童读者阅读需求的深入研究，图画在儿童读物中的地位逐渐增强，开始扮演重要的角色。一些专门为儿童创办的刊物开辟了图画故事的专栏，以郑振铎为代表的专家学者开始大量创作、研究图画故事。在实践探索的过程中，从单面多幅图画故事到图画故事书，我国的绘本迅速成长起来，许多美术工作者以及儿童文学的作家都积极投入绘本创作中来，大量经典的绘本成为时代美好的记忆。20 世纪末至 21 世纪初国外经典绘本的引进、出版，让更多的人开阔了眼界。在吸收、借鉴国外绘本创作的基础上，我国的绘本创作迈上了一个新的台阶。特别是近二十年来，原创绘本进入了一个蓬勃发展的时期，从绘本的装帧设计、绘画技法、主题及艺术表现等方面都做出了有益尝试，表现中国元素的绘本开始走出国门，在国际上产生重大影响。

一、孕育和萌芽期(1949 年以前)

五四新文化运动是我国绘本发展史上一个重要的分水岭。在此之前，我国的绘本处于不自觉的萌发阶段，出现了带有插图的儿童读物，明嘉靖年间(1522—1566)刊行的《日记故事》可以说是我国最早的带有插图的儿童读物，这本书主要讲述了古代儿童智慧聪明的生活故事。上图下文的图文配置方式以及具有一定艺术水准的插图，能帮助儿童理解故事的内容。到了晚清时代，人们开始重视对儿童的启蒙与教育，陆续创办了以儿童为对象的刊物，里面都配有精美插图。比如，《儿童教育画》就是一份"凡四五岁之儿童，略识图画者，即可阅之"的刊物，每本刊物都有一半的五彩插图，以图入胜。从这一时期的儿童读物特点来看，出现在书中的插图从属于文字，处于辅助地位。

五四新文化运动以后，随着以儿童为本位的儿童观的确立，绘本开始走上自觉发展的道路。这一时期，郑振铎对儿童读物中插图的关注和倡导以及开拓性的实践将绘本的创作向前推动了一大步。从 1922 年至 1923 年，郑振铎在其主编的《儿童世界》杂志上专门设置图画故事的栏目，并且亲自创作了《两个小猴子的冒险》《河马幼稚园》等 46 个长短不一的图画故事，还设计了一些无文图画故事。这些图画故事中的图画开始承担叙事的功能，而且在图文配置上，郑振铎也进行了积极地尝试。

继郑振铎之后赵景深又为图画故事投入了更多的精力，他不仅身体力行创作过 50 多种儿童图画故事，而且 1934 年还撰写了《儿童图画故事论》，鲜明地提出了自己对图画故事的见解。他认为，对不识字或识字不多的幼儿来说，编写图画故事"实在是一件功德无量的事情"，而且图画故事可以帮助幼儿"多识名物""灌输常识"。

此外，从事儿童教育的董任坚也很注重图画故事。他认为，"图画是儿童的文字，所以图画书才是儿童要看的书，才是儿童的书；而儿童的图画书，是不必用到文字的说明；文字说明不过是图画的一种说明，一个补充"。这些见解十分精辟，准确地道出了图画故事书的艺术特征。

总的来讲，中国绘本的萌芽和发生是和儿童观的确立，和儿童文学的自觉成长紧密联系在一起的。无论是当时的儿童文学作家、儿童读物的编辑以及关注儿童成长的教育家，都意识到了插图已经成为儿童读物中不可或缺的角色，而且发挥着越来越重要的作用。作家、学者的积极探索为后来的绘本创作提供了宝贵的经验。

二、成长和发展期(1949 年至 20 世纪末)

(一)绘本发展的第一次飞跃

新中国成立后，随着印刷技术的进步和出版事业的迅速发展，国家鼓励创作、出版儿童读物，国内绘本的创作也迎来了两次大的飞跃。

第一次飞跃是在 20 世纪 50 年代中期到 60 年代。当时的人们还没有绘本的概念，但是对儿童图画故事书中"图画为主，文字为辅"的特征已达成共识。这个时期最为活跃的是一些著名画家和美术工作者，如杨永青、陈永镇、詹同、俞理等人，他们开始积极投入绘本的创作中，运用自己最擅长的绘画风格，创作出了经典的作品。比如杨永青的《大灰狼》《七色花》《半夜鸡叫》《王二小的故事》《小鸭子学游泳》、陈永镇的《冬冬的故事》《小公鸡学吹喇叭》《小画家的梦》、詹同的《小熊跳高》、俞理的《小林积肥》《唱着歌儿上北京》《小羊羔》等，都是这个时期的优秀作品。

(二)绘本发展的第二次飞跃

从 20 世纪 80 年代开始到 90 年代末，绘本的发展迎来了第二次飞跃。和 20 世纪 50 年代相比，国内原创绘本的数量已经非常丰富了，而且从装帧设计、绘画技法以及题材内容等方面都有了质的飞跃。特别是这时已经形成了一支稳定的插画家队伍，如励国仪、陈巽如、何艳荣、张世明、蔡皋、朱成梁、周翔、吴带生、唐云辉等。他们或者和儿童文学作家合作，或者独立编绘中国传统的民间故事、寓言、传说等，创作出了许多至今仍为人们津津乐道的绘本。例如，《布娃娃找房子》(林颂英/文，励国仪/图)、《九色鹿》(严霁/改编，张世明/图)、《三只小猫》(陈巽如/文·图)、《金色的房子》(阳光/文，胡永凯/图)、《雪狮子》(鲁兵/文，胡永凯/图)、《谁是丁丁谁是冬冬》(任溶溶/文，何艳荣/图)、《贝加的樱桃班》(郑春华/文，沈苑苑/图)、《贝贝流浪记》(孙幼军/文，周翔/图)、《小青虫的梦》(冰波/文，周翔/图)等，都是这个时期经典的作品。

图 5-17　《小蝌蚪找妈妈》封面

随着图书出版界国际间的交流合作增多，一些绘本还走出国门，参加图书博览会或者插画展，有的作品被译成多国文字出版，有的作品还获得了国际大奖。比如，张世明的寓言故事绘本《守株待兔》《滥竽充数》等曾获国际少年儿童图书插图协会大奖；蔡皋的绘本《荒园狐精》获第 14 届布拉迪斯拉发国际儿童图书展(BIB)"金苹果"奖；何艳荣的《三件毛线衣》以 14 种文字对外发行，作品曾多次参加在莱比锡、日本、捷克、保加利亚等地举办的插画展；《动物园》(林颂英/文，詹同/图)被译成多种文字在法国等地发行；《贝贝流浪记》荣获国际儿童读物联盟中国分会(CBBY)第一届小松树奖。

这一时期，作家们在绘本中呈现了多样的创作风格。比如，《动物园》将传统水墨画和漫画结合，极其亲切传神地描画了动物园里的各种动物，而且每一个动物都带有画家独有的情怀和童趣。《阿布加和中国医生》全书采用水粉画，颜色热烈绚丽、对比鲜明，画家不仅要担负起再现非洲风情的重任，还要塑造众多复杂的人物造型，并且在细微中向小读者传递书中人物的精气神。

绘本作家的努力探索、实践为后来绘本的创作积累了经验，国内外一些绘本奖项的获得，更加坚定了作家们创作绘本的自信心。但是和同时期的西方经典绘本相比，我国的原创绘本还存在一定差距。例如，绘本在主题表现上还是以教育性为主，趣味性不够，装帧设计、创作风格还不够多样化，尤其是在图文两种媒介如何叙事方面还有待提升。儿童文学研究者季颖在她的绘本论文《图画书——作为一种艺术》中，谈到了当时我国绘本的现状，她认为无论是对国外经典的绘本作品、作家、画家以及绘本的创作技法都知之甚少，更没有一本绘本的理论书籍。可以这样说，在国外绘本创作研究已经非常成熟的时期，国内绘本还处在一个相对封闭的状态，学习借鉴国外绘本的先进经验已成为人们的呼声。令人惊喜的是，一些对绘本先知先觉的出版社开始引进和出版国外的绘本。较早行动的是春风文艺出版社，一次性从德国引进出版了雅诺什编绘的《噢，美丽的巴拿马》《小老虎的信》等 10 本绘本。之后，二十一世纪出版社引进了恩德童话绘本 6 册和"彩乌鸦"等 15 册德国绘本。随着这些国外经典绘本的引进和出版，一批儿童文学作家、理论研究者等人开始了对绘本的研究和推广。1997 年季颖翻译了被誉为"日本绘本之父"松居直的《我的图画书论》。这本理论著作对我国绘本的发展起到了重要作用。

三、繁荣和探索期(21 世纪以来)

进入 21 世纪，在西方和日本先进绘本理念和教育理念的催生下，国内绘本的发展迎来了第三次飞跃，可以说这是一次质的飞跃。这首先表现在绘本最先进入了一些童书出版人和儿童文学研究者的视野，这些专家学者就绘本的核心艺术特征、绘本作品的解读、原创绘本的创作及绘本的教学应用等方面开展了一系列的研究，形成了一套关于绘本的阅读、教学及创作的理论体系。主要的著作有《中国儿童文学五人谈》(梅子涵等，2001 年)、《图画书：阅读与经典》(彭懿，2006 年)、《图画书的中国想象》(方卫平、保冬妮，2008 年)、《亲近图画书》(朱自强，2011 年)、《享受图画书》(方卫平，2012 年)、《图画书的讲读艺术》(陈晖，2010 年)、《童年书：图画书的儿童文学》(梅子涵，2011 年)等。其次，国内为了支持、引导原创绘本的创作，设置了各类奖项，目前国内有影响力的绘本奖项一个是"丰子恺儿童图画书奖"，另一个是"信谊图画书奖"。这些奖项对于提高原创绘本的艺术水准具有积极意义。除此之外，随着国民经济的快速发展和家庭购买力的迅速提升，尤其是大众对绘本的普遍认可和接受，绘本的引进和绘本原创成了儿童文学创作和童书出版繁荣发展的新亮点。

图 5-18 《图画书：阅读与经典》封面

在这样的社会大背景下，国内原创绘本取得了丰硕的成果。2007 年，熊亮的"绘本中国系列"出版。这套丛书以中国传统故事为蓝本，以传统国画绘制技法完整地展示了一个"可记忆的中国"，丛书包括《小石狮》《灶王爷》《家树》《泥将军》《兔儿爷》《屠龙族》以及《年》等优秀作品。2008 年，中国本土迎来了一个丰厚的创作年，《团圆》（余丽琼/文，朱成梁/图）、《火焰》（朱成梁/文·图）、《驿马》（萧袤/文，周一清/图）、《宝儿》（心怡/改编，蔡皋/图）和周翔的《一园青菜成了精》《荷花镇的早市》等一些基于中国的文化特质、扎根在中国文化土壤上的绘本走进了大众的视野。

图 5-19 《宝儿》封面

图 5-20 《荷花镇的早市》封面

在十几年的时间里，原创绘本不仅在出版数量上有了飞速的变化，在质量上也有了大幅度的提升，带有鲜明特色的绘本也走出国门，被国际插画界欣赏并认可。《团圆》获得首届"丰子恺儿童图画书奖首奖"，入选《纽约时报·书评》2011 年度世界儿童图画书榜单；《老糖夫妇去旅行》（朱自强/文，朱成梁/图）获 2016 年博洛尼亚童书展插画奖；《辫子》（黑眯/文·图）先后获得了布拉迪斯拉发插画双年展的金苹果奖；2016 年《不要和青蛙跳绳》（彭懿/文，九儿/图）因高品质插画，被国际儿童读物联盟中国分会提名为年度荣誉作品，画家九儿也成为第一位入选国际儿童读物联盟

(IBBY)荣誉书单的中国女画家。

近年来活跃在绘本创作舞台上的重要插画家有熊亮、朱成梁、蔡皋、周翔等人。从中国原创绘本的创作看，文字作者和插画作者一般是两个人，文图合一的绘本作者很少，熊亮、蔡皋、周翔、王云生、邓正祺、董肖娴等就是为数不多的文图合一的绘本作家。其中，2014年熊亮获得了国际安徒生插画奖提名奖。就文字作者来讲，真正按照绘本的文字要求而创作的作家也是很难得的，萧袤就是其中值得称赞的一位。他是中国较早进行绘本创作的儿童文学作家，由他撰文的《西西》（李春苗、张彦红/图）、《驿马》（周一清/图）、《青蛙与男孩》（陈伟、黄小敏/图）、《怎样教大象跳》（[马来西亚]约瑟夫·盖佳/图）等作品口碑非常好。其中《西西》《青蛙与男孩》获得丰子恺儿童图画书奖。

近年来，一些著名的儿童文学作家也开始尝试绘本的文字脚本创作，而且数量越来越多，如梅子涵的《麻雀》，徐鲁的《爷爷的打火匣》《冬夜说书人》《火车，火车，带我去吧》和《小船划过童年》，曹文轩的《菊花娃娃》《羽毛》《烟》，彭懿的《妖怪山》《不要和青蛙跳绳》，秦文君的《好像》《香喷喷的日子》《奶奶家的大猫小猫》，朱自强的《会说话的手》，金波的《兔爷丢了耳朵》《我要飞》，等等。这些作家在绘本的理论研究、阅读推广的同时，致力于绘本创作的实践，关注儿童生活、教育中的多重话题，使得原创绘本在意蕴表达上越来越丰富。

问题讨论

简要阐释国内、国外绘本创作的发展历程。

课后练习

1.20世纪下半叶，欧美各国在绘本创作中都进行了哪些艺术探索？

2.举例说明中国原创绘本在今天儿童的阅读生活中有什么意义和价值。

第六章　经典绘本作品赏析

学习目标 ▶

1. 了解本章的作品及作者。
2. 领会并掌握作品赏析的方法及角度。
3. 能够自主赏析绘本。

学习导图 ▶

学习导言 ▶

　　绘本所蕴含的内容极为丰富多彩，是幼儿了解自我、了解他人、了解生命与自然的重要渠道，尤其是一些深层次的人生主题的绘本。因此，本章以这四个维度为框架，每个维度由三个主题构成，每个主题以经典作品为案例，通过"故事梗概""作者/绘者简介""作品赏析"和"拓展阅读"四个板块呈现，并尝试从绘本的教育主题、以及图文的审美性和文学性两个角度进行

幼儿喜欢什么样的书

扫一扫，看资源

赏析，从而为绘本的阅读及教学提供一种视角、一种思路，由此起到抛砖引玉之功效。

第一节　人与自我

认识自己是认识他人和整个世界的基础，所以每个生命个体都要正确地认识自己。《3—6岁儿童学习与发展指南》和《幼儿园教育指导纲要（试行）》中都强调了幼儿的个体差异及提高幼儿的安全意识和自我保护能力。因此本节从认识自我、自我成长、自我保护三个角度进行作品的选择和赏析。

一、认识自我

（一）《小蒂奇》（［英］佩特·哈群斯/文·图）

1. 故事梗概

小蒂奇是一个黄头发的小男孩儿，他有一个姐姐，一个哥哥。小蒂奇个头儿比哥哥姐姐矮，东西也没有哥哥姐姐的好。比如，哥哥姐姐都有一辆大自行车，蒂奇只有一辆小小的三轮车；哥哥有一面大鼓，姐姐有一个喇叭，而蒂奇只有一根小木笛；哥哥姐姐有比树和房子飞得高的风筝，而蒂奇手里攥着的却是玩具风车；哥哥姐姐扛着锯和锤子，蒂奇手里却是几根钉子。哥哥有一把大锹，姐姐有一个大花盆，小蒂奇有一粒小小的种子，他们把种子埋到花盆里，种子破土而出，长得比哥哥姐姐还要高！

2. 作者/绘者简介

佩特·哈群斯，英国著名童书插画家。1968年，她的处女作《母鸡萝丝去散步》的出版使她一举成名。主要作品有获英国凯特·格林威奖的《风吹起来》等三十多部。《小蒂奇》还获得美国《出版者周刊》年度好书。

3. 作品赏析

《小蒂奇》这本图画书不再像《母鸡萝丝去散步》一样仅仅满足于逗孩子们哈哈大笑，而是非常动人地为我们讲述了一个关于成长中认识自我的故事。每一个小孩子都羡慕大孩子，于是在羡慕中否定自我。这本书中的小蒂奇渴望自己长大，拥有和哥哥姐姐一样大、一样好的玩具。

作者把成长中的自我认知这一大问题呈现地深入浅出，并没有教条式的讲述道理。故事在重复中推向高潮，在高潮中戛然而止。最终，作者把这种内心的渴望化为一颗强有力的种子、一棵苗壮成长的小树苗。林良说："'教条'进入了'文学'，等于宰了

'文学鸡'，掏出'道德卵'，结束了文学的生命，也断绝了'道德'孵化成鸡的可能。"①

　　作品不管是文字还是图画都单纯明朗。文字简洁，句式单纯，颜色温暖明快干净，这些单纯都为后面的转折蓄势、做铺垫，进而从前面对"末子"的俯视变为对小种子"长大"的仰视。这又成为不光是小蒂奇的愿望，而且还有哥哥姐姐要再长大的愿望。最后一页，小种子的长大被戏剧化，瞬间破土而出，而且高出了令蒂奇羡慕仰视的哥哥和姐姐。若没有这一页，只是埋在土里的种子，效果会怎么样？虽有哲理的深刻，但会欠缺幼儿文学的"具体"的趣味。整本书基本上使用了蓝、黄、绿，及大片的留白，这种暖暖的、饱和度高的色彩简洁又耀眼。作品基本上没有背景图案，除了第10、第11页的跨页，使用了有坡度的绿色的草坪为背景，使小蒂奇和哥哥姐姐之间的对比更加鲜明，这种鲜明的对比为小蒂奇后面的逆袭做铺垫。作品一切从简，只是作者在人物的表情上做足了功课。哥哥姐姐得意时，时而紧闭双眼，时而眼睛睁大但从不正眼看小蒂奇，这些细节足以为图画和故事增添生动性、趣味性。

图 6-1　《小蒂奇》内页

（二）拓展阅读

《我不知道我是谁》（[英]布莱克/文，[德]舍夫勒/图）

《点》（[加]彼德·H. 雷诺兹/文·图）

二、自我成长

（一）《第五个》（[奥]恩斯特·杨德尔/文，[德]诺尔曼·荣格/图）

1. 故事梗概

　　五个残缺不全的玩具在一个光线昏暗的房间里等待着。当门第一次打开时，首先从门后走出来的是瓢虫玩具。其他五个玩具依次走进房间，分别是掉了翅膀的发

---

①　林良：《浅语的艺术》，208 页，福州，福建少年儿童出版社，2017。

条企鹅、掉了一个轱辘的小鸭子、胳膊和眼睛受了伤的小熊、背上受伤的青蛙，最后一个是断了鼻子的小木偶。他们一个接一个地消失在门后，又焕然一新地、活蹦乱跳地走出房间。门后面到底是什么呢？当小木偶最后一个进去的时候，我们才看到门后原来是和蔼可亲的医生爷爷。

2. 作者/绘者简介

恩斯特·杨德尔，是当今世界上最具影响力的诗人之一，曾获奥地利文学荣誉奖等。诺尔曼·荣格，雕塑家、绘本画家，曾获德国青少年文学奖终身成就奖。《第五个》获意大利博洛尼亚儿童书展绘本大奖等多项奖项。

3. 作品赏析

美国《学校图书馆杂志》评论此作品："书中的文字极其简单易懂，便于孩子理解。同时，这本书还能让孩子产生强烈的共鸣，回想起自己候诊时的忐忑不安，以及终于得知一切并不是想象中那么可怕时那种如释重负的轻松。"

《第五个》充分体现了绘本文图合奏这一特点。首先，绘本中画面是文字叙述的意义得以完成的一个必要条件，而文字也是画面叙述的故事得以实现其趣味性的一个重要保证。比如，作品的文字叙述是这样的：门开了/出来一个/进去一个/还剩四个/门开了/出来一个/进去一个/还剩三个……仅仅凭借文字故事，不知所云。那文字在作品中起到什么作用呢？作品几十个字形成了一种有节奏的重复，营造出一种紧张不安和焦虑的气氛，并将这种气氛渐渐推向顶点。再看图画，暗淡的灯光，紧闭的房门，五个受伤的玩具安静地坐在五把椅子上。诺尔曼·荣格用排列紧密的钢笔线条紧紧抓住了小读者的心，画面中冷暖色调的变化暗示着情节的起伏。画面基本上是冷色调，营造出紧张压抑恐惧的氛围，可以说是五个受伤的玩具的内心写照。所以文字和图画之间彼此依靠而又互相激发。其次，画面的细节传达出更加丰富的意义。

图 6-2　《第五个》内页

小读者会关注动物玩具不安、期待而又害怕的表情。灯随着小动物进出房间而发生动态的变化，小木偶紧张到眼泪流出，每一个小动物出来时的细节变化等，都值得小读者一读再读。这样的作品真正站在孩子的角度去想、去写、去描摹，因此作品幽默地反映出幼儿怕见医生的普遍心理。本书意在给幼儿无畏的勇气，帮助幼儿克服并缓解对黑暗和医生的恐惧心理。所以这本书的阅读乐趣在于反复读图画读文字中体验小动物玩具的心理以及细节的观察，当然这也是阅读重点。

（二）拓展阅读

《野兽出没的地方》（[美]莫里斯·桑达克/文·图）

《我绝对绝对不吃番茄》（[英]罗伦·柴尔德/文·图）

绘本《捡到一根魔法棍》

扫一扫，看资源

三、自我保护

（一）《小兔子走丢了》（[英]哈利·霍斯/文·图）

1. 故事梗概

小兔子生日这天收到了好多礼物，其中有一只好大的红气球，全家人还要一起去兔子世界玩。小兔子认为自己长大了，手里攥着红气球一路上跑在最前面。到了兔子世界，海盗船、胡萝卜艇、攀爬架、过山车……小兔子都想玩，但被妈妈拒绝了。小兔子还是爬上了弹力堡，蹦啊跳啊，忽然看不到爸爸妈妈了，他到处问到处找，急得哭了起来。后来妈妈顺着红气球找到了他。小兔子好后悔呀，并向妈妈道歉。一家人开心地享受着小兔子的生日野餐。

2. 作者/绘者简介

哈利·霍斯曾是一名政治漫画家，后来成为童书作家。他创作了很多儿童书，《小兔子走丢了》荣获苏格拉艺术协会奖。

3. 作品赏析

这是一本深谙幼儿心理、充满童趣，又给予成人育儿道理的绘本故事。封面上是一只小兔子，张开双臂，手里紧紧牵着一只红气球，孤孤单单，神态焦急、恐慌，但那只红气球又给了小兔子以希望。所以通过阅读封面，读者一下就能明白作品的内容和结果。这是一个小兔子走丢了但又有惊无险的故事，是一本告诉孩子走丢时如何自我保护的绘本。

首先，谈一下这本书的幼儿性和趣味性。三四岁的小孩子具有强烈的好奇心，所以会对大千世界充满探索的欲望。比如，小兔子说生日这天自己成了大兔子，走路要跑到最前面，不要待在妈妈身边，对海盗船等玩具充满好奇。这都表现了小兔子的好奇心，这是作者站在孩子的角度来描述孩子的心理和行为。再来读图，成功的绘本的图画是能够充分呈现故事的，不只是内容的叙述，还有更重要的趣味性的表达。比如，第8~9页这个跨页。

成人是不会在意这么复杂烦琐而没有一个文字的画面，然而对于不识字或识字不多的幼儿，这幅画面有着强大的吸引力。兔子世界的玩具多样，并且细节刻画符合人性和物性的有趣结合，比如胡萝卜形状的兔子快艇，兔子形状的过山车，菜园子里的稻草人，海盗船上的兔子海盗，等等。其次，作品的教育性突出。孩子的好

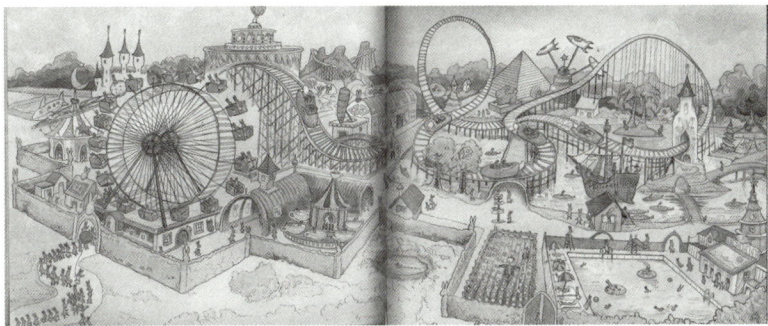

图 6-3　《小兔子走丢了》内页

奇心是探索科学知识的原动力，成人应该保护孩子的好奇心和探索欲。针对这一点，作品中兔子妈妈的表现就很棒。小兔子生日时，妈妈带小兔子去体验更广阔、更丰富的世界。当小兔子走丢，慌张、着急、无助时，小读者会看到小兔子的表情，同时也会体验到这些紧张情绪，从而树立自我保护的意识。于成人而言，正是对孩子进行自我保护教育的良好契机：一旦遇到危险，要冷静地想办法，待在原处等待父母，或寻求可靠的成年人的帮助等。

（二）拓展阅读

《不要随便摸我》（[美]珊蒂·克雷文/文，[美]茱蒂·柏斯玛/图）

《不要随便跟陌生人走》（[德]佩特拉·敏特尔/文，[德]萨比娜·威默斯/图）

第二节　人与他人

《3—6 岁儿童学习与发展指南》和《幼儿园教育指导纲要》中都提到社会交往是幼儿社会学习的主要内容。每个人都是在与他人进行不断的交往活动中生存的，在与他人交往中发展着自己的能力、情感、社会行为、道德规范，等等。本节从友好相处、团结互助和感悟真情三个方面阐述人与他人相处中的问题。作品以它独特的趣味性、游戏性，让幼儿体会人之间的真善美，并以健康的心理、愉悦的心情和独特的方式融入社会。

一、友好相处

（一）《云朵一样的八哥》（白冰/文，[英]郁蓉/图）

1. 故事梗概

有一只漂亮的、喜欢唱着快乐的歌的八哥，飞着飞着，闯进了人类的生活。开始，哥哥姐姐给八哥好吃的，带它一起散步，八哥很快乐。可慢慢地，八哥变得不高兴了，觉得少了点什么。虽然这一家人给它买了最漂亮、最宽敞的鸟笼，给八哥开宠物联欢会，但它还是忧郁、沉默，不想再唱歌。它开始怀念笼子外的生活，想念山林和云朵。这一家人很喜欢八哥，所以最终把八哥送回了大自然。八哥又开始大声地歌唱，唱着快乐的歌。

2. 作者/绘者简介

白冰，中国著名童话作家。

郁蓉的许多作品都是以剪纸和铅笔素描相结合的方式来呈现的。作品获得国际插画双年展金苹果奖。

3. 作品赏析

"始知锁向金笼听，不及林间自在啼"，这是八哥向往自由的心声。这一家人喜欢八哥，给八哥最好的食物、最宽敞的鸟笼，像对待自己的朋友和家人一样带着八哥逛街，还为八哥开联欢会。爱和喜欢就是付出和给予。但是八哥依旧不快乐，直到人们放八哥回到大自然，让他做回云朵一样的八哥。不管是人与人之间的相处，还是人和动物之间的相处，要学会理解他人并尊重他人的选择，这是友爱的深层表现。所以这本绘本可以让幼儿充分思考如何表达对朋友的友爱和关心，有利于教会幼儿换位思考并有助于他们的心灵成长。

这本绘本的原创性和创新性非常强，融合了中国传统剪纸技法与西方美术构图法，结合了传统风格与偏童趣、漫画的风格，所以画面极具创造力。这两种艺术手法与风格形成了强烈的对比，却一点也不冲突，反而增强了画面的轮廓感、立体感和趣味性。比如，故事主人公是用剪纸的风格呈现；而八哥和收留八哥的那一家人的形象塑造，使用了镂空的剪纸艺术，增强了艺术形象的立体感和画面感；而图画的背景呈现是看上去较"随意"的线条，在此衬托下，八哥这一形象就更加突出了。

图 6-4 《云朵一样的八哥》内页

对于剪纸的这种风格，绘者郁蓉接受采访时说："首先非常能体现我作为中国人的文化背景；其次能将我之前所学的各种设计知识和绘画技巧结合在一起；最重要的是，我个人非常喜欢这种方式呈现出的最终效果，我很享受这种创作方式，它可以不断激发我的灵感。"

(二)拓展阅读

《敌人派》([美]德瑞克·莫森/文,[美]泰拉·葛拉罕·金恩/图)

《古利和古拉》([日]中川李枝子/文,中大村百合子/图)

二、团结互助

(一)《月亮的味道》([波兰]麦克·格雷涅茨/文·图)

1. 故事梗概

月亮是什么味道的呢?暗夜里,九双动物的眼睛齐刷刷地望着月亮。大家都想尝一尝月亮的味道,可是不管怎么做都够不到。个子最小、爬得最慢的小海龟第一个下定决心去够月亮。他一步步爬到山顶,月亮近多了,可还是够不到。小海龟叫来大象,大象站在海龟的背上还是够不到。它们依次叫来了长颈鹿、斑马、狮子、狐狸、猴子和小老鼠,它们搭成一架天梯。月亮玩累了,又小瞧了小老鼠,当小老鼠够月亮时,月亮一动没动。只听"咔擦"一声,小老鼠咬下一片月亮,并分给大家一一品尝,大家认为这是最好吃的东西。吃完月亮,大家挤在一起睡着啦。

一条小鱼看到这一切,不明白它们为什么要摘天上高高的月亮,水里那个月亮离自己多近呀。

2. 作者/绘者简介

麦克·格雷涅茨,波兰著名的绘本作家。主要作品有《早安,晚安》《彩虹色的花》等。《月亮的味道》曾获 1996 年第二届日本图画书奖翻译图画书奖等奖项。

3. 作品赏析

虽然小海龟有决心,大狮子有锋利的牙齿,长颈鹿有长长的脖子⋯⋯但若不团结,任何力量都是弱小的,只要团结友爱,哪怕是最微不足道的力量也能到达胜利的彼岸。比如个子小、力量小的小老鼠的加入,才使得大家目标的达成,这就是团结的力量。学校和幼儿园就是教会大家团结友爱、同舟共济的沃土。难能可贵的是,这本书没有灌输思想,而是通过一个好吃、好玩、好看的故事让大家在愉悦之后自行体悟。就像林良所说:"所谓文学的方法都是'诉诸感觉'的,所以容易有力、动人。"

图画书的核心价值是什么?就是它的趣味性、直观性和游戏性。作品的题目"月亮的味道"就已经吊足了孩子们的胃口,是饼干的甜脆?还是香蕉的软糯?抑或煎饼的香酥?格雷涅茨笔下封面上的大月亮,看上去凹凸不平,好像一个大薄饼,吃起来一定是脆脆的,会发出咯吱咯吱的声音。当小动物们团结一致尝到月亮时,这样的结果一定超出了很多读者的想象——怎么能真的吃到月亮!这就是幼儿文学,它所反映的必然是理想的人生。因为要给孩子的心灵播种善的种子,他们的心灵是一片沃土。其次,当大家为了够到月亮一个接着一个闪亮登场时,似乎是电影里的蒙太奇，动态的、变化的、连续的画面使幼儿应接不暇。当这些小动物搭建起高高的天梯时，好像是拔萝卜的变异画面的呈现。值得观察的是，月亮和小动物的表情也时刻在发生着变化。月亮嘴角的弧度变化，小海龟被七只小动物踩在最下面的表情变化，前环衬九双眼睛和够到月亮的八只小动物的数目差别等细节，都是孩子们关注的有趣的画面。

图 6-5　《月亮的味道》内页

幼儿文学必须饱含着文学性、趣味性，而也许会洋溢着教育性，所以这本绘本的阅读，最重要的是观察画面的细节、体验故事的趣味，其次才是她的主旨的提炼和总结。这才是阅读这本书的王道。

(二)拓展阅读

《蚂蚁和西瓜》([日]田村茂/文·图)

《小黑鱼》([美]李欧·李奥尼/文·图)

三、感悟真情

(一)《爸爸的胡子想我吗?》(郝广才/文，[意]多明尼可尼/图)

1. 故事梗概

爸爸出差了，小丽塔很想念爸爸，于是拨通爸爸的电话。爸爸和小丽塔开始了一连串充满童趣的、非常诗意的爱的问答："'爸爸，你的胡子想我了吗?''为什么是胡子想你呀?''你的胡子想扎我的脸。'"……"爸爸说'我的耳朵想丽塔的嘴。''为什么?''因为丽塔的嘴会唱歌，我的耳朵最爱听。'"……

2. 作者/绘者简介

郝广才不但是让台湾儿童书进入绘本时代的关键人物，他用韵文说故事的风格更让他的作品独树一帜。美国《出版人周刊》称郝广才为"台湾与国际绘本界接轨的推手"。郝广才受到国内外多项大奖的肯定，更创纪录地成为博洛尼亚国际儿童书插画奖第一位亚洲评审。主要代表绘本有《哪个星星是我家?》《萨一块钱》等。

多明尼可尼是意大利著名的自由插画家，至今他陆续出版了 38 本绘本。笔触构图细腻精致，善于使用电脑上色，擅长营造魔幻写实的气氛。

3. 作品赏析

这是一本讲述父女亲情的图画书。亲情是什么？是"马上相逢无纸笔，凭君传语报平安"的嘱托，是"临行密密缝，意恐迟迟归"的牵挂，还是"来日绮窗前，寒梅著花未"的思念……在幼儿文学里，作者站在幼儿的角度别具一格地写出父女之间的亲情，如诗歌般的意境，如散文般的优美。

图 6-6　《爸爸的胡子想我吗?》封面

首先，作品对亲情的表达具有游戏性。郝广才认为"阅读是最好的游戏，绘本是最好的玩具"，所以作品就是在父亲和女儿的问答游戏当中层层深化着父女亲情，由开始的爸爸问"为什么?"转变为女儿问"为什么?"，这像女儿在启发着爸爸一起跌入爱的问答游戏当中。即使距离上相隔很远，但是心离得很近。那些美好的日常记忆都浮现在父女俩的记忆里、画面中。这如诗如画的场景把读者带进这对父女私密的温情的对话当中，同他们一起感受父女之间特别的爱。

其次，作品爱的表达给父母做了一个很好的表率。父母对子女的爱是伟大的，不求回报的，但这种爱又常常隐藏在日常琐事当中，没有清楚地表达。而作品中父女之间通过电话，说着日常会一起做的事情，想念着一起的画面。所以，父母的爱每时每刻都不曾离开，这就是爱的表达。

最后，绘本的图画风格。基本色调是暖色系，细腻的笔触、温润有层次的用色、充满立体感的光影效果，以及魔幻写实风格的构图，让书中的每一页都美得令人屏息。从翻开第一页开始，思念的氛围就无处不在；你会跟着小丽塔的表情扬起嘴角，也会因为爸爸的动作而会心一笑。本书前半部分以写实和想象交错的画面，透过父女的互动，呈现浓厚的思念。随着小女孩逐渐长大，作品以诗意的文字，搭配回忆和现实融合的构图，传达亲情的牵挂并不会因时间而减少，而是在人生的不同阶段随之转化升华。

（二）拓展阅读

《抱抱》（［英］杰兹·阿波罗/文·图）

《云朵面包》（［韩］白希那/文·图）

第三节　人与生命

"人与生命"是一个非常严肃的主题，本节以探索生命、生命历程及理解死亡、珍爱生命三个主题甄选绘本。作品站在幼儿的角度，直观地、趣味性地探讨了这些问题。《幼儿园教育指导纲要》中也明确指出："幼儿园必须把保护幼儿的生命和促进幼儿的健康放在工作的首位。"用绘本开展生命教育，让幼儿通过体会和感受，丰富生命的相关知识、学习如何爱惜生命、珍惜生活，进而提升生命的价值，是幼儿健康成长的需要。

一、探索生命

（一）《小威向前冲》（［英］尼古拉斯·艾伦/文·图）

1. 故事梗概

小威是一个小精子，他和三亿个小伙伴一起住在布朗先生的身体里。在学校里，小威的数学成绩不好，但是，他是一个游泳高手。学校要举办游泳比赛，冠军的奖品是一个美丽的卵子。

三亿个小精子都参加了冠军赛，小威每天都在努力地练习着。比赛那天，每个小精子都得到了一副泳镜、两张地图。那天晚上，当布朗先生和布朗太太亲密地在一起时，比赛开始。三亿个小精子浩浩荡荡地向前涌去，小威更是拼尽全力地游哇游，最终一举夺得奖品——卵子。只见小威一头扎进卵子的身体里……小威和卵子结合后，慢慢长大，长得比布朗太太的肚子还要大。终于，小宝宝诞生了，是个小女生，叫小娜。她像小威一样，数学很糟糕，不过游泳游得棒极了！

2. 作者/绘者简介

尼古拉斯·艾伦，英国著名童书作家，创作了30多本童书。其中《动物医院》被改编成电视卡通影集，风行世界。

3. 作品赏析

小孩子的好奇心非常强，所以经常会问各种各样的问题，尤其是"我是怎么来的"。这样的问题几乎是每一个孩子感兴趣的，而许多大人会敷衍"大街上捡来的""卷心菜里跳出来的""垃圾堆里翻到的"等可笑的答案。作为教师和家长如何回答孩子呢？这本书用非常幽默形象又生动的方式讲述出来。作品通过主人公——"小威"

参加游泳赛的故事，动人心弦地呈现了精子、卵子、受精、遗传等生命产生的科学知识。

首先，作品尊重孩子的思维特点，即泛灵论的观念。作者把小精子拟人，绘出一个可爱的小精子，并美其名曰"小威"。这个形象的塑造，不光可爱，而且还真实饱满。小威有优点，即游泳高手，作者也没有回避其缺点，即数学不好。所以，我们每一个人都不是完美的，要正确客观积极地看待自己的长处和短处。其次，故事性强，符合孩子喜欢听故事的心理特征。故事按照发展过程，可以分为序幕、开端、发展、高潮、结局及尾声，情节完整、生动。最后，小读者可以充分体验作品中所包含的情感目标，比如小威能够直面自己的优缺点，小威的坚持不放弃，通过图画看到小威训练时的乐观勇毅，以及每一个生命其实都是最棒的"小威"等情感价值观的教育。所以，这是一本生动性、趣味性、故事性、教育价值皆佳的作品。

(二)拓展阅读

《小鸡鸡的故事》([日]山本直英/文·图)

《菲菲出生了》([韩]闵秀贤/文，[韩]李珠润/图)

二、生命历程

(一)《你很快就会长高》([英]安琪雅·薛维克/文，[英]罗素·艾图/图)

1. 故事梗概

阿力是一个身材矮小的小男孩，同学叫他"矮冬瓜""小可爱"。他不喜欢小个子，每天连做梦都希望自己长高。

阿力找到爸爸妈妈、姐姐和老师一起想长高的办法。妈妈说多吃蛋白质，爸爸说多做运动，姐姐说多睡觉，老师说多读书、做算术。阿力认真去做，可是个子一点儿都没变化，沮丧极了。怎么办呢？阿力去问他见过的最高的人——叔叔。叔叔说长太高会有麻烦，比如乘车、进门、买衣服等，都会有不同的麻烦。而且叔叔告诉阿力，长大不是只有身体长高，要内心长大才对。从那以后，阿力每天拥抱爸爸妈妈和姐姐，做自己喜欢做的事情，还给同学讲笑话，每天快乐而充实。阿力变成了快乐的男孩。

2. 作者/绘者简介

安琪雅·薛维克，英国著名童书作家。

罗素·艾图很喜欢绘画和科学。主要代表作有《巫婆的孩子》《还有一只羊》等。其中，《还有一只羊》荣获 2005 年英国凯特·格林威大奖，还荣获 2005 年英国 4～11 岁童书插画奖。

3. 作品赏析

每个小孩子都想快快长大，而孩子们理解的长大就是个子长高。故事中的阿力渴望自己长高长大，于是求助自己的亲人，爸爸、妈妈和姐姐就从身体健康的角度告诉阿力，多吃蛋白质、多运动、多睡觉就会长高。但是阿力还是没能长高长大，内心依然不快乐。作品中的叔叔，是一个非常智慧的形象，他理解孩子要长大的心理，所以从心理成长的角度，教给阿力学会爱和被爱。阿力的内心丰盈了许多，知道快乐地生活，快乐地做自己，这应该就是长大的模样。长大并不单单是个子的长高，而是内心世界的成长。一个人也许长得很高，但是内心却矮小瘦弱，这是最可怕可悲的。所以这是一个对孩子进行快乐、自信等成长教育的范本。

作品的画面非常精准地描摹了小孩子的心理，每一幅画面都耐人细细思量。

图 6-7 《你很快就会长高》内页

比如封面，阿力虽然独自站在长腿林立的人群当中，个子的矮小并没有给他带来自卑和畏缩，而是双手勇毅地推开两条腿，嘴角上扬，似乎在对读者说："虽然个子小，但我自信、快乐！"而题目"你很快就会长高"正是此时阿力要对小读者大声喊出的话。作品写了阿力三个心理阶段的变化，从开始的自卑、压抑到坚持努力后的困惑，再到最后的心理成长带来的自信和快乐。画面中，不只阿力的表情在变化，最重要的是阿力在画面中所占的空间大小和位置也在变化，从开始的站在画面的左下角或右下角，到肢体和表情的充分舒展。一直到最后一页，阿力快乐自信的脸占据了一个大大的跨页，脸上上扬的嘴巴又跨越了几乎整张脸。绘者就是用这样的画面语言在和幼儿沟通。作品简洁的线条、夸张的画风，成为孩子们百读不厌的重要因素。

（二）拓展阅读

《有一天》（［美］艾莉森·麦基/文，［加］彼得·雷诺兹/图）

《没关系，没关系》（［日］伊东宽/文·图）

三、珍爱生命

（一）《獾的礼物》（［英］苏珊·华莱/文·图）

1. 故事梗概

在森林里，有一只很老很老的獾，他总是乐于助人。他知道自己要死了，但是他并不害怕死，而是担心朋友们会难过。一天晚上他做了一个美妙的梦，梦中，他用健壮的双腿奔跑在长长的隧道中。

第二天，动物们得知獾死了。大家整个冬天都不能从悲伤中走出来。春天来了，动物们聚在一起说着獾活着的日子。鼹鼠说獾教会了他剪纸，青蛙说獾教会他溜冰，狐狸说獾教会他系领带，兔太太说獾教会她烤姜饼……说着说着大家感到了温暖。在一个春日，大家爬到山岗上，喊道："獾，谢谢你，给大家留下这么好的礼物。"

图 6-8 《獾的礼物》封面

2. 作者/绘者简介

苏珊·华莱是英国最著名的图画书画家之一。《獾的礼物》的出版，使作者一鸣惊人，轰动整个艺术界。作者不仅获得鹅妈妈新人奖的首奖，还在法国获得数座奖项。主要作品有《土拨鼠的礼物》《妖怪的床》等。

3. 作品赏析

生老病死，乃是大自然亘古不变的规律。能将自己的生命寄托在他人的记忆中，生命仿佛又加长了一些。所以正视死亡，才能珍爱生活，珍爱周围爱自己的人，珍爱一切生命。因此，生命教育对于孩子来说是不可或缺的课程。

《獾的礼物》不但是一本关于死亡的书，更是一本关于生命教育的书，它在写生，如何生，怎样生。首先，作品共 25 个画页，作者只用两个画页来写獾的死，而其他都在写獾活着的日子。从数量和内容来说，显然通过写獾的死亡，展示獾是如何生活的。獾的去世并不意味着他的彻底离开和消失，而是以一种其他的方式活在朋友们的口头上、记忆里，活在冬日的篝火旁、春日的田野里，还会激励獾的朋友们汲取獾热情、助人的精神，并传递着这种精神，所以大家会更加珍惜活着的岁月。幼儿文学作品主题上可以包罗万象，死亡、战争、种族等都可入题。比如，《铁丝网上的小花》（［意］罗伯特·英诺森提/文·图），教给孩子的不仅仅是在第二次世界大战中纳粹对犹太人的大屠杀，也是对孩子们的美德教育和美好心灵的培养。那么《獾的礼物》在教学当中，在阅读当中，其重点应该放在教会孩子们珍惜友情、亲情等一切美好的人、事物和情感。

其次，是关于死亡的形象阐释。这本书中的所有词汇和概念，只有"死亡"对于幼儿来说是不好解释的。而作者把死亡比喻为"走向长长的隧道的另一头"。獾对死亡的感觉是没有痛苦的，而是非常欢愉，"他觉得双腿非常强壮……他不再需要拐杖了……他觉得自由了……"。似乎獾没有死，而是以更加轻松的状态活着，这样的比喻和描写缓释了小读者对于死亡的恐惧和痛苦的心理。幼儿文学作品总是以"具象"的思维来讲出一个大大的道理，并且情感终结处哀而不伤。比如，无字绘本《红气球》（［法］艾拉•马俐/著），用很简洁的线条，绘出了事物以不同的形式存在和消亡。

（二）拓展阅读

《一切有心》（熊亮/文，马俐/图）

《我永远爱你》（［美］汉思•威尔罕/文•图）

第四节　人与自然

《3—6岁儿童学习与发展指南》中提到："每个幼儿心里都有一颗美的种子。"要使它在大自然和社会文化生活中萌发，让孩子学会用自己的方式去表现和创造美。本节从探索自然、自然之美、保护自然三个层面，用经典绘本激发幼儿对大自然的好奇心，丰富幼儿对大自然的认知和体验，承担起保护自然生态环境的责任和义务。让幼儿在作品赏读的潜移默化中去发现美、追求美，进而去创造美。

一、探索自然

（一）《动物绝对不应该穿衣服》（［美］茱蒂•巴瑞特/文，［美］罗恩•巴瑞特/图）

1. 故事梗概

豪猪穿上衣服，把衣服扎得破破烂烂。骆驼的驼峰上分别扣上两顶帽子，滑稽好笑。爬行的花蛇要穿裤子，怎么穿呢？小老鼠被扣上一顶花帽子，它会在犹如黑夜的森林里跌跌撞撞。一只有着浓密羊毛的绵羊被套上厚厚的毛衣、围巾和帽子，热得汗流浃背。给贪吃的猪裹上衣服勒上领带，他无法吞咽，无法呼吸，更糟糕的是把衣服搞得脏兮兮的。最让人无法忍受的是给正在下蛋的母鸡穿上衣服，只见鸡蛋被死死地卡在屁股里，下不来，回不去。袋鼠、长颈鹿、山羊、海象被套上衣服，真是多余啊。麋鹿穿背带裤，带子究竟要挂在哪个角上呢？同样，小负鼠穿衣服，常常分不清衣服的前和后。那一个穿花裙子的妇人和一头穿同样衣服的大象撞衫，后果会怎么样呢？

2. 作者/绘者简介

茱蒂•巴瑞特和罗恩•巴瑞特是美国儿童文学作家，也是一对会讲笑话的高手。他们的第一本书是《老麦先生有幢公寓》。《动物绝对不应该穿衣服》是他们的第二本书，风靡美国三十多年，一直是广受全世界欢迎的畅销书。

3. 作品赏析

这是一本超级好玩的绘本。首先，这本书通过画面很直观地呈现动物的外貌特征以及生活习性，从而让幼儿更准确地认识动物、了解动物。比如，豪猪身上很多刺，蛇爬行却没有脚，母鸡会下蛋，麋鹿有角，猪喜欢在烂泥里拱来拱去，小袋鼠喜欢妈妈的袋子，海象的生活离不开水等。动物的皮毛本身就有保暖和保护自己的作用，比如，豪猪满身的刺可以保护自己，绵羊浓密的毛可以保暖，蛇的皮肤是光滑的，有利于爬行。动物与生俱来的皮毛是他们最合适的、最完美的衣服，因为那正是动物自己的衣服。如果给他们穿上人类的衣服，那是荒谬而且错误的，这会违背大自然的规律，会造成一场灾难。

其次，作品的幽默效果张弛有度，收放自如。作品的故事性被淡化，文字和画面在重复中不断渲染、在夸张中不断强化，令读者在笑声不断中又有思考。作品主题很单纯，文和图自始至终都在讲述动物不应该穿衣服。如果被穿上衣服，有的动物会滑稽可笑，如骆驼、山羊、长颈鹿、猪、大象；有的会带来伤害，如豪猪的衣服千疮百孔、小老鼠在帽子下的恐惧无助、母鸡宝宝的生命安全、绵羊热得要中暑，袋鼠妈妈心理的茫然空洞，小袋鼠安全感的缺乏；有的给动物造成困扰，如小蛇到底如何穿裤子，负鼠分不清衣服的前后，麋鹿的背带裤的带子到底要套到哪个鹿角上。故事的最后，作者画龙点睛，出现了人和动物的对比，穿花裙子的妇人和一头穿着同样衣服的大象四目相对，之后面面相觑，笑过之后的沉默，静默中的思考。就像彭懿说的："因为对于自然界的动物来说，最好的衣服，就是不穿衣服，那是造物主的恩赐。"

最后，画面的趣味性浓烈。比如，封面上穿着衣服的豪猪，衣服已经破烂不堪，豪猪的眼睛茫然地盯着前方。再打开封底，原来封面和封底是一个完整的画面，豪猪在看镜子中的自己，还有系了一排五颜六色的领带的长颈鹿，等等。作品中的动物并没有被作者拟人化，完全是本色上演，所以动物性的外表和人类服饰的结合便恰到好处地造成了有趣的、滑稽的效果。尤其最后一页，思索也要在笑声中进行。

图 6-9 《动物绝对不应该穿衣服》内页

（二）拓展阅读

《有一天，他们不见了》（王蕾/文，肖猷洪/图）

《植物是阳光猎人》（［韩］金玄淑/文，［韩］文盛妍/图）

二、自然之美

（一）《下雪天》（［美］艾兹拉·杰克·季兹/文·图）

1. 故事梗概

早晨，彼得醒来，发现昨夜下了一场雪，他兴奋极了。早饭后，彼得跑出家门，发现雪下得好大呀！路两旁的雪堆得像小山一样高，只留下一条可以行走的小路。于是，他开始了雪中的游戏。一会儿脚趾朝外走，一会儿朝内走，在雪地上划直线，用树枝拍打树上的雪，打雪仗，堆雪人，做天使，假装爬雪山再滑下。

彼得一直玩到晚上，他团了一个雪球放进口袋。回到家，他把好玩儿的事情讲给妈妈听。睡觉前彼得发现雪球找不到了，他好伤心。睡梦里，彼得梦见雪融化了。第二天一早醒来，窗外雪还在下着，彼得高兴地找好朋友一起跑进深深的雪地。

2. 作者/绘者简介

艾兹拉·杰克·季兹，美国著名童书插画家和童书作家。《下雪天》是她的处女作，且一举摘取了 1963 年凯迪克奖金奖。主要作品除了以彼得为主人公的"彼得"系列，还有《珍妮的帽子》等多部作品。

3. 作品赏析

《下雪天》是一本非常棒的关于童年生活的纯粹的、单纯的、快乐的绘本。

这个故事非常简单，简单到了几乎没有什么故事。只是让我们看到下雪天一个叫彼得的小男孩在雪中的玩耍，感受他玩耍的快乐，体验小孩子在雪中纯粹得不能再纯粹的快乐气氛。作者获得成功的原因不仅仅在于主人公，更在于主题和故事的幼儿性，图画的幼儿性，以及给读者带来的浓烈的文学性。这是真正的幼儿文学！教师应带着幼儿去体验快乐，说说童年的生活就是一件很美好的事情。

作品图画的幼儿性，除了像《彼得的椅子》一样使用了拼贴加油画的技法，这里再谈两点。首先，色彩非常鲜艳，而且做到了色彩是情感的外化和象征。比如，雪的颜色，封面的大雪山，显然除了白色，还用油彩涂抹了粉色和蓝色。最后一页，彼得和伙伴走进"深深的雪地"，那一页的雪花是各种样子、各种颜色，油彩的使用没有剥夺主人公的主要地位，并且渲染了气氛，还体现出孩子们在雪地里愉悦兴奋的心情。所以色彩是彼得高兴愉悦的情绪的外化，也是所有玩耍在雪地里的小孩子的心情的象征。纵观全书，凡是被小孩子玩耍的雪都是彩色的。

图 6-10 《下雪天》内页

其次，童趣中夹杂着意趣。全书色彩的运用基本上冷暖相间，代表不同的寓意，即使在寒冷的冬天，彼得的心情犹如他红色的衣服般热情。《下雪天》中，如果非要找到单纯的快乐除外的小细节，那就是雪球融化的那一页，作者使用了冷色调，即白色和灰色，并没有出现一丝暖色。我们看到彼得的表情，伤心、难过。虽然只是短暂的情绪低落，但这个细节还是给读者留下思考的空间，即美好的童年、美好的事物也都会像雪球一样融化消失。但对于这本温暖的书而言，暖色压过冷色，快乐的成长覆盖住生命成长过程中不愉快的"小插曲"。所以，这样的作品还是要幼儿体验童年生活的快乐，在快乐中幼儿的成长更加健康、自信。松居直说："图画书对幼儿没有任何'用途'，不是拿来学习东西的，而是用来感受快乐的。而且一本图画书越有趣，它的内容越能深刻地留在孩子的记忆里，在成长的过程中，或是长大成人之后，他自然能理解其中的意义。"①

(二)拓展阅读

《雪人》([英]雷蒙·布力格/图)

《树真好》([美]贾尼思·梅·伍德里/文，[法]马克·塞蒙/图)

三、保护自然

(一)《小房子》([美]维吉尼亚·李·伯顿/文·图)

1. 故事梗概

很久很久以前，在乡下有一座坚固漂亮的小房子。她的主人曾发誓说，这座小房子出多少钱也不能卖。小房子坐落在山岗上，春夏秋冬，日复一日地欣赏着周围的田园美景。可是，她也好奇那个被点点灯光萦绕的遥远城市。一天，一群测量员来到乡下，然后蒸汽铲车来了，卡车、压路机也来了。乡村开始发生变化，公路分隔开田园，高楼拔地而起，乡村变成了城市。小房子被孤零零地遗落在嘈杂、污浊的角落里。渐渐地，小房子变得破败不堪。

---

① [日]松居直:《幸福的种子》，9页，刘涤昭译，南昌，二十一世纪出版社，2013。

小房子的主人的曾曾孙女来了，她把小房子搬到更远的乡下。小房子再一次看到了星星、月亮，还有四季的变化。

2. 作者/绘者简介

维吉尼亚·李·伯顿，美国作家、儿童书籍插图画家。《小房子》一书赢得 1943 年凯迪克奖金奖。她的主要作品还有《乘火车去》《生命的故事》等。

3. 作品赏析

小房子是在急剧膨胀的都市化进程中的一个缩影。起初，小房子生活在安静美丽的乡下。随着城市化进程的推进，小房子周围的环境发生很大的改变：高楼大厦取代了无垠的草坪，灰头土脸的城市面貌取代了清新恬静的乡村气息……最终小房子在这种污浊的环境里变得破败。最后小房子的主人帮助小房子回到她日思夜想的乡村田园。在这里，小房子再一次焕发出生命的色彩。小房子对大自然的追求和向往，代表了人类的一种渴望和憧憬，而小房子本身就是乡村田园和自然环境的一种象征，保护自然生态环境便成为全人类共同的责任。

单单阅读作品的文字，像一篇优美的散文，而且是端着一种严肃的姿态在行文。但伯顿本人曾说过，她在创作过程中始终遵循"儿童书是为儿童的"这一原则。那这部作品的"儿童性"体现在哪里呢？

首先，作品通过美丽的画面，比如乡村田园四季的变化，让幼儿在迷人的画面当中认识到大自然的美好；当现代文明吞噬丘陵、雏菊和苹果树时，小房子周围发生变化。色彩前后的对比、线条前后的突变，让小读者从直观的角度感受到两种生活状态，从而激发起他们对大自然的热爱以及保护环境的责任意识。

图 6-11 《小房子》内页

其次，留白的艺术也是这部作品的一个亮点。在作品中，作者将小房子从一张图的背景中独立出来，特别加以描述，以达到描述变化过程的目的。培利·诺德曼说："图画会用偏离读者一般习惯的平衡视觉模式，吸引人们注意它们最明显的不平衡的部分，这样最能成功地传达动作的连续性和瞬间张力。"①比如，在第一张图中，小房子骄傲地独立于白色背景当中。随着环境的变化，围绕它的白色空间越来越少。同时，小房子和大自然的和谐关系，是借着季节的变换来加以描绘的。然而，画面总是有留白，使得这间房子特别突出，让人对它深感兴趣。同时，给读者带来一种先验图式，小房子就是一个遗世独立的"人"。但是，当城市在这间房子周围发展时，留白变得越来越小。当小房子越来越接近围绕在她四周的建筑物时，她不再拥有自己的空间，而沦落为没有个性的一群建筑物中的一部分。当小房子原始主人的曾曾孙女看到这间小房子时，小房子和丑陋城市之间的白色空间再度变大，这间小房子再度成为值得特别关注的对象。书中的这间小房子，从头到尾都是读者注意力的焦点。因此，反复读图，看到小房子的变化，以及周遭环境的变化，所带来的阅读经验，是一个重要的教学环节。

(二)拓展阅读

《如果地球被我们吃掉了》([法]塞尔/文，[意]博南尼/图)

《让路给小鸭子》([美]罗伯特·麦克罗斯基/文·图)

问题讨论

1. 当前很多人都把绘本当作工具书来用，你是如何看待这种现象的？

2. 根据本章内容，选三名喜欢的绘本作家，对其代表作品和创作风格进行简要阐述。

课后练习

1. "成长"是幼儿文学中的一个重要主题，请你从不同维度列举有关成长的绘本，并选择一本从其艺术性与审美性及主题进行研讨。

2. 理论上房子的墙壁应该是笔直的，但在作品《小房子》([美]维吉尼亚·李·伯顿/文·图)中却是微微的弯曲。图中所有的线条几乎都是曲线，作者为什么这么设计？

3. 绘本能提供一个亲子共享的、成人和幼儿互通的世界。请以《野兽出没的地方》([美]莫里斯·桑达克/文·图)或《莎莉，离水远一点》([英]约翰·伯宁罕/文·图)为例，分别站在成人和幼儿的角度分析不同的关注点。

4. 安东尼·布朗擅长用图画诉说故事的重点，请选择他的一部作品进行图画中的细节分析。

---

① [加]培利·诺德曼：《话图》，204页，杨茂秀等译，台东，儿童文化艺术基金会，2010。

第七章　绘本的创作与制作

学习目标 ▶

1. 了解绘本的创作原则及创作手法。
2. 学会创意绘本制作方法。

学习导图 ▶

学习导言 ▶

　　基于幼儿的认知、情感、思维特点，绘本一直以来是备受幼儿青睐的阅读读物。目前图书市场上有着类型多样、内容丰富的绘本可供选择，但是"纸上得来终觉浅"，只有自己亲自创作过绘本，才能对未来从事幼儿绘本教学指导更有心得。本章第一节从绘本的创作原则，及文字创作与图画创作两方面详细介绍绘本创作的一般方法。第二节从具体绘本的制作出发，给出详细步骤，教授如何制作一些在幼儿园教学中会用到的创意绘本。

第一节 绘本的创作

一、绘本创作的原则

(一)儿童性

学前时期的幼儿在认知、情绪情感、思维、个性心理等方面具有特殊性。在认知方面，幼儿通过感知、依靠表象来认知事物；在情绪情感方面，幼儿的情绪不稳定，易受外界环境的影响；在思维方面，幼儿以具体形象为主；在个性方面，幼儿已形成个性的基础或雏形。因此，绘本作为最受幼儿欢迎的阅读读物，其创作要符合幼儿发展规律，从而激发幼儿的阅读兴趣，引领幼儿的成长。

1. 图画方面

由于幼儿园阶段的孩子有意注意的时间短，他们更喜欢看明亮的和对比度高的东西，在纯色的背景中使用鲜亮的颜色和清晰的形状是最佳的选择。再如《小飞机，小心》(〔日〕五味太郎/文·图)中，整本书以绿色为背景色，书中的事物如小飞机、大树、山都颜色鲜亮且形状以几何形状为主，简单清晰。再如《小黑和小白》(张之路、孙晴峰/文，〔阿根廷〕耶尔·弗兰克尔/图)中，全书以黑白灰色调为主，小白处在黑灰色调背景下，小黑处在白色调背景下，对比鲜明，易引起儿童的注意。

2. 文字方面

句子简练并有很强的韵律和节奏感。如《我喜欢自己》(〔美〕南希·卡尔森/文·图)中，"我喜欢自己卷卷的尾巴，也喜欢自己圆圆的肚子，还有自己细细的小脚。"句子简洁，还富有节奏感。又如《鼠小弟和音乐会》(〔日〕中江嘉男/文，〔日〕上野纪子/图)中，狸先生打鼓时，"咚咚咚咚嘣！"；长颈鹿吹长号时，"噗噗噗叭"……全文多次运用拟声词，简洁而又很有节奏感，既有趣又生动。

还有自己细细的小脚。

图 7-1 《我喜欢自己》内页

哎，长颈鹿先生……

图 7-2 《鼠小弟和音乐会》内页

文字重复性也很重要，通过重复使用单词、短语、句子或者文本段落来构建和推进故事，激发儿童的阅读兴趣。如《想吃苹果的鼠小弟》（［日］中江嘉男/文，［日］上野纪子/图）中，全文都是以"来了一只……，拿了一个苹果。要是我也有……"来展开故事情节。

（二）创意性

创意性指的是打破传统的规范，创造出的新颖、奇特的事物。在绘本的创作领域中，由于孩子是自由开放、喜欢接受新事物的，所以，他们更容易被一些新颖而又奇特的事物所吸引。只有富有创意性的语言才能让读者和听者在内心深处产生共鸣。绘本创作的创意性主要体现在主题、意象、语句、字词等方面。

1. 主题的创意性

绘本的创作已涉及众多领域，主题更是层出不穷，有紧跟时代反映时代热点问题的绘本，如提倡保护环境，热爱自然的《小房子》（［美］维吉尼亚·李·伯顿/文·图）。小房子是大自然的象征，是现代文明的牺牲品，它被赋予人的特征和情感，它会好奇、会孤独，也会恐惧和快乐，这都是孩子们能识别的情感。作者想把热爱自然的情感通过一种创意性的方式传递给孩子。还有为了培养孩子的某种习惯而创作的富有生活气息的绘本，比如改变孩子挑食习惯的《我绝对绝对不吃番茄》（［英］罗伦·乔尔德/文·图）。作者罗伦对儿童内心有深刻的洞察力，善于发掘平凡生活的不凡之处，成为书中的幽默素材。也有一些单纯地符合孩子兴趣的绘本。比如，符合女孩子兴趣的《小真的长头发》（［日］高楼方子/文·图），作者运用天马行空的想象描写长头发可以用来干什么。富有创意性主题的绘本总能引起成人或小孩的特别注意。

2. 意象的创意性

意象往往通过富有韵味的语言来体现。对于尚未认识字的孩子来说，他们更多地依赖图画或者听成人的有声语言来认识世界。富有创意性的意象能让孩子在听成人讲述的过程中通过听来想象，通过创意性的意象感受到实物的存在。如《圆白菜小弟》（［日］长新太/文·图）就是一本通过具有创意性的意象来让孩子通过天马行空的想象感受实物的绘本。通过孩子熟悉的"圆白菜"这一意象，联想戴上圆白菜头套的各类动物，如蛇的身体变成一串串的圆白菜、狸猫的肚子变成圆白菜、大猩猩的身体、狮子的脑袋都变成圆白菜的样子。作者通过语言让读者或听者在脑海里构建画面，从而让每一个孩子都能构建出与众不同的动物形象。

3. 语句的创意性

在幼儿的感知中，有各种质地的语言环绕着他们。比如，在日常生活中，有与父母、伙伴对话的语言，有来自电视等传播媒介的语言，也有一些通过倾听别人读故事的书面语言。在这三种语言形式中，能给幼儿带来持久影响的、独特体验的便是书面语言。书面语言是一种具有科学性、逻辑性的语言形式。幼儿期如果没有体验过书面语言的世界，那么儿童在想象力和理解力方面就会受到一定的局限。特别是一些以诗句写成的绘本，幼儿能够从中感受到语言韵律、音调的和谐，从而让他们感受到这些句子中所蕴含的乐趣。这些富有创意性的语言对于培养幼儿的语言敏感力、表达力都是有帮助的。如《大河马》（［日］岸田衿子/文，［日］中谷千代子/图），它的文字部分如诗一般简洁优美、富有节奏感，并且字里行间都渗透了幽默，这种幽默感也能传播给幼儿。幼儿读到书中的语句时是快乐的，因此，它非常适合给幼儿朗读。

4. 字词的创意性

绘本的每一个字词的使用都要充分地考虑到幼儿的认知特点。绘本大多是为幼儿创作的，因此，在文字叙述方面应该尽可能地使用富有创意性的儿童化字词。这些字词的使用能够容易调动他们对整篇故事的敏感性。比如，《月亮的味道》（［波兰］麦格·格雷涅茨/文·图），这是一本真正充满了童趣的书。整篇故事主要以月亮的内心独白叙述，如"这么个小不点儿，肯定捉不到我的""小不点儿"，这是幼儿经常从大人口中听到的爱的称呼，让孩子感觉到了生活之爱。还有"咔嚓"这样的拟声词，是幼儿最敏感的一些字词，这一词语给幼儿一种像吃到了饼干、薄薄脆脆的感觉，忍不住想要流口水，会让孩子们备感亲切。

（三）艺术性

考虑到儿童认知发展的特点，再加上儿童本身对视觉形象比较敏感，因此儿童绘本创作的艺术性主要体现在视觉趣味上。顾名思义，视觉趣味就是让绘本的插图更有意思，从而让儿童有强烈的阅读兴趣去发现绘本中藏着的秘密。绘本是可以反复阅读的，小读者每次细细品味都会发现从前没有发现的新大陆。这样一来，孩子们不但会享受到绘本阅读带来的乐趣，还会自发地、主动地去思考，在阅读中体会艺术，在阅读中学会思考。创造视觉趣味的手段有很多种，在这里主要介绍戏剧性、节奏、分栏、出画这四种。①

1. 戏剧性

戏剧性是推动绘本故事向前发展的关键因素，没有戏剧性的设置，故事就无法走向冲突和高潮。如绘本《毛鲁斯去旅行》（［瑞士］阿洛依斯·卡瑞吉特/文·图）主要讲述的是一个叫毛鲁斯的少年独自一人去城里找叔叔的故事。开始的画面是少年一路向右走去，但是到了后面却调转了方向，向左走去。这一戏剧性的改变一定在暗示着什么。果不其然，后面的文字说明了毛鲁斯调转方向的原因：右面的路要坍塌了。

2. 节奏

为了让小读者有阅读的热情和兴趣，绘本的文字生动有趣，但是故事的情节或许会发展得有点快。为了让情节稍稍慢下来，便用插图的设计来让节奏舒缓一下。

---

① 丹尼丝·I. 马图卡：《绘本宝典》，160 页，王志庚译，北京，北京联合出版社，2017。

如果一本绘本全文都没有节奏的变化，就会难以吸引儿童。为了避免这一情况的发生，在绘本创作的时候绘者可以运用转换视角、留白、避免重复等手段来调节视觉节奏。同时，合适的节奏也可以让文字表达的空间更为广阔，从而带动孩子们的想象力。

如作品《当风吹来的时候》（〔英〕雷蒙·布力格/文·图）就是运用了留白来放缓节奏，留给小读者思考的空间。这个绘本主要描述了原子弹带来的灾难：一颗原子弹落到了一对老年夫妇的身边，前一页夫妇俩还战战兢兢地躲在桌子底下，但是后面却是整整两页的空白。这两页空白将故事的节奏放缓，给足了读者反应、思考的空间，此时无声胜有声。

3. 分栏

分栏就是将一个页面分成几个画格来达到特定的视觉效果，这是一种特殊的艺术表现方式。我们可以通过这种方式来控制读者的视觉阅读速度，还能够较有效地体现人物性格的多样化，除此之外，还可以表现出时间变化和物体运动。

如绘本《我》（〔日〕藤野可织/文，〔日〕高富纯/图）就是利用了分栏来控制读者的视觉阅读速度。开始将一页分成两栏，一半是"我"，一半是男生。读者会思考男生怎样看"我"，读者的阅读速度会较快。而接下来的一页分成了三栏，一栏是"我"，另外两栏是画家跟警察，这边读者速度就会减慢，慢下来思考画家、警察会怎样看"我"。

4. 出画

出画是一种通过让故事里的人物进入画面或离开画面的手法，其目的是为了体现时间变化或者运动变化。另外，出画还有一个重要的作用就是承上启下，能够引发小读者的翻页兴趣。《三只小猪》（〔美〕大卫·威斯纳/文·图）这个绘本中就有这样一个很有意思的结构，小猪从前一页的左上角到了下一页的右上角。虽然中间什么也没有画，也没有一句话交代，但是读者们却可以轻松地感受到小猪飞了好长一段距离。

（四）整体性

绘本的创作还需要遵循整体性原则。绘本的整体性主要是指将绘本中的图画与文字看作一个整体，两者的关系与其他文类不同，两者不是完全一致或者是相互排斥的关系，而是相互补充、相互依赖、相互制约的。绘本中图画与文字的关系非常重要，很多学者对绘本的概念就是从绘本的图画与文字的关系来定义的。伦纳德·S. 马库斯称绘本为"跨越图画世界和文字世界的对话"。美国画家芭芭拉·库尼这样描述绘本的图画与文字之间的关系：绘本像是一串珍珠项链，图画是珍珠，文字是串起珍珠的细线，细线没有珍珠不能美丽，项链没有细线也不能存在。可见，一本绘本的故事是图画与文字一起呈现出来的。绘本中图画与文字的关系有如下几种。

1. 对称关系

图画与文字的对称关系，是指图画和文字同时进行，共同讲述一个故事，文字是对图画的描述与渲染，图画是对文字的视觉呈现。

比如，《小塞尔采蓝莓》（［美］罗伯特·麦克洛斯基/文·图）中有些场景体现出了对称关系。故事中提到了小塞尔和小熊在采蓝莓和吃蓝莓的途中跟错了妈妈，文中写到"树丛里传出脚步声，她想一定是妈妈。错啦，那是小熊的妈妈"，"树丛里传出脚步声，小熊想一定是妈妈。错啦，那是小塞尔的妈妈"。画面中小塞尔跟妈妈上山时，是从左面爬上去的；小熊跟着妈妈上山时是从右边爬上去的。但是爬着爬着，小塞尔和小熊就换了位置，小塞尔在右面，小熊在左面。小塞尔妈妈和小熊在左面山坡上，熊妈妈和小塞尔在右面山坡上。文字直白地描述出小塞尔和小熊跟错了妈妈，图画中从方位上体现出了小塞尔和小熊跟错妈妈的场景。

2. 补充关系

图画与文字的补充关系是指图画和文字相互补充，文字可以对图画的内涵进行补充解释，文字中没有呈现出来的也可以用图画补充。

《和甘伯伯去游河》（［英］约翰·伯宁罕/文·图）的第一个画面中只有一句简单的文字介绍——"他就是甘伯伯"。而图画中，甘伯伯的形象却十分生动，甘伯伯站在自家小屋前面，头戴一顶草帽，身穿西装、牛仔裤，脚踩一双雨靴，手里还拎着一只不知做何用处的水桶……图画使读者产生了"甘伯伯到底是什么样的人"的疑问，促使读者继续读下去。

3. 对应关系

图画与文字的对应关系是指图画和文字不能单独呈现整个故事，必须结合起来才能讲述完整的故事。也就是说"文字告诉我们图画没有显现的东西，图画则告诉我们文字没说的事情"。

图画与文字对应关系可以表现为主观性与客观性的对应。绘本在叙述故事的过程中，为阅读者提供了两条路线。一条是由文字部分体现出来的主观的、明显的、表面的现象，另一条是由图画部分体现出来的客观的、隐秘的、内在的现象。

《母鸡萝丝去散步》（［美］佩特·哈群斯/文·图）就是最好的例子。由于文字主观性的描述只是一部分事实——母鸡萝丝去散步，她穿过农家院，绕过池塘，翻过干草垛，经过磨面房，钻过栅栏，路过蜂箱，最后回到鸡舍，正好赶上吃晚饭。如果只读文字部分显然特别的平淡无奇，而如果你观察图画，你就会发现"叙述的重点在于隐藏在文字背后的事实"：图画中客观地出现了一只饥肠辘辘的狐狸在后面跟着她、想要吃掉她，但是每次想下手的时候，都会被耙子、池塘、面粉、手推车、蜜蜂等事物戏剧化地阻挡。

图画与文字对应关系还可以表现为时间与空间的对应。时间与空间对应指文字所表达的时间与图画所表达的空间之间产生某种差距。《好饿的毛毛虫》（［美］艾瑞·卡尔/文·图）中，作者采用了拼贴的手法作画，将其中的四页分别做成五分之一至五分之四的长度。饥饿的毛毛虫开始吃东西，他吃的每一样食物上都会留下一个洞洞。按照文字描述，毛毛虫会从最后一天吃的食物的洞洞里爬出来，可是艾瑞·卡尔却将毛毛虫留在了前一天吃的食物的洞洞里。这种文字与图画表现出的时间与空间差异、不合逻辑的处理使作品充满了趣味。

4. 矛盾关系

图画与文字的矛盾关系是指图画和文字看起来彼此是独立的内容，讲的完全不是一件事。这种关系可以触发阅读者思考超出画面和文字之和的新意义，在同一版面内让图画与文字表现的是不同的内容，图像不具体阐释文字内容，图画与文字分别平行叙事，使两者"并肩而行"，也可以称为"图文并行"。

《莎莉，洗好澡了没》（［英］约翰·柏宁罕/文·图）和《莎莉，离水远一点》（［英］约翰·柏宁罕/文·图）是约翰·柏宁罕所著的姊妹篇，这两本书都可以体现出图画与文字的矛盾关系。

《莎莉，洗好澡了没》中第一个画面是小莎莉坐在浴缸中，妈妈在旁边为莎莉放水并送来了浴巾，之后的对页中左边画面和文字描述的是在现实生活中的妈妈一边做着家务，一边唠叨着莎莉；而右边，莎莉早把妈妈的话当了"耳旁风"，已经跟随自己的想象进入了一个五彩缤纷的童话世界，已经坐在了骑士的马上……左边的文字是现实空间，右边的图画是想象空间，文字与图画的情节在同一时间分别展开，并行叙事。当然，这里面还存在着一个我们看不到的故事——现实中莎莉的故事。

《莎莉，离水远一点》这本书也是运用了同样的手法。莎莉和爸爸妈妈在海边玩，爸爸妈妈躺在沙滩上不停地嘱咐莎莉注意安全，但是莎莉早已经进入自己的想象世界中了。

一本绘本中所有页面的图画与文字的关系不一定是单一的一种关系，有可能同时存在上述几种的关系。如《丢饭团的笑婆子》（［美］阿琳·莫塞尔/文，［美］布莱克·兰特/图）中，一个爱笑的老婆子的饭团突然滚动起来，她一直追着自己的饭团，追到了地下恶鬼的家中，书中的文字与笑婆子追饭团的彩色画面是对称关系。可是图画中还同时出现一个戴着草帽的老头子在找笑婆子，并且用天气变化来表示时间的推移，这个时候的图画中的黑白画面与文字又形成了对应关系。又如《爷爷一定有办法》（［加］菲比·吉尔曼/文·图）的描绘手法也是类似于这样的。但是无论是哪一种关系，图画和文字的地位是同等重要的。

二、文字语言创作特点

（一）浅语化

绘本语言要浅语化，就是绘本的文字语言要浅显易懂、明白流畅。中国台湾儿童文学作家林良指出，"浅语的艺术"是儿童文学的核心艺术精神。林良认为，"浅语"是指"儿童听得懂、看得懂的浅显语言"。提炼儿童日常生活中的口语或者是模仿儿童生活中的稚语（包括儿童在生活中听到的各种声音）作为作品中的素材是幼儿绘本语言创作的一个途径。这些语言是儿童所熟悉的语言。在绘本文字语言创作中，对这些浅白易懂的儿童语言进行筛选、加工，不仅令其浅白自然、不失童趣，而且还使语言极具天然本色，受到儿童的喜爱。

"林良童心绘本"系列中的故事都极具浅语化。《我要一个家》（林良/文，张化玮/图）中有两只大狗两只小狗，其中一只叫咪咪，一只叫哀哀。这些名字都是幼儿习惯用的语言，幼儿听起来会比较亲切。里面的对话如"会有小孩子要你吗？他说：会会会，一定会。我明天就去找"，都是幼儿在日常生活中经常听到的。他们很熟悉，很容易理解，进而乐意阅读。

林良用浅语化的语言将这样平淡无奇的故事叙述得温暖感人。林良笔下的拟人化形象，并不是被简单地赋予人类语言，而是与人类有着共同的情感的生命。作者在创作感言里做了这样的表述：为了让孩子能够放心从事快乐的阅读，特意让出现在故事里的人物都是人身狗脸的"狗人"，它们的身体和身上的穿戴都跟人一样，它们的心也都是人心，只是有一张忠厚可靠的狗脸。

（二）节奏性、韵律性

考虑到幼儿的言语发展水平，幼儿绘本语言一般具有鲜明的节奏、流畅的音韵，给读者以一种音乐的美感，让孩子在体会故事趣味的同时也能提高审美能力。短促有力的节奏造成明朗向上的音乐感，缓慢稳静的节奏造成平缓的音乐感，从而带动学生的阅读节奏随着故事的发展或快或慢。

《星星和房屋的故事》（王蕾/文，小可酱/图）中就有许多朗朗上口、富有节奏感的句子，如"他会躺在斜斜的山坡上数星星；会跑到陡峭的山峰上数星星；会游到最上游的河岸数星星……""星星似乎永远数不完，永远都看不够"。这些句子语言简洁、节奏明快，符合儿童阅读的喜好。

图 7-3　《星星和房屋的故事》内页

(三)趣味性

幼儿园阶段的儿童接触的语言需要具体生动，能够清晰地将事物的色、形、韵直观完整地勾勒在幼儿读者面前，以达到见其形、闻其声、感其韵的效果。这样儿童才会对文字语言产生强烈的兴趣。幼儿借助色彩可以对认识的对象产生强烈的直观感。动作的夸张能唤起和增强幼儿对作品中的人物或动物的注意、理解。语言有音响感也可以增加语言的趣味性。通过一些熟悉事物声音的响声词，可以让幼儿自己感受事物的外形。同时，通过这些声音可以更充分地表现事物的形象特征，使幼儿对内容有较深的印象。

为了突出语言的趣味性，在语言表达上要运用修辞手法。幼儿想象的过程中，一切形象是被拟人化的，所以幼儿会对形象化的事物感兴趣。比如，《鳄鱼怕怕　牙医怕怕》([日]五味太郎/文·图)采用拟人化的写作手法，赋予鳄鱼一些心理活动和动作表现。这是一本描绘了患者鳄鱼与人类牙医之间每时每刻所发生的微妙心理落差与变化的绘本。鳄鱼和牙医形象生动鲜明，增强了趣味性。另外，夸张性的语言往往也会吸引幼儿阅读，幼儿喜欢幻想，特别是根据一些引导性的语言进行天马行空的想象。例如，《猜猜我有多爱你》([爱尔兰]山姆·麦克布雷尼/文，[英]安妮塔·婕朗/图)中就采用了夸张性的语言描述了临睡前一对父子或母子表达爱的对话。如"小兔子对大兔子说：我爱你一直到月亮那里"，把自己对爸爸妈妈的爱夸张到无限大，留给幼儿无限的想象。

图 7-4　《鳄鱼怕怕　牙医怕怕》内页

(四)重复性

绘本语言最显著的一个特征就是有许多重复的语句，这些重复句的出现并不会让幼儿感到厌烦，相反，它对幼儿具有较强的吸引力，并且有利于他们掌握。在绘本中，一个词语或者短句的重复出现，不仅可以让他们体验到阅读的趣味，而且可以让他们在重复中理解文字所蕴含的意义，还能让幼儿有复述文字内容的可能，从而锻炼幼儿的语言表达能力。

比如在《鳄鱼怕怕　牙医怕怕》（［日］五味太郎/文·图）、《猜猜我有多爱你》（［爱尔兰］山姆·麦克布雷尼/文，［英］安妮塔·婕朗/图）等作品中都有大量重复的语句。《猜猜我有多爱你》中每一次对话都会重复"我爱你有这么多"，但是，每一次重复都有不同的含义，一层比一层爱得深。通过反复的运用"我爱你有这么多"让孩子更容易理解整篇故事内容。

三、图画的创作

(一)构图

"构图"是"造型艺术"术语，来源于西方美术。在中国传统绘画中，构图被称为"布局"或"位置经营"，它是指作品中艺术形象的结构配置方法，是艺术家为表达作品主题思想并获得艺术感染力的重要手段，是对表现元素在画面空间中的位置和相互关系的设计和安排。

1. 视觉角度

图画是绘本创作的灵魂，承载着叙述故事和表达情感的主要功能。构图是绘本图画创作的重要部分，是将绘本图画作品各个部分组合成一个整体的一种形式。不同的构图反映出来的故事情节、情感不同，给读者的视觉效果也不同。优秀的画面构图对提升整个画面的气氛以及吸引读者起着重要的作用。构图是否得当对绘本创作的成败有重大影响。从西方构图学中，最常见的构图样式有水平式构图、垂直式构图、S形构图、三角形构图、长方形构图、圆形构图、辐射型构图、中心式构图、渐次式构图、散点式构图等。

彭懿在《世界绘本：阅读与经典》一书中说："视角是指观察的俯仰角度。角度是构图最富于戏剧性变化的因素，它像迷人的色彩一样，不但会配合主题，让一个故事的视觉语言变得跌宕起伏，还会唤起人们的情感。"[1]美国的电影史学家布鲁斯·F.卡温在《解读电影》中把拍摄角度归纳为四种：鸟瞰、俯视、平视和仰视。电影通过摄影机摄制成影像画面，我们可以把摄影机的角度当作视觉角度来分析绘本中的视觉角度构图特点。

俯视也是指从高处往下看，读者居高临下，可以总览全局。比如，《小狐狸买手套》（［日］新美南吉/文，［日］黑井健/图）中黑井健用俯视的视角描绘出小狐狸对人类的不信任。图画中小狐狸站在白雪皑皑的山丘上，俯视整个灯火通明的小镇，但是不敢往前走。从小狐狸的角度着手，可以引发读者丰富的想象。运用这样的视角表现角色的绘本还有很多，如《天空在脚下》（［美］埃米莉·阿诺德·麦卡利/文·图）《当天使飞过人间》（［日］田中伸介/文·图）等。

鸟瞰是指像鸟一样，从极高的地点往下看，比俯视的视角稍微高一些。如《高空

---

① 彭懿：《世界图画书：阅读与经典》，54 页，南宁，接力出版社，2011。

走索人》（［美］莫迪凯·葛斯坦/文·图），绘者采用走钢丝的主人公菲利普的视角设计画面，让读者站在比菲利普更高的角度观看整个过程，让人看得头晕目眩。

平视是指观察者的视觉角度与画面事物的高度基本保持一致。这样的画面效果平实，具有真实性和亲切感，是最常见的一种视觉角度。平视更适合幼儿的视觉心理发展水平，对于幼儿绘本创作，可以把平视构图作为首选。比如，《妈妈的红沙发》（［美］威廉斯/文·图）就是用平视视角来表现思想内容的代表作品。故事采用第一人称，图画通过平视视角设计，讲述了小女孩一家在遭遇火灾后积极地重建家园、努力攒钱买沙发的故事，赞扬了祖孙三人勤劳、坚强、生活简朴的优秀品质以及不怕困难、心怀希望的生活态度。《妈妈的红沙发》采用轻松、柔和的画风、亲切自然的平视视角表现故事内容，体现故事的精神，容易与读者产生共鸣。

仰视是指抬头从下往上看。仰视的对象是榜样、是偶像，令人崇拜和敬畏的人。仰视的视角设计利于表现角色形象的高大、崇高，容易让读者感受到征服感、压迫感，并反衬出仰视主体的渺小、平凡。比如，《两只坏蚂蚁》（［美］克里斯·范奥尔伯格/文·图）是仰视视角应用的经典作品。作品采用蚂蚁的视角描绘出高不可攀的阳台、高大的咖啡杯、草丛变成了森林等。图画多处用仰视的视角表现生存环境的巨大，使读者站在蚂蚁的角度，给读者带来压迫感，借此反衬出蚂蚁的渺小和脆弱，生动地表现了两只"坏"蚂蚁逃跑后的种种遭遇，令人忍俊不禁。

2. 线条

构图中线条的使用也是非常重要的环节。线条可以分为直线、曲线、锯齿线等，有粗有细，可虚可实。线条不仅可以用来勾勒轮廓、塑造形象，还可以表达进行中的动作。线条有自己的语言与情绪，如愤怒、镇定、恐惧、悠闲、紧张等，每种语言和情绪也有自己独特的表现形式。比如，垂直线条让读者有直接、严肃以及上升下降的感觉，富有生命力与伸展感，增加稳定性和强度；水平线条让人有静止安宁感，引导读者的视线从左向右移动；斜线条有运动、速度、飞跃的感觉，自然随意；粗线条显得稳中有力，细线条纤弱精致。

(二)画面布局

画面布局通常有两种，一种是跨页版式，另一种是单页版式。跨页插图横跨两个页面，这种设计适用于风景画或人物较多的故事场景。跨页上可以没有文字，也可以在两个页面上都配上文字。单页版式的插图仅占双页面的其中一页，大段文字往往设置在另一页。通常情况下，绘图者会交互使用单页布局和跨页布局，它们会遵循两个原则。

1. 对比原则

《白与黑》（［美］塔纳·霍本/文·图）中，作者用白色剪影把纽扣、小鱼、小船等常见用品放置在每一页的黑色背景上。而《黑与白》（［美］大卫·麦考利/文·图）则正好相反，这本图画上将黑色的物体放置在白色的背景上。

2. 强调原则

在《野兽出没的地方》([美]莫里斯·桑达克/文·图)中,桑达克塑造了一个叫迈克斯的小男孩。读者通过第一幅插图就知道了他的形象和名字。在这幅插图中,迈克斯被送到他自己的房间,他双臂交叉在胸前,无视他所处的困境。虽然房间里有床、毯子、柜子等物品,但是读者的视觉焦点仍然是迈克斯。桑达克使用留白空间让插画发挥叙事作用。

《母鸡萝丝去散步》([美]佩特·哈群斯/文·图)全部使用了跨页布局,这种设计可以产生强大的视觉感染力。因为读者已经熟知这个故事,关键要看插图如何表现出狡猾的狐狸尾随萝丝在黄昏前散步的情形。从封面开始,几乎每个跨页中都把狐狸画在页面的左下角,激发了读者的好奇心。如果采用另外一种方式,交替使用跨页布局和单页布局,这本书的魅力将大大降低。

(三)角色形象

1. 角色类型

(1)无生命的事物

绘本中有很多对无生命事物的塑造。绘者用拟人的手法赋予它们人类的情感、动作,让它们在绘本中"活"了起来,这样的形象深受孩子们的欢迎。另外,这样的形象也更会引起孩子们的情感共鸣。在孩子的日常生活中,当他心爱的玩具车从桌上摔到地上的时候,他会觉得玩具车一定很疼。绘本角色引入这些无生命事物的形象也更能激起孩子们的同情心。

在绘本作品《垃圾车来了!》([美]凯特·麦克姆兰/文,[美]吉姆·麦克姆兰/图)中,垃圾车有眼睛、有鼻子、有嘴巴、有牙齿、有胡须,跟孩子们日常见到的由钢铁制成的冷冰冰的垃圾车完全不同。这个作品里的垃圾车充满着活力,还带着一丝小调皮,因为它还会在自己装满了之后打个大大的响嗝。这样的垃圾车怎么会不得到孩子们的喜欢呢?

(2)动物形象

在儿童文学作品,尤其是幼儿文学中,动物的形象经常出现。动物的形象都是小小的,很可爱,就像儿童一样。绘本中动物的形象一般都具有人的影子存在,例如狐狸是狡猾的、乌龟是慢吞吞的、狼是凶残的……这些动物也被拟人化,它们会说话、会走路、还穿着衣服,这些角色形象的背景有的是在与人类类似的社会中,也有的回归自然,在动物本该生存的大自然中。无论是哪一种,都能引起孩子们的兴趣,因为孩子们天生对这个世界有一颗强烈的好奇心。

日本绘本《鼠小弟的小背心》([日]中江嘉男/文,[日]上野纪子/图)中的角色都是动物形象,猴子、海獭、狮子、马、大象都一起生活在这里。这本绘本里的动物形象都是可爱的、单纯的,没有一个反面形象。虽然老鼠在儿童文学作品中的形象一般都是负面的,但是这本书中的老鼠大方、乐观。它不但将自己心爱的小背心借给森林里的伙伴们，最后就算背心被撑大到像根绳子也没有生伙伴们的气，而是用它在大象的鼻子上荡秋千。这个作品向小读者们呈现了一种单纯、美好的人际关系。

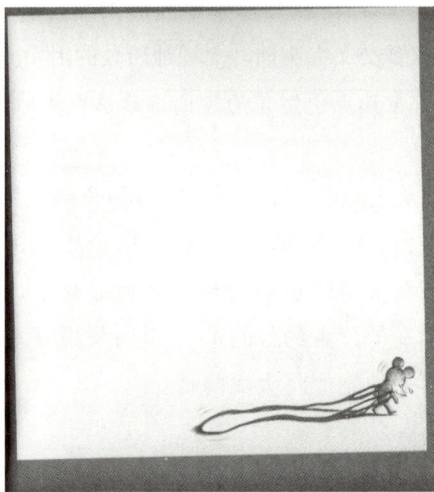

图 7-5 《鼠小弟的小背心》内页

（3）日常人物形象

幼儿绘本中的日常人物形象也很多，如家人、朋友、同学、老师等。这些都是孩子们每天要见面、相处的人，也是儿童最喜爱的、最熟悉的人。这类人物角色很能引起孩子的代入感，阅读有这样角色的绘本会让孩子备感熟悉，也会让孩子更好地去爱他的家人、爱他的朋友、爱他的小伙伴。

比如，《爷爷一定有办法》（〔加〕菲比·吉尔曼/文·图）中主人公约瑟就有一个爱他并且手很巧的爷爷。约瑟的爷爷总是能够用一双巧手满足他的要求。一开始爷爷用他的巧手为约瑟做了条毯子，后来爷爷又将这条毯子改成了外套、背心、领带、纽扣。儿童在现实中一定也有这样的长辈，他们疼爱自己的孩子，尽自己最大的能力来满足孩子的愿望，因此这样的绘本很能引起孩子们的共鸣。

2. 角色造型

关于绘本的造型，不但要真实可信，也要前后连贯一致。而且对于幼儿绘本来说，最重要的就是要有童心、有童趣，将原本静态的、无生命的事物赋予生命，或者将原本不会说话的动物们拟人化，让它们都"活"起来、变得可爱起来。不同的造型会给人带来不同的心理感觉和视觉印象。

如绘本《小石狮》（熊亮/文·图）中，小石狮本是没有生命的，但是绘者却给了它生命，它有大大的眼睛、圆圆的脸蛋、甜甜的微笑……这样的形象让绘本变得更加有趣，儿童也容易将自己代入其中，大大加深了作品对读者的吸引力。

（四）画面

1. 表现形式

绘本的画面往往由很多艺术元素构成。主要包括颜色、亮度、线条、形状、空间五个方面。

（1）颜色

颜色是图画中最突出的表现形式。由于幼儿对颜色有极其高的敏感度，所以，任何一本绘本中的图画都是由多种颜色填充而成。当幼儿拿到一本绘本时，他首先会对图画的颜色产生特定的生理和心理反应。比如，蓝色通常与人的悲伤心情相联系，绿色则通常与人的嫉妒心情相关。颜色在绘本中可以表现故事的背景、主题、气氛。

（2）亮度

亮度指的是颜色的明暗程度。一般来说，暖色（红、黄、橙）表现为亮度较高的颜色，而冷色（蓝、绿、紫）表现为亮度较低的颜色。亮度可以用来体现图画中物体的深度、体积和人物的心情。幼儿在观看图画的过程中会不知不觉沉浸在颜色的感染中。

（3）线条

线条有粗有细、可虚可实，有直线、曲线，也有锯齿线。不同类型的线条可以传递给幼儿不同的感觉。直线可以让幼儿感觉到宁静，引导他们的视线沿着一个方向移动。曲线则传递出感性、组织性和节奏感。锯齿线可以表达热情、愤怒和能量。

（4）形状

形状是图画中另一显著表现形式。图画中的形状可以简单也可以复杂，通常情况下，幼儿对形状有自己的认知世界。形状可以是规则的，也可以是扭曲变形或不规则的。规则的形状（三角形、矩形、正方形）经常用来表现事物的秩序感和设计感，而不规则的形状往往表现出万物的自然性和真实性，象征着万物的自然状态。

（5）空间

空间是指视觉上的维度效果。空间可以是平面的，也可以是立体的。绝大多数绘本的画面空间都是二维的平面图。在二维空间中，线条和轮廓线描绘出平面的世界；在三维空间中，线条和轮廓线描绘出立体的世界，物体和人物仿佛都深深地向纵深处后退，深入画面中。

2. 表现风格

不同的绘本表现风格也不尽相同，但是，它们的一个共同点都是趋于幼儿喜爱的风格来表现。绘本中常见的表现风格有卡通风格、抽象派风格、印象派风格和超现实主义风格。

（1）卡通风格

绘本中的图画关键就在于形状、线条以及颜色的勾勒。卡通绘画者如果能将这三者完美融合，那么其笔下一个个鲜活的卡通形象就会跃然于幼儿的眼前。许多卡通画家都有自己的风格。比如荷兰画家迪克·布鲁纳的米菲系列丛书，绘画者仅仅用最简单的形状、符号就可以创作出经典的人物形象。他用两个圆点作为人物的眼睛，"×"作为人物的嘴巴，半椭圆作为人物的耳朵。再通过几种颜色的填充，一个简单、可爱、亲切的人物形象就创作出来了，而且受到全世界小朋友的喜爱。

（2）抽象派风格

抽象派画家不会拘泥于直接的艺术表达，他们通常会夸大或简化事物对象及其形式，强调情绪和感觉的表达。比如，《小蓝和小黄》（〔美〕李欧·李奥尼/文·图），它是一部世人公认的抽象派作品。在这本绘本里，作者用一蓝一黄两个近乎圆形的抽象色块代表两个孩子，讲述了一个关于爱与融合的故事。

（3）印象派风格

印象派风格的一个显著特点就是运用明亮的色彩和温柔的笔触描绘图画。他们运用颜料创造出光线支离破碎或反射的效果，力图表现对生活的感受和印象。比如，《狼婆婆》（〔美〕杨志成/文·图）中，绘画者运用光和影的互动创造出画面的平衡感。他把狼画在黑暗的阴影中，而狼的眼睛却闪闪发亮。这一设计暗示出人类对黑暗的恐惧。

（4）超现实主义风格

超现实主义风格的绘画富有想象力，强调梦幻与现实的统一，这类作品的一个显著特点就是具有丰富而细腻的细节、天马行空的构思和离奇荒诞的图像。绘画作品中的人物或物体往往是扭曲的，如同梦幻一般。以"超现实主义绘画风格"著称的是安东尼·布朗的作品。比如，《大猩猩》（〔英〕安东尼·布朗/文·图）这部作品，将视角直接放到了单亲家庭中的亲子关系。这本书开头一上来就是三幅整页的画面——安娜与面无表情的爸爸隔桌相坐在吃早餐；地上是一道长长的影子；漆黑的房间里，安娜一个人缩在墙角看电视。从背景方面来看，家里的橱柜以及脚下的地砖都呈现出一种僵硬、呆板的几何形状。而到了书的结尾，那些阴暗的背景已经被温暖的花墙图案代替了。还有环境的颜色，一开始的几页的颜色清淡、暗淡，与主人公孤单的心境相符合；到后来安娜从梦中醒来时，颜色已经变得柔和明亮了。

第二节　绘本的创意制作

绘本制作是一项综合性极强的艺术性活动，覆盖了文学、美术、设计等学科。绘本制作活动可以提高专业能力，培养人文素养与团队合作意识。

一、绘本的制作步骤

（一）构思绘本故事

第一步是绘本故事的构思，故事内容有如下创作思路。

其一，传统故事改编。这是目前中国原创绘本的一种类型，可以根据传统的民间故事、名著、神话等进行改编。

其二，根据个人的生活经历进行创编。可以通过观察与自己息息相关的社会形态，寻找值得记录的个人成长故事、生活中的趣事或者身边人的故事，将这些故事作为绘本文字部分的原型进行创作。

其三，创编故事。可以站在儿童的角度展开天马行空的想象，进行文字创编，这是相对于其他两种比较难的一种创写思路。

以上三点是从文字角度考虑的绘本故事构思。但是有一种特殊的绘本没有文字，被称为"无字绘本"。这种绘本的故事构思就要从图画入手，直接用图画讲故事。

(二)合理构图

接着是图画部分的创作。包括人物角色设计，场景布置、图文关系，色彩搭配等。以上内容在上一节绘本创作部分有详细介绍，在此不再作具体讲解。

(三)绘制完成

这是作为图画与文字并重的图书种类得以呈现的关键阶段，包括对图文关系的调整，画面的反复修改，护封、封皮、环衬、版权页、书名页等版面的设计的完善等。

二、创意绘本的制作

下面主要介绍四种典型的手制书的制作方法。更多的手制书形式还需要教师开动脑筋去积极创新。

(一)超好看的花朵书

花朵书，顾名思义，就是花朵样式的手制书。学生们可以充分发挥自己的想象，裁剪不同花种的手制书。做完之后，可以将手制书在班级展示交流，相信到时候班里就会变成一个花团锦簇的大花园！

图 7-6　　　　　　　图 7-7

1. 材料与工具

花朵形状的卡纸两张（直径约 15 厘米）、正方形彩纸若干张（21 厘米×21 厘米）、剪刀、胶棒。

2. 制作步骤

第一步，将正方形彩纸按照图 7-9 中的实线和虚线进行对折，对折之后呈现图7-10 的效果。

图 7-8

图 7-9 图 7-10

第二步，折完之后，按着图 7-11 中两条虚线将正方形向内缩，折成图 7-12 中的小正方形。

图 7-11 图 7-12

第三步，将其他的正方形彩纸按照相同的步骤进行折叠，如图 7-13。

图 7-13

第四步，将彩纸的开口朝上，两两相叠，按照图 7-14 中的阴影部分用胶棒将所有的小正方形粘起来，再在两面粘上小花朵。超可爱的花朵书就完成啦！

图 7-14　　　　　　　　图 7-15

第五步，这时候，小朋友们就可以在花朵书的内页写上已经创作好的绘本故事啦！

(二)超好玩的弹弹书

弹弹书，拥有十足的弹性，让孩子们在玩中学，在学中做，可以充分激发孩子们的制作热情，体会制作的乐趣。

图 7-16

1. 材料与工具

正方形卡纸(可以让孩子们发挥想象力自由进行创作)两张(边长 21 厘米)、正方形彩纸若干张(21 厘米×21 厘米)、剪刀、胶棒。

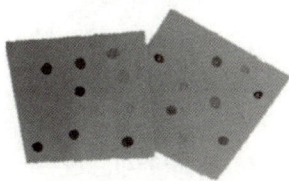

图 7-17

2. 制作步骤

第一步，将正方形彩纸按照图 7-18 中的实线和虚线进行对折，对折之后呈现图 7-19 的效果。

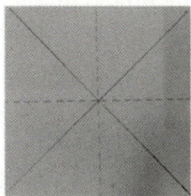 

图 7-18　　　　　　　　图 7-19

第二步，折完之后，按着图 7-20 中两条虚线将正方形向内缩，折成图 7-21 中的小正方形。

图 7-20　　　　　　　　　图 7-21

第三步，将其他的彩纸按照以上步骤，折成小正方形作为内页，如图 7-22。

第四步，按照图 7-23 内页纸的开口一上一下交错，两两相叠用胶水粘起来。

图 7-22　　　　　　　　　图 7-23

第五步，如图 7-24，将前后再粘上已经创作好的卡纸当作封面和封底，超好玩的弹弹书就制作完成啦！之后孩子们将绘本故事写到手制书的内页就可以啦！

图 7-24

(三)超可爱的蘑菇书

一朵朵的小蘑菇，给孩子们带来很特别的视觉冲击，一眼就吸引了孩子们的注意力，让他们很愿意动手去制作，下面我们就一起来体验一下吧！

1. 材料与工具

蘑菇状的卡纸两张(直径约 15 厘米)、正方形彩纸若干张(21 厘米×21 厘米)、剪刀、铅笔、胶棒。

2. 制作步骤

第一步，先按照花朵书基本型的做法，完成内页部分。

第二步，先在正方形卡纸上画一个蘑菇的模型，如图 7-

图 7-25

26，然后用剪刀剪下，呈现图 7-27 的形式。

图 7-26　　　　　　　图 7-27

第三步，其他的小正方形按照以上步骤进行制作，如图 7-28。

图 7-28

第四步，按照图 7-29 中的阴影部分将所有的小正方形粘在一起，呈现图 7-30 的形式。

图 7-29　　　　　　　图 7-30

第五步，最后，如图 7-31 所示，将小朋友们自己设计的小蘑菇粘到前后两面，成为封皮和封底，超可爱的蘑菇书就制作完成啦！内页留给小朋友们进行绘本创作哦！

图 7-31

(四)超有趣的灯笼书

灯笼书，合上的时候就是一盏红红的灯笼，打开的时候就是一本个性十足的手制书。我们先来欣赏一下它的"高颜值"，再具体说明它的制作步骤。

图 7-32   图 7-33

1. 材料与工具

4 张长方形彩纸(最好是红色，60 厘米×10 厘米)、2 张灯笼形状的红色卡纸(直径 60 厘米)、剪刀、胶棒。

图 7-34   图 7-35

2. 制作步骤

第一步，每张长方形彩纸对折三次，然后一正一反摊开如图 7-36。

图 7-36

第二步，如图 7-37，一张纸从底部正中间，往上剪一条直线达到中心点。另一张纸同样往上剪一条直线过中心点，比第一张纸多剪 0.2 厘米。

图 7-37

第三步，如图 7-38、图 7-39 所示，将两张纸的切口对插。

图 7-38   图 7-39

第四步，切口对插完成，如图 7-40、图 7-41 所示。摊平就可以书写文字和画插图啦！

图 7-40   图 7-41

第五步，按照图 7-42 中所示，将两张灯笼纸粘在前后两端，超有趣的灯笼书就搞定啦！

图 7-42

以上主要介绍了四种手制书的制作。更多形式的手制书还等待着老师们的不断探索。

问题讨论

绘本文字语言创作的趣味性和重复性矛盾吗？为什么？

课后练习

1. 选择感兴趣的主题创作一本绘本，并用所学方法制作出来。
2. 简述绘本的创作原则。

下　编

绘本与学前教育

第八章　绘本对学前教育的特殊价值

学习目标 ▶

1. 理解绘本对于学前教育在早期阅读方面的独特价值。

2. 初步了解绘本的艺术元素，理解绘本在幼儿艺术教育和审美教育的价值。

3. 能够对经典绘本的价值进行比较全面的分析。

学习导图 ▶

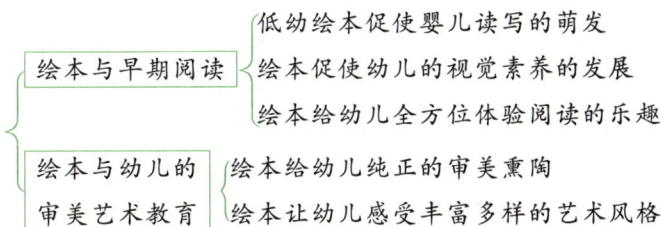

学习导言 ▶

　　《幼儿园教育指导纲要（试行）》（以下简称《纲要》）把"喜欢听故事、看图书"规定为学前教育的目标之一。并且《纲要》对落实这一目标提出了"培养幼儿对生活中常见的简单标记和文字符号的兴趣""利用图书、绘画和其他多种方式，引发幼儿对书籍、阅读和书写的兴趣，培养前阅读和前书写技能"等具体要求。学前教育工作者为了更好地落实《纲要》精神，必须牢记目标理解要求，在工作中落实。文件中所说的"前阅读"和"前书写技能"，是指发生在正式阅读之前的阅读和书写。前阅读是指学龄前儿童的阅读。学前教育的目标是为幼儿后继学习和终身发展奠定良好素质的基础，让幼儿度过快乐的童年。孩子在开始正式学习读写之前的读写萌发，以及理解图画能力的视觉素养是前阅读的基础。绘画是绘本的主要表现手段，绘画是艺术的一大门类，阅读绘本获得故事接触绘画成为必然。本章主要讲述绘本在幼儿早期阅读和艺术启蒙方面的特殊价值。

第一节　绘本与早期阅读

一、低幼绘本促使婴儿读写的萌发

低幼绘本中的玩具书，因为它们都有着独特的创意，有人叫它创意绘本。的确，玩具书为了吸引孩子玩耍触摸，让孩子爱上阅读，都在设计上别出心裁。比如触摸书，它的内页采用特殊的手感设计，材质从粗糙到光滑不一而同。它们吸引孩子去摸一摸、碰一碰，激发孩子触觉上的好奇心，萝西·孔哈特（Dorothy Kunhardt）的《拍拍小兔子》每一页都能摸。还有异型书它能激发孩子探究和阅读的乐趣，无论是翻翻书、拉拉书还是立体书，都能吸引孩子探寻其间。《小波在哪里?》是艾力克·希尔的翻翻书，讲述一只可爱的小狗玩捉迷藏的故事，孩子的阅读就是在书中探寻，受到世界广大儿童的喜爱。玩具书很适合 3 岁以下的幼儿翻阅，能够促使婴儿读写能力的萌发。2 岁以下婴儿对玩具书的啃咬和撕扯表明孩子对阅读产生了兴趣。绘本不仅能够引发孩子的阅读行为的发生，玩绘本还能训练翻书看图技能的发展，玩具书为孩子发展读写能力提供了非常好的机会。

读写萌发是儿童在开始阅读和写作之前所具备的读写经验。2 岁以下的儿童读写能力发展的两个关键因素是语言词汇和阅读兴趣。2～6 岁是孩子阅读意识、叙事能力、文字知识和语音意识发展的关键时期。孩子的阅读意识、阅读兴趣以及叙事能力都要依靠绘本借助亲子阅读来促使发展。研究表明，儿童接触绘本的早期经验直接影响他们在学校的阅读和学习表现。幼儿的叙述能力能够借助绘本阅读获得有力的推进和发展。每一本绘本都有一个清晰的整体设计，图画就在这一框架里建构故事。孩子读绘本就能凭借自己已有的知识和插画提供的线索来理解绘本中的故事。经常听绘本、自主看绘本的孩子就会获得理解图画叙事的技巧，叙述能力从而得到训练。绘本为儿童提供人生的第一次读写体验，是其他读物无法做到的。研究表明，婴儿的早期阅读为儿童日后的学习和阅读奠定了重要的基础。

绘本不仅能培养婴幼儿读书兴趣，形成早期阅读的习惯，还能帮助幼儿建立阅读的基础素养。亲子共读，是幼儿参与并体验文学故事的最佳方式。通过亲子阅读，不仅可以丰富幼儿的语言体验，还能通过重复阅读不断提高幼儿的词汇量。最重要的一点，绘本为亲子感情架构起一座桥梁。家长把对孩子的爱借助读绘本传递给孩子，这是看电视听广播无法达到的。在婴儿期，让孩子感觉到爱是孩子身心健康的最根本的保证。另外，绘本为幼儿提高了早期的美学体验和艺术经验，让他们感受到文字和图画是如何互动和叙事的，孩子从小就爱上书、爱上阅读。美国波士顿大学早期阅读专家朱迪思·史奇德斯指出，儿童有四种典型的早期读写行为，即拿书行为、读图行为、理解行为和语用行为。20世纪以来出版商针对低幼儿童出版了大量的样数繁多的低幼绘本，供应幼儿的前读写训练，满足孩子的阅读需要。

二、绘本促进幼儿视觉素养的发展

绘本阅读能促进幼儿视觉素养的发展，在学前教育中的价值是独有的，是单纯的文字书无法替代的。视觉素养是一种怎样的素养？对我们的生活有多大的意义呢？视觉素养是通过图画来实现沟通和理解的过程的。发展视觉素养就是要锻炼有效地分析、评估、鉴别和解读图像中所蕴含的信息的能力。一个具备视觉素养的人能主动地解读图画的意义，而不是被动地接受。视觉素养是理解和运用图画媒介进行沟通和表达的能力。插图是绘本的一个核心要素，它能赋予一个故事生命和力量。除了插图外，绘本的页面构图和设计也有助于建立故事的场景、定义人物角色、发展故事情节并提供不同视角。读者就是借助视觉从图画中获得故事的意义，从而进一步增强阅读体验的。

当一本绘本同时运用插图和文字进行叙事时，图文之间就会产生协同效应。图文结合共同为读者创造视觉的体验。插图伴随着文字一行一行、一页一页的叙述，线性的文本让读者理解故事，而插图则是一系列的非线性的视觉图像吸引眼球的细节。在绘本的阅读过程中，幼儿同时进行线性文本和非线性图像的阅读，图文共同叙事以及翻页带来的戏剧效果，为儿童提供一个独特的阅读体验。就如巴巴拉所说"图画书是儿童的一种经历和体验"，人们很难找到一种更好的方法来描述绘本的文字和图画相叠加造成的魔法效应。

阅读绘本时，读者的眼睛和大脑在随着文本进行线性运动的同时，也随着图像进行着非线性的运动。书中的插图以一种类似镜头的方式发挥作用，有时与文本协调呼应，有时与文本相抵矛盾。绘本中的前一页和后一页是联系的，每次翻页都会得到新的信息，带来动感体验。这种交融着视觉观察、知识积累、大脑联想推测的行动过程，是阅读其他文字书所不可能有的。不同的读者解读同一幅插图时又有不同的理解层次。图文共叙或图文互斥为绘本的故事内容，语境和形式带来了多元变化，能使小读者读懂绘本，又增加了难度和障碍，所以吸引读者反复阅读和琢磨。一些绘本运用隐喻和象征把故事提升到出神入化的境界。莫里斯·桑达克的绘本就能给读者带来多层次的理解。他的《野兽出没的地方》在文字的层面上讲述了小男孩麦克斯因为淘气没有吃晚饭就被硬性地关到屋里的故事，可绘本的插图却在视觉层面上，表现了麦克斯借助幻想去野兽出没的地方历险的故事。安东尼·布朗的绘本《我爸爸》《大猩猩》《形状游戏》中的插图都蕴含了丰富的内容和象征意义。安东尼和桑达克的绘本都能被多层次解读。借助这些优秀绘本的阅读，幼儿能增加对图和文之间关系的理解，锻炼解读图画传达的观念和思想的能力，积极努力地识别图画背后要传达的寓意及象征。

绘本是借助绘本作家的眼睛，将世界的意义以微缩的方式呈现在幼儿读者面前，它让幼儿对生活中那些有意义的形象和现象予以注意，并在注意中学会用心观察和体会这些事物。绘本的插图不同于电视、动画中的移动画面。对于幼儿来说，那些快速移动的影像并不利于他们视觉能力的发展。电视屏幕上闪烁的画面，对孩子的刺激反应，让孩子变的过度兴奋、神经质和急躁。孩子如果不能应付电视上的屏幕画面，就会启动自我保护机制，干脆对外界关闭。绘本中的插图和电视、动画上的图画相比，绘本中的插图既是运动的，但同时又是静止的。当我们按照顺序翻看一本绘本时，每一页的情景都在推进，但是每个画面自身又是相对静止的，它像一幅静态的绘画作品展现在读者面前。读者根据自己的生活经验和对图画的理解能力去发现潜藏在图画中的内容和细节。和急速更替的动画相比，绘本为孩子提供了更充足的观察时间和空间。孩子可以自主的决定翻页的速度和在每页插图上的停留的时间，任凭自己的兴致来搜寻需要的信息，体味他所发现的意义。这是电视、动画很难做到的。阅读绘本伴随着孩子的主动观察和探索，同样也伴随着联想和推测。例如，阅读无字绘本《猜猜看——谁做了什么？》（［法］热尔达·穆勒/文·图），幼儿读者首先要仔细观察画面上脚印的方向，以及脚印周围的各种生活迹象，推断故事中的主角这一天做了些什么事情。在这个过程中，读者不单要在单幅画面上寻找到有关故事主角踪迹的那些"符号"，而且需要对前后画面的不同信息的连续性记忆，以便在想象中建立起一个完整的叙事。在这本书的第一个跨页上出现了一个褐色的木箱、一块红布、一圈绳子，在最后一个跨页上再次出现这三样东西，只不过是变成了一顶帐篷。其他在第一页看到的两样在帐篷上都看到了，但是它多了一根支撑帐篷的长树枝。通过集中注意力认真观察和推理，读者发现这根树枝正是故事中的脚印在雪地上走了一圈的目的。整个故事都围绕着寻找和搬运这个树枝的过程展开。这个绘本让孩子在故事有趣的构建中获得一种阅读的乐趣和成就感，同时最大程度地训练孩子的观察力、记忆力、想象力和推理判断能力，这就助推了儿童视觉素养的形成。由此可以看出，绘本是帮助幼儿发展视觉素养的理想工具，阅读绘本是促进孩子发展早期素养的一种特殊而重要的途径。幼儿阅读绘本能学会阅读图画，读懂图画如何表达意义，培养幼儿理解图画与故事的关系的能力，发展幼儿阅读插图发现故事中的观点、主题或问题的能力。

三、绘本给幼儿全方位体验阅读的乐趣

"儿童文学价值在于它不是一种简易的文字，而是要用单纯有趣的形式讲述本民族甚至全人类的深奥的道义、情感、审美、良知；唯有这样，才能写出真正感动自身，感动儿童，同时感动全人类的作品。"[①]绘本的整体结构感和平衡感，与儿童的

———————

① 秦文君：《漫谈儿童文学的价值》，载《南方文坛》，2007(1)。

天性和个性进行着友好的融通，它以线条、空间布局设计为幼儿描绘出立体世界，给儿童全方位感知世界的机会。可以让儿童保持冒险的、开放的、潜在的灵性来感知世界和认识自我。在绘本能使儿童的想象力得到无限可能的拓展。法国的艾姿碧塔在《艺术的童年》中说："对儿童来说，图画仍然像个奇迹。因为，它将一切属于三维空间的东西缩减成二维空间。而且，它的影响力经常比语义上所表现的更大。"①的确如此，美国山姆·麦克布雷尼和安妮塔·婕朗合作的绘本《猜猜我有多爱你》，用很简单的故事形成画面，讲述一个大兔子和一个小兔子进行的爱的比赛故事。故事是由不肯睡觉的小兔子发起，它要大兔子猜猜自己有多爱它而展开比赛。小兔子表达爱是从身体开始，因为身体的优势每次都以大兔子取胜而结束。小兔子用尽全部身体后接着用想象力和诗表达对大兔子的爱。最后的画面是柔和的月光下两只兔子依偎着进入温暖的梦乡。一场真挚感人的爱的表达的比赛，用游戏的方式形象地把爱的复杂与单纯、深邃与肤浅融入暖暖的画面中。不需要说出爱是什么，不需要知道爱需不需要表达的道理，孩子都能随同大兔子和小兔子进入图画所描述的艺术世界，用直觉感受绘本传递出来的爱的温暖。

再来看一本绘本，它取材于民间故事，是一个主题深刻、包含无限可能的故事，无论是从故事的构成，还是从画面的表达上都堪称绘本中的经典，它就是菲比·吉尔曼的绘本《爷爷一定有办法》。故事发生在一个小镇上，小镇的自然环境和人文环境让人感觉亲切熟悉，镇上的房屋低矮朴实，街道上的石子路被磨蚀的光亮溜滑，邻里的相处、商贩的叫卖都为故事营造出一个温暖平实的气氛。这样的气氛中，一个裁缝家里发生了一个简单奇妙的故事。爷爷为迎接孙子约瑟的出生，做了一条漂亮的带着星星图案的蓝色毯子，婴儿约瑟盖着爷爷做的温暖的毯子甜美入睡。随着约瑟的长大，毯子破旧了，妈妈让约瑟把毯子扔掉。约瑟却坚定地说："爷爷一定有办法。"然后在爷爷愉快的劳作中，毯子变成了外套、背心、领带、手帕和纽扣。最后纽扣丢失了。约瑟拿起笔来写成了一个奇妙的故事。孩子身体成长的过程，伴随着时间的消逝，一些东西渐渐老去和消失，但精神和情感在这一过程中逐渐成长起来。"爷爷一定有办法"像绘本的主题词，一唱三叹贯穿故事始终。约瑟的衣物每次在老旧之后，都被爷爷神奇的变成约瑟珍爱的东西。约瑟就是在这一点点的日常琐事中长大的，虽然他的童年物品不能用了，但是爷爷的智慧和爱以及生活态度和品质已经深深地融入他的生命里。更奇妙的是，绘本的插图具有无限可能的空间感和现实感。在约瑟的生活里多了一个妹妹，妹妹也和他一起长大了。绘本中也有许多关于小妹妹的成长的细节，妈妈市场上买服装时膨胀的肚子，奶奶为妹妹织的黄色的毛衣，还为妹妹洗澡。约瑟的伙伴，那个穿红衣服的小女孩，她也长大了。插画也绘出了他们在一起玩的有趣细节。绘本中的每一个人都在用生命解说着时间和空

---

① ［波兰］艾姿碧塔：《艺术的童年》，146 页，合肥，安徽教育出版社，2005。

间，孩子具有成长性的解说更具冲击力。绘本中的图画不仅仅跟着约瑟一家走，故事外还有无限的故事，木质住房、穿街的溪流、古老的水龙头、街坊、老人、小贩、鹅群、马车……都能吸引孩子的目光。它的画面经常分上下两层，两代人的家具摆设，生活细节，都同步展现在读者面前，读者欣赏的世界和想象的空间扩大了，阅读的信息量增大了。儿童打开绘本，体验到的不仅仅是一个约瑟成长的故事，而是全方位的人生乐趣，彻底地突破了文字故事线性发展的制约。

更奇妙的是，与约瑟一家的故事互相对应，在地板下的老鼠一家的故事。故事位于绘本下端占 20％ 的画面，没有文字。用以链接两个故事的是那块蓝色的料子。随着约瑟的长大，约瑟用那块蓝色料子做的物件越来越小。那些用不上的料子都去了哪里？在地板下老鼠家里，它们都在那里派上了大用场。开始是两只老鼠结婚的头饰。随着老鼠的不断繁殖，老鼠家族的不断繁衍扩大，小老鼠穿上了蓝料子的服装，挂上了蓝窗帘，铺上了蓝桌布和床单，整个家都成了蓝色的。最后。老鼠一家围在一起讲故事。小故事热闹温暖令人感动。生活在地球上的人类并不孤单，还有那么多生生不息的生命和我们相伴。在这个世界上还有些我们看不到的生命，也传递着爱。小老鼠的世界让孩子们更着迷并且能产生更深远的影响。

绘本用插画和文字共同叙述一个的故事，作者透过插画和文字两种媒介在两个不同的层面上交织、互动来讲述故事。绘本中插画和文字以不同的方式传达不同的信息，插画涵盖的是空间而非时间，不容易表现因与果、强势与附属以及可能性与实际性等短暂的关系。语言所涵盖的是时间而非空间。插画无法传达出所描绘的古早之事，也无法呈现梦境和臆测。插画和文字就利用各自的优势共同讲述。插画为了达到故事情节紧张、曲折或舒缓的效果，就在整个故事过程中造成巨大落差和跳跃性，让孩子在阅读时感觉别有趣味。文字在绘本中时有时无，美妙至极。绘本所提供的独特乐趣就在于让读者感觉到插画者如何利用文字与插画的差异。从另一个角度看，要让图像这样一种已经化为空间的时间切片达到叙事的目的，插画家必须使它反映或暗示出事件的运动，必须把它重新纳入时间的过程中。这也是图画叙事的本质——空间的时间化。图像叙事可以分"单一场景叙述、纲要式叙述与循环式叙述"三种模式。绘本基本上是循环式叙述。"在循环式叙述中，图像本身没有揭示出某种时间顺序，而是观者也不能以时间因果规律去解读图像。或者说，这类作品的时间逻辑'退隐'到了画面的背后，它有赖于观者的重建。"①因此说，绘本它是一个典型的呼唤结构，只有借助阅读者阅读它才被唤醒、被完成。幼儿阅读绘本需要调动一切知识、认识、情感和想象，完成从观察力到审美力的转化，这正是绘本独特的魅力所在，同时，决定了绘本拥有单纯文字书、动漫电视电影和电子游戏所不具备的独特的教育价值。一个绘本的审美价值不只是在于故事构思巧妙与画面的精美，

---

① 尤迪勇：《图像叙事：空间的时间化》，载《中国社会学院报》，2007-12-06。

更在于它独特的叙事方式。文字的时间轴和图画运动的空间形成无数个新的幻想空间、情感空间、生活空间和人物空间，这些空间聚合在一个中心人物（约瑟）身上。随着人物的成长，一个价值空间绘本如万花筒般展示在读者面前。孩子在反复的阅读中，不断地发现绘本中隐藏着的秘密，享受着阅读带来的乐趣。

第二节　绘本与幼儿的审美艺术教育

　　绘本的制作充满了艺术创作的元素。一本绘本成功与否，设计是关键。读者对于绘本的外在感觉，主要来自绘本艺术家的设计。比如，书型、开本、护封、封面封底、环衬以及正文的文字和插图的艺术风格、色调，甚至勒口、书脊都是艺术家费尽心思设计出来的。优质绘本为小读者呈现的就是一个生命力旺盛的、有召唤意味的艺术品。

　　绘本与主要以语言文字为媒介的文学作品不同，绘本将绘画艺术纳入了作品的表达手法中。绘本的插图以具有艺术美感的视觉画面呈现，对儿童进行最初的艺术和审美的熏陶。它与一般配图童书的区别在于：优秀绘本在绘画的色彩、线条、构图、媒材选用等方面，都包含了较高层次的艺术要求。与此同时，绘本具备上述艺术层面考虑又必须以符合儿童艺术接受能力的形式呈现，从而比一般绘画艺术更容易进入孩子的心灵世界。从这个意义上说，绘本为幼儿打开了属于自己的视觉艺术世界，它是孩子最早接触的绘画艺术作品。

一、绘本给幼儿纯正的审美熏陶

　　绘本里面的内页插图是一种直接作用于幼儿视觉的被欣赏对象，它有别于幼儿通过语言文字的听读所接受的文学讯息。就后者来说，儿童在听到或者读到某一词句的时候，首先借助于已经具有的语言理解能力，将这些词语分声音或书面符号转换成形象的想象，接着才能在想象中建立起相应的内容对象。也就是说，儿童对于语言文字的理解和接受要经过一个想象的中介，而这一中介又是以语言理解能力为前提的。这就使得小孩子的文学接受受到语言层面的较大限制。但是绘本是直接将直观的形象呈现在读者面前的，其内容比文字容易理解。这也是绘本成为最常见的、最受幼儿欢迎的书籍的主要原因。绘本中的绘画不仅仅是呈现场景和人物以及人物关系，它本身是艺术的创造。优秀的童书插画家大多都经过严格的艺术训练，并对插画有着自己的独到见解。他们的作品在线条的使用、画面的构图、色彩的调配等方面，都包含了严肃的艺术方面的考量。因此在幼儿阅读绘本书时首先作用于其视觉感官的是绘画作品。绘本能够为孩子提供的是一种纯粹的和精致的艺术熏陶。

　　孩子对色彩有着天然的敏感，在各种各样的色彩中，他们尤其容易对鲜艳、明亮的色彩表现出兴趣。但是，在英国华德福教育的实践者马丁·洛森看来，过多鲜亮的颜色恰恰不利于儿童的视觉的健康发展。"视觉就像真正的味觉和嗅觉一样，看到纯净的颜色很重要。孩子对色彩的反应比成人强烈，每一种颜色产生一种内心的反应，会深入影响到孩子的整体感觉。周围的颜色要尽量纯正、色彩丰富。孩子长时间逗留的空间应有素净的、温暖的颜色。而不是耀眼、明亮的颜色和杂乱的图形。"①马丁·洛森在这里要求的是一种具有和谐美感的色彩和构图。其实这正是优秀绘本的插图必须具备的条件。这些绘本中的图画在充分考虑插图在色彩和构图方面的基本规律的同时，也融入作家独特的艺术创意。他们为儿童提供纯正的视觉欣赏艺术，从而帮助孩子养成纯正的审美感觉。经典绘本《猜猜我有多爱你》的插图用了天然质朴的水彩画，只用了三种近乎苔藓色调的颜色——土色、淡橄榄色和暗蓝色。土色画兔子、树干和栅栏，淡橄榄色画树叶和草，暗蓝画天空。这样的色彩使绘本淡然真实，幼儿就能安然自在的进入作品，感受小兔子和大兔子的真爱。英国的约翰·伯宁罕的作品也不浓彩重笔，人物大多用素描线涂抹勾勒，但他的绘本故事都非常用心。《和甘伯伯去游河》采用左右两页的板式设计，一页是单色，一页是彩色。色彩虽不鲜亮，人物也不靓丽，但绘本的插图依然洋溢着活力。

二、绘本让幼儿感受丰富多样的艺术风格

绘本的插图所呈现的艺术形式既是纯正的，同时又具有丰富多样的艺术风格。根据绘本所要传递的故事内容和情感的差异，以及画家本人对于不同艺术手法的不同理解和偏爱、凭借不同的媒材、利用他们各自擅长的表现技法进行创作，使绘本具备了不同的风格。艾瑞·卡尔善于运用拼图和水彩，将拼贴和绘画的手法结合起来制作绘本，比如，我们熟悉的《好饿的毛毛虫》《爸爸，我要月亮》。《爷爷有没有穿西装？》中，德国画家雅基·格莱亚选择了油画形式来叙说故事。浓烈的油彩、刮擦、单一的色调，既画出了小男孩失去亲人的悲痛，又释放出人们的压抑情绪。比利时女画家嘉贝丽·文生的《流浪狗之歌》，整本书都没有一个文字，画家用一幅幅速写，寥寥数笔就画出了狗的动态、表情与心境，充满了临场感，读者就好像是现场的目击者，看到了故事中的一切。这就是铅笔画的效果。《嘟嘟和巴豆》是用一幅幅水彩画讲述故事的，虽然故事一般，但其图画美丽的让人心颤，幻想、优雅、抒情如歌，每个孩子都爱它。绘本除了铅笔画、水彩画、油画、拼贴画，还有水墨画、版画、亚克力颜料画、照片、拼贴以及电脑制作等。还有一些绘本是集成艺术品，用纽扣、布料、毛线等日用品制成一种三维艺术品，有的剪纸画、布艺画、橡皮泥集成一个绘本插图也不少。绘本的艺术风格也是多种多样，《图画书宝典》讲了九种艺术风格：抽象派、卡通风格、表现主义和印象派、朴素主义、写实主义、浪漫主义和超现实

① ［英］马丁·洛森：《解放孩子的潜能》，108 页，吴蓓译，北京，人民文学出版社，2006。

主义。在《狼婆婆》中，插画家杨志成用光和影的互动创造出画面的平衡感。他把狼画在黑暗的阴影中，而狼的眼睛却闪闪发亮，暗示出人类对于黑暗的恐惧，这种注重光影运用的风格是印象派。超现实主义风格以安东尼·布朗为代表，他的插画富有想象力，在绘画中总能将梦幻和现实统一，富有丰富而细腻的细节，比如《我爸爸》《大猩猩》《谁来我家》《梦想家威利》，他总能把梦幻准确巧妙的表现在图画中。大卫·威斯纳也以超现实主义的画风蜚声童书界，他的《疯狂星期二》和《三只小猪》被成人和儿童读者喜爱。经典绘本《小蓝和小黄》就是典型的抽象派风格的绘本。在这本书里，作者完全抛弃了我们常见的具象，用了一蓝一黄两个近乎圆形的色块，讲述了两个孩子关于爱与融合的故事。绘本正是这种媒材手法和艺术风格以及作家个性的多样化，为阅读绘本的孩子呈现了一个迷人的五光十色的艺术殿堂。孩子只要走进绘本世界，感受的就是艺术的多姿多彩，这种感受是最直接的传授。对孩子来讲，绘本阅读是一种最适合孩子的艺术启蒙。

问题讨论

    1. 根据本章内容，简述绘本与艺术的内在联系。

    2. 阐释运用绘本的艺术元素对幼儿进行审美艺术教育的必要性。

课后练习

    1. 举例说明纸板书对婴幼儿阅读的意义。

    2. 说出阅读绘本能训练幼儿视觉素养的原因。

    3. 讲述自己阅读一本绘本的阅读体验。

第九章 绘本在幼儿园的应用

学习目标 ▶

1. 了解绘本在幼儿园应用的几种途径。

2. 掌握绘本文学活动、绘本早期阅读、主题式绘本活动及其相关区域活动、绘本剧编演活动的基本理论、活动形式及组织实施。

3. 能够选择合适的绘本作品进行幼儿园绘本教学活动设计。

学习导图 ▶

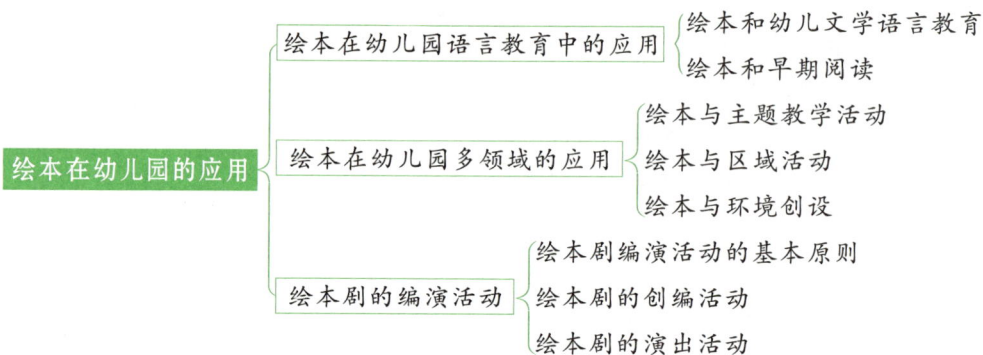

绘本在幼儿园的应用
- 绘本在幼儿园语言教育中的应用
  - 绘本和幼儿文学语言教育
  - 绘本和早期阅读
- 绘本在幼儿园多领域的应用
  - 绘本与主题教学活动
  - 绘本与区域活动
  - 绘本与环境创设
- 绘本剧的编演活动
  - 绘本剧编演活动的基本原则
  - 绘本剧的创编活动
  - 绘本剧的演出活动

学习导言 ▶

《幼儿园教育指导纲要(试行)》,提出"幼儿园的教育内容是全面的、启蒙性的",各领域可以互相渗透,促进幼儿情感、态度、能力、知识、技能等方面的发展。《3—6岁儿童学习与发展指南》也指出:"为幼儿提供丰富、适宜的低幼读物,经常和幼儿一起看图书、讲故事,丰富其语言表达能力,培养阅读兴趣和良好的阅读习惯,进一步拓展学习经验。"由于绘本在学前教育中的独特价值,近些年来,绘本在幼儿园语言教育及其他教育领域得到广泛应用。归纳起来,其主要应用途径有三个方面:其一是绘本作为文学样式的语言教育活动,充分利用绘本的文学养分和语言素材,丰富幼儿的文学体验和语言经验;其二是绘本作为专门的阅读课程组织系列,用来发展幼儿的阅读策略和阅读准备策略，以达到培养前阅读能力的目的；其三是绘本与其他各领域相结合，幼儿在各领域的绘本活动中都可以获得相关的学习经验。绘本在幼儿园中的三方面应用途径是相互补充、互有交叉的关系。

第一节　绘本在幼儿园语言教育中的应用

一、绘本和幼儿文学语言教育

(一)幼儿文学语言教育概说

1. 幼儿文学语言教育的内涵

幼儿文学语言活动是指围绕幼儿文学作品而设计组织的集体语言教学活动。幼儿文学作品包括儿歌、幼儿诗、幼儿散文、幼儿童话、幼儿生活故事、绘本和幼儿戏剧等。幼儿文学语言活动的实质是文学传递。幼儿是活动的主体，但因其年龄特征，幼儿选择和欣赏作品时需要教师(成人)的帮助。教师是幼儿和作品之间的桥梁，是文学传递的实施者，在活动过程中负责提供材料、营造环境、调控引导，引领幼儿走进美好丰富的文学世界。

2001年颁布的《幼儿园教育指导纲要(试行)》(以下简称《纲要》)关于语言教育的规定中，"文学性"越来越突出。《纲要》指出：引导幼儿"喜欢听故事、看图书"；教师应"利用图书、绘画和其他多种方式，引发幼儿对书籍、阅读和书写的兴趣"，重视培养幼儿对文学作品的热爱之情，强调了从小培养儿童文学欣赏的态度。其次，教师要"引导幼儿接触优秀的儿童文学作品，使之感受语言的丰富和优美，并通过多种活动帮助幼儿加深对作品的体验和理解"，既体现了对文学作品艺术性的重视，也明确提出幼儿欣赏文学要通过"感受""体验"等感性的途径进行。最后，使幼儿"感受语言的丰富和优美"。"丰富""优美"是对文学作品不同语言风格的高度概括，这表现出对幼儿文学语言学习的关注。

2. 幼儿文学语言教育的目标及基本结构

(1)幼儿文学语言教育的目标

培养幼儿对文学作品的兴趣。兴趣是最好的老师。在日常活动和教学活动中，引导幼儿逐步养成对文学的稳定兴趣，实现文学语言教育的长效功能。

幼儿能够听懂文学作品的内容。让幼儿逐步了解文学作品的基本理解方法，即作品中有什么人、什么事，能对主人公及事件做出评价，能记住作品里情节的顺序等。在此基础上，引导幼儿体验作品表达的情感或情绪。

培养幼儿欣赏文学作品的能力。幼儿接受文学作品的主要途径是"听赏"，教师首先要引导幼儿专心倾听。在听懂作品内容的基础上，逐步培养幼儿评判性倾听的态度，使其对作品中的美好人物、美好画面产生愉悦感，陶冶情操。

幼儿学习文学作品中的艺术性语言。文学作品是语言学习的范本。指导幼儿学习不同体裁、不同风格的语言表达形式，丰富其语言学习经验。

幼儿讲述、朗诵作品，初步掌握口语表达作品的技能。讲述、朗诵作品时，幼儿学习如何运用声音的变化，来生动表现作品内容，增强作品的感染力。

（2）幼儿文学语言教育活动的基本结构

幼儿文学语言教育活动的基本结构一般有以下几项。

初步熟悉作品：创设情境，引出作品，教师通过讲述等方式让幼儿熟悉作品，帮助他们排除作品中的认知、语言、社会知识等障碍。

理解体验作品：教师组织与作品内容有关的活动，帮助幼儿深入理解和体验作品的人物、情节，以及作品的情感、语言与意境美。

迁移作品经验：教师进一步组织与作品重点内容有关的活动，使幼儿将自己的作品体验整合纳入生活经验中，促使幼儿的直接生活经验与文学作品的间接经验实现双向交流。

创造性想象和语言表述：在前三个层次的基础上，教师进一步创设机会，让幼儿扩展想象，创造性地运用自己的语言表达自己的认识和想象。如让幼儿用复述、朗诵、表演等方式再现作品，仿编、续编或创编感兴趣的作品等。

（二）幼儿园绘本文学活动的内容和形式

绘本是在现代科技支持下发展起来的一种图书样式，它在幼儿文学领域有着特殊地位和独特价值。幼儿绘本是视觉化的幼儿文学，图案、线条、色彩等共同构成的视觉形象与文字相结合来表达内容，让读者从视觉途径、听觉途径去解读和欣赏。绘本教学作为一种新型的语言教学形式，首先是一项文学教育活动。教师利用绘本丰富的文学养分和语言素材，丰富幼儿的文学体验和语言经验。

1. 文学类绘本的内容分类及教学

依据绘本表达内容的不同，幼儿绘本分为文学类绘本和科学知识类绘本。二者的划分没有绝对的界限，会有一些作品借助文学形式向幼儿形象生动地介绍科学知识，比如《环游世界做苹果派》（［美］玛乔丽·普赖斯曼/文·图）、《小威向前冲》（［美］尼可拉斯·艾伦/文·图）等作品。在幼儿园的绘本文学活动中，教师选择的是文学类绘本。文学类绘本因其文体及画面意境的不同，又分为故事类绘本、诗歌散文类绘本。

（1）故事类绘本

故事类绘本以图画为主、文字为辅或只用图画讲述一个故事。此类绘本一般具有以下特征：绘本中的故事有完整的故事情节，开头、发展、高潮、结局等情节脉络清晰；图画信息丰富、图画中隐藏着一些有趣细节，文字一般是故事的基本线索和方向；图画可以让幼儿看到文字之外的故事内容，加深幼儿对故事的理解。比如，

《汉娜的惊喜》([英]艾琳·布朗/文·图)讲述了小女孩汉娜给好朋友阿克约送水果的故事。绘本文字交代了故事人物的名字及事件缘由，重点写的是汉娜一路上的内心猜想，结尾是阿克约收到了最喜欢吃的水果。绘本图画叙述了更为精彩的情节：汉娜送水果的路上，猴子、鸵鸟、斑马等动物先后拿走了她的一样水果，最后果篮空了。令人惊喜的是，见到好朋友之前，橘子树上的橘子竟然掉了满满一果篮。图画表现出跌宕的情节和精彩的高潮，出乎意料的结局也给了小读者一个惊喜。

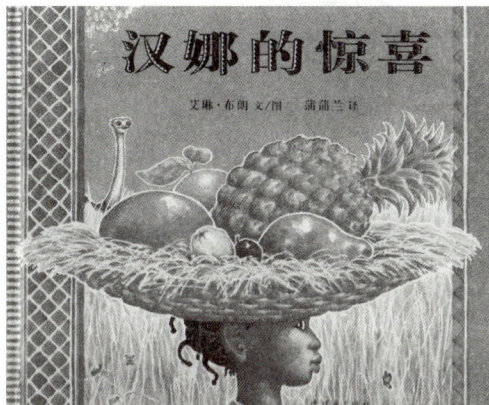

图 9-1 《汉娜的惊喜》封面

故事类绘本教学活动中，教师要把重点放到故事内容上，引导幼儿了解主人公的想法和情绪。活动过程中引导幼儿多使用假设、预测等方法及复述、续编、表演等方式，使其充分理解、体验故事内容。

（2）诗歌散文类绘本

诗歌散文类绘本一般不具备鲜明的形象、生动的故事情节，但文字语言简洁优美，画面具有诗意般的意境。这类绘本在培养幼儿审美情趣和审美能力方面独具特色。此类绘本具有以下特征：绘本的文字往往采用诗歌或散文的形式；语言句式重复性比较强，词汇丰富；表现内容有一定感染力，容易引发读者的情感共鸣；画面信息不一定丰富，比较注重意境。比如，《落叶跳舞》([日]伊东宽/文·图)绘本的文字语言用散文诗的形式，书写落叶起舞的美好与欢快。"沙沙沙，起风了。轻轻地，风停了。我们是奇妙的落叶呀。"图画与文字结合，赋予落叶以生命的热情与灵感，上演了一台精彩有趣的舞蹈表演，让幼儿感受到音乐般的旋律、悠然变化的舞姿以及诗歌般的意境。

诗歌散文类绘本的教学活动中，教师可以首先创设情境，通过声情并茂的朗诵，同时配上与绘本作品意境吻合的音乐，使幼儿在欣赏画面美的同时，感受语言美、情感美。引入情境后，教师再与幼儿讨论重点的画面、句式、词语，让幼儿用自己的方式表达对绘本的理解。

图 9-2　《落叶跳舞》封面

2. 绘本文学活动的形式

绘本相比较幼儿文学传统的文学体裁——儿歌、幼儿诗、童话故事、生活故事等，文字语言减少或消失，画面语言增加。视觉化阅读的特征突显出来。幼儿园的绘本文学活动有绘本讲读、绘本复述和朗诵、绘本创编、绘本表演等多种形式。绘本表演在本章第三节专题讲述。

（1）绘本讲读活动

绘本讲读活动一般是指教师组织幼儿一起讲述、朗读、讨论绘本的集体活动。绘本讲读和纯文字的文学作品讲读一样，都指向文本所传递的人文的、社会的、情感的体验和感受，是文学性质的讲读。绘本讲读通过指导幼儿阅读，使其感受作品的文学美和艺术美，发展幼儿的语言能力。

绘本讲读坚持儿童本位，儿童是绘本阅读的主体，他们的兴趣、爱好、经验、主观愿望以及差异性都是教师在绘本讲读活动中要重视和考虑的。绘本教学研究者陈晖认为"从图画书中获得快乐是儿童阅读图画书的最直接的动机""寻求情感的体验和心理的慰藉是儿童图画书阅读潜在的动因"[①]，因此建议绘本讲读要把幼儿阅读中的内心需求、阅读快乐作为重要的目标，尽可能在关注作品中故事、人物、环境及细节时，呼应幼儿的需要和愿望。

绘本讲读活动的形式多样。第一，教师给幼儿讲读。这种形式可以在幼儿园的绘本馆，也可以在本班的图书角或教室，形式是一对多，教师讲读中引导幼儿进行文本中图画的观察与解读，同时还需要向幼儿传达文本中文字符号的意义。师生可以互动，有问有答。教师的讲读力求有表情、有感染力。引领幼儿形成对绘本从单页画面到整体内容的理解。第二，教师听幼儿讲读。这种形式比较灵活，在本班的图书角或教室，利用一日生活的日常活动时间，形式是一对一或一对多。教师鼓励

---

① 陈晖：《图画书的讲读艺术》，75 页，南昌，二十一世纪出版社，2010。

幼儿把绘本的内容用自己的话讲出来，把书中的儿歌、短语念出来。以幼儿讲述为主，师生可以一起对话作品；幼儿遇到不能独立讲出来的内容时，教师再适当给予帮助。第三，幼儿同伴阅读。这种形式一般在绘本馆或班级图书角进行，两个或两个以上幼儿，同班或有班级年龄差异的幼儿均可，一起翻阅讲读绘本，中间可以相互启发、交流，教师适度关注幼儿的讲读状况，只在必要的时候给予支持。

　　绘本讲读活动会因为讲读文本、读者对象、活动目标和活动场地等情况不同呈现出不同的状态。需要强调的是：幼儿首次接触某本绘本的阅读，应该是完整的文本阅读。欣赏性讲读和学习性讲读，在性质和方法上都是有所差异的，讲读者在实际运用中要不断调整和变化。幼儿园学习性讲读应该建立在欣赏性讲读的基础上，而家庭讲读则是以欣赏性讲读为主的。

图 9-3　教师讲读绘本

图 9-4　师生共读绘本

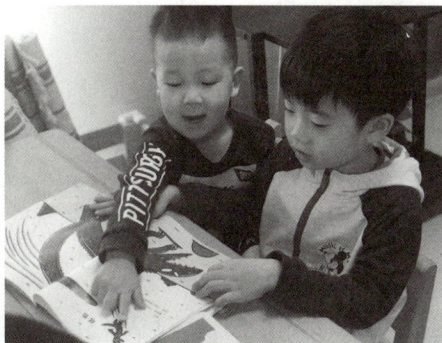

图 9-5　同伴阅读

　　无论何种形式的绘本讲读都要为孩子提供一个体会的过程。这是幼儿阅读绘本的理想状态。绘本能够为幼儿创造故事的情境，唤起他们内心某种生活感受，使幼儿在情感体验中获得心理的满足。比如，《彼得的椅子》（〔美〕艾兹拉·杰克·季兹/文·图）讲述了小男孩彼得的成长故事。彼得因为妹妹的出世内心感到不安，爸爸把彼得的摇篮、婴儿床、高脚椅由蓝色改漆成粉色，他想要离家出走。幼儿也是有尊严的，他们都在尽力维护父母给予自己的爱，有相似经历的幼儿会在阅读中感受到彼得的焦虑，体会到成长的烦恼。这些内心感受幼儿不一定能表述出来，但他们能够体会到。作品结尾，彼得和爸爸一起在给小椅子涂色，暗示了小彼得内心的释然，这同样也为小读者的情感找到了出口。许多研究者都强调绘本阅读中幼儿体会过程的重要性。松居直说："打开绘本的封面……孩子们就渐渐进入了故事的世界，踏上了故事世界的旅途……可就是在这段珍贵的时间里，大人们却无情地用各种问题践踏着孩子们的幻想世界。请问，能不能站在孩子的立场上念绘本给孩子们听呢？"①因此，无论何种绘本讲读方法，都要重视在讲读指导中给予幼儿充分的体会过程。绘本讲读是文学活动，讲读活动的过程及氛围应该是优美、高雅、充满人文艺术气息的。

（2）绘本复述和朗诵活动

文学类绘本是语言的艺术。对于幼儿来说，这种语言艺术需要用口语的形式来传递。教师（成人）为幼儿讲读绘本时，他们讲读、朗读内容的声音也体现了他们对内容的理解和再创造，教师用语音、语调、语速等口语形式表达绘本内容，传递着他们对作品的情感与态度，这些都是帮助幼儿理解文本的参照。成人的讲读、朗读成为幼儿学习复述和朗诵的榜样。

绘本复述是幼儿用富有表现力的口语对绘本内容的再现。复述可以加深幼儿对绘本内容的理解，同时也促进幼儿记忆、思维和连贯性言语的发展。教师为幼儿选择适合复述的绘本，一般是篇幅较短、情节生动有趣、有适当的句式重复和对话丰富的故事类绘本，比如《母鸡萝丝去散步》（［美］佩特·哈群斯/文·图）、《鼠小弟的小背心》（［日］中江嘉男/文，［日］上野纪子/图）、《彩虹色的花》（［波兰］麦克·格雷涅茨/文·图）等作品。

教师组织幼儿绘本复述应在讲读绘本的基础上，抓住幼儿对绘本故事的浓厚兴趣组织活动，复述时教师要相应地呈现绘本中的故事画页，引导提示幼儿完成"文字＋图画"的复述。如果发现幼儿有复述错误，只要幼儿能继续讲下去就不要打断。等到幼儿复述结束后，教师再纠正或补充。比如，《母鸡萝丝去散步》（［美］佩特·哈群斯/文·图）的扉页就是一张母鸡萝丝去散步的地图，教师可以让幼儿结合扉页完整复述故事。除了完整复述，还有分段复述、对话复述、分角色复述等形式。

绘本故事内容丰富的作品，完整复述困难，可以采用分段复述的形式，教师引导幼儿一人讲几页。比如，《是谁嗯嗯在我头上》（［德］维尔纳·霍尔茨瓦特/文，［德］沃尔夫·埃布鲁赫/图）故事中小鼹鼠和鸽子、马先生、野兔、山羊、奶牛、猪先生等对话情节，可以请几个幼儿分别复述。

对话复述是教师采用对话方式按照故事内容顺序提出问题，促使幼儿有顺序地复述出故事的人物及主要情节。这种形式可以很好地了解幼儿对作品的理解程度。

---

① ［日］松居直：《我的图画书论》，4页，季颖译，长沙，湖南少年儿童出版社，2009。

分角色复述比较富有戏剧性，一般是教师复述绘本中的叙述文字，幼儿分角色复述对话内容。这种形式教师要帮助幼儿充分理解角色的形象特点，幼儿的复述才会生动有意义。这种复述形式对提高幼儿言语的表现力和加深幼儿对绘本形象的理解有帮助。例如，《鸭子骑车记》（［美］大卫·香农/文·图）中动物们对鸭子骑车的不同反应和不同语调，表现了不同的性格特征，可以让幼儿分角色复述，在区分中体会、理解内容。

绘本朗诵是幼儿把绘本中的诗歌、散文朗诵出来，进一步理解和感受作品的美感，丰富词汇，提高口头言语的表现力。朗诵绘本一般选择诗歌散文类绘本，中小班可选择主题单一、篇幅短小、内容上幼儿易于感知与体验的绘本，内容侧重于生活类，如《落叶跳舞》（［日］伊东宽/文·图）、《下雨的味道》（刘旭恭/文·图）、《我想念你》（［美］科尼莉亚·莫德·斯佩尔曼/文，［美］凯西·帕金森/图）等；大班可选择篇幅稍长、情感和词汇都比较丰富的作品，内容侧重社会类、情感类，如《一园青菜成了精》（编自北方童谣，周翔/图）、《风到哪里去了》（［美］夏洛特·左罗托夫/文，［意］斯蒂芬诺·维塔/图）、《有一天》（［美］艾莉森·麦基/文，［加］彼得·雷诺兹/图）等。

绘本朗诵要在讲读之后、幼儿理解绘本的基础上进行，教师要提前解决绘本文字中难懂的词句和不理解的内容。朗诵活动中，教师首先示范性朗诵两三遍，生动的语气语调配合绘本中有意境的画面，会把幼儿带入优美的天地中。每次朗诵后教师可以向幼儿提问，引发幼儿对内容顺序或重点的注意；接下来教师教幼儿朗诵，可以完整地教授，也可以一页页教授，由教师带诵逐步过渡到幼儿独立朗诵。在朗诵的过程中幼儿自然把绘本的画面和文字对应起来，去感受富有文学色彩的文字语言，体验绘本画面中或温暖、或清新、或绚丽的意境之美。

（3）绘本仿编活动

绘本仿编是教师引导幼儿讲读熟悉绘本的基础上，针对原绘本的主题内容，激发幼儿的丰富想象，模仿原作品的结构和形式，或是作品的句式、语言，进行再创作的活动。绘本富有原创性和艺术个性，作者往往在作品中会给小读者留下阅读和再创造的空间。一些作品的文字表达具有一定的格式。比如，《逃家小兔》（［美］玛格莉特·怀兹·布朗/文，［美］克雷门·赫德/图）中小兔子和大兔子的对话，"如果……就……"句式反复出现。教师可以鼓励幼儿使用这个句式来仿编新的句子；一些作品的情节节奏采用二拍子、三拍子或四拍子进行，反复重复的故事情节可以激发幼儿的无限想象。比如，《我的连衣裙》（［日］西卷茅子/文·图），幼儿可以按照绘本的三拍子仿编故事情节，"想象一下，你希望小兔子下面走到怎样的地方？它的连衣裙又会变成什么花样呢？"；一些故事绘本的封底设计又是一个新故事的开始，教师可以引导幼儿续编新故事。比如，《疯狂星期二》（［美］大卫·威斯纳/文·图）的封底："仔细看看封底上有什么？下个星期二又会发生什么疯狂的事情？"

图 9-6 《我的连衣裙》封面

绘本仿编活动设计要注意幼儿的年龄差异。3～4 岁的幼儿可以在绘本原作品基础上，仿编简单的诗歌、散文中的一句或者续编故事结尾；4～5 岁的幼儿想象力进一步发展，对作品的内容和形式有了进一步的理解和把握，他们往往可以仿编一个画面的情节，善于通过部分替换的形式进行仿编；5～6 岁的幼儿，想象力与语言表达能力发展很快，他们对于喜爱绘本的仿编要求大大提高，根据教师提供的想象线索他们可以结合自己的生活经验，进行创造性仿编表述。

幼儿园绘本文学活动与其他教学活动有着密切的联系。绘本作品，既是语言教育的重要途径，也是幼儿园美术、科学、音乐等各领域教育活动的载体，因此无论是几类绘本文学活动之间，还是绘本文学活动与早期阅读活动，抑或是绘本阅读活动与其他领域教学之间都具有融合性，可以相互交融，互相补充。

(三)教师在绘本文学活动中的角色

绘本文学活动由教师、幼儿、绘本作品三个要素构成。从绘本阅读角度讲，幼儿理解绘本的图画内涵以及文字意义，需要教师的引领，教师成为绘本与幼儿之间的传递者，起着媒介的作用。松居直说："读者(成人)对图画书(绘本)的理解和共鸣越深刻，听者(孩子)就越能深入于图画书(绘本)中，那么这种阅读体验也将会更为丰富。"[①]教师有了把绘本的内容作为自己的东西转达给孩子的权利，那么他们对作品的理解状态也自然会影响到传递的质量，他们对绘本的理解水平直接影响幼儿的接受水平，因此，此项活动对教师提出了较高的专业要求。

首先，教师要建立科学的绘本阅读指导观念。纵观世界绘本的发展成熟历程，也是成人发现儿童、确立以儿童为本位的儿童观的过程。也正是如此，绘本往往体现和反映了现代的教育理念和儿童文学教育观。如何来认识儿童、理解儿童，进而如何来表现他们的生活，创作者都艺术地融入绘本作品中。教师需要掌握幼儿教育

---

① [日]松居直：《我的图画书论》，83 页，季颖译，长沙，湖南少年儿童出版社，2009。

学、幼儿心理学、幼儿文学等学科理论，了解幼儿阅读绘本的心理特点，建立起以儿童为本位的阅读指导观念，并以此指导教学活动。

其次，教师要具备绘本文本的解读能力。绘本具有双重符号系统，是图画和文字高层次的完美统一。教师重点思考图文关系，抓住关键信息、重要细节，了解角色、剖析情节，最大程度把握和体会绘本的创作主旨，贴近作品文本。有了对绘本艺术全面的理解和把握，才能较好地完成绘本阅读活动的设计和组织。

最后，教师要掌握绘本传递的口语技能。教师讲述绘本时会把其中的图画语言及文字语言转化为口头语言传递给幼儿，教师的口语传达技能影响着传递的质量。教师透彻地理解了绘本的画面及文字内涵，在生动浅显地讲述中借助不同的语气语调、轻重音处理方式及提示、讨论等把绘本丰富的内容传递给幼儿，逐步引导幼儿的理解靠向作品内涵的状态，引发幼儿的情感共鸣。比如，《小黑鱼》（［美］李欧·李奥尼／文·图）中小黑鱼遭遇灾难后渐渐成长，勇敢起来。他对那些只知道躲起来的小红鱼说："可是你们不能老待在这里啊，我们一定要想个办法。"这句话中的"想"字的朗读，教师就需要通过重音慢读的方式提醒幼儿的注意，知道遇事要"想"，想主意、想办法、学会思考。关键词的朗读、讲读直接关系着幼儿对绘本主题的理解。

二、绘本和早期阅读

（一）早期阅读概说

1. 早期阅读的概念

早期阅读这一概念来源于萌发读写（emergent literacy），最早由玛丽·克莱（Marie Clay）提出，指的是"儿童在进入学校前获得的关于语言、阅读和书写方面的知识"。国内教育领域，早期阅读的概念常见有两种界定：一种是指幼儿对图画读物和以图画为主文字为辅读物的阅读。另一种是早期阅读，除阅读图画书外，必须包括认读与书写文字，读与写要同时发展。[①] 在两种概念界定中，绘本都被认为是早期阅读的必要材料。国内学者周兢认为，幼儿园的早期阅读教育活动是在幼儿口头语言充分发展的基础上，接触有关书面语言的信息，获得有关书面语言意识、行为和初步能力的教育活动。

幼儿的早期阅读与成人或学生的成熟阅读虽然本质相同，都是从书面材料中获得信息，但是阅读材料和阅读对象还是有所不同。不认字或认字不多的幼儿是以阅读绘本为主，成人或学生的阅读材料广泛，包括书籍、报刊、网络信息等。幼儿在阅读中以图画为主要阅读对象，成人或学生的阅读以文字为主。

2. 早期阅读的培养目标

《幼儿园教育指导纲要（试行）》（以下简称《纲要》）在语言教育的部分提出："喜欢

---

① 祝士媛：《学前儿童语言教育》，143 页，北京，北京师范大学出版社，2010。

听故事、看图书"；"培养幼儿对生活中常见的简单标记和文字符号的兴趣"；"利用图书、绘画和其他多种方式，引发幼儿对书籍、阅读和书写的兴趣，培养前阅读和前书写技能"。早期阅读能力成为《纲要》的重要教育目标。

《3—6岁儿童学习与发展指南》（以下简称《指南》）中依据幼儿年龄对早期阅读的培养目标做出了明确要求。

表 9-1　目标 1　喜欢听故事，看图书

3～4岁	4～5岁	5～6岁
1. 主动要求成人讲故事、读图书。 2. 喜欢跟读韵律感强的儿歌、童谣。 3. 爱护图书，不乱撕、乱扔。	1. 反复看自己喜欢的图书。 2. 喜欢把听过的故事或看过的图书讲给别人听。 3. 对生活中常见的标志、符号感兴趣，知道它们表示一定的意义。	1. 专注地阅读图书。 2. 喜欢与他人一起谈论图书和故事的有关内容。 3. 对图书和生活情境中的文字符号感兴趣，知道文字表示一定的意义。

表 9-2　目标 2　具有初步的阅读理解能力

3～4岁	4～5岁	5～6岁
1. 能听懂短小的儿歌或故事。 2. 会看画面，能根据画面说出图中有什么，发生了什么事等。 3. 能理解图书上的文字是和画面对应的，是用来表达画面意义的。	1. 能大体讲出所听故事的主要内容。 2. 能根据连续画面提供的信息，大致说出故事的情节。 3. 能随着作品的展开产生喜悦、担忧等相应的情绪反应，体会作品所表达的情绪情感。	1. 能说出所阅读的幼儿文学作品的主要内容。 2. 能根据故事的部分情节或图书画面的线索猜想故事情节的发展，或续编、创编故事。 3. 对看过的图书、听过的故事能说出自己的看法。 4. 能初步感受文学语言的美。

表 9-3　目标 3　具有书面表达的愿望和初步技能

3～4岁	4～5岁	5～6岁
1. 喜欢用涂涂画画表达一定的意思。	1. 愿意用图画和符号表达自己的愿望和想法。 2. 在成人提醒下，写写画画时姿势正确。	1. 愿意用图画和符号表现事物或故事。 2. 会正确书写自己的名字。 3. 写、画时姿势正确。

（二）绘本阅读与幼儿"前阅读"核心经验形成

周兢、刘宝根、李林慧等研究者对绘本阅读与早期教育的关系进行了深入研究。研究者把早期阅读的关键经验概括为"前阅读""前书写""前识字"三个范畴。"'前阅读'指儿童在早期阅读活动中表现出来的对阅读材料的兴趣、掌握的基本阅读与翻书技能，如学会在阅读的过程中关注图画细节，并通过对画面的观察形成预测、假设、验证等阅读策略，并逐渐获得对阅读材料的理解和深层意义的感知；'前书写'指儿童通过图画、文字、符号、图示等形式表达自己的想法、观点，并在这个过程中逐渐获得书写的基本技能，如握笔姿势、对书写工具的认识等；'前识字'指儿童'文字意识'的发展，即儿童在阅读的过程中逐渐形成图画语言、口头语言和书面语言三者之间的链接，形成有关文字功能和文字形式的意识，并逐渐获得文字结构和文字规则的初步知识。"[①]他们的研究及教育实践在国内幼儿园影响广泛。下面关于绘本阅读与前阅读核心经验形成的讨论主要借鉴了他们的研究理论及观点。

绘本作为早期阅读的最佳阅读对象和主要载体，可以帮助幼儿积累、发展、形成前阅读核心经验。依据幼儿阅读一本绘本的过程，研究者把幼儿的前阅读核心经验划分为"良好阅读习惯和行为的养成""阅读内容的理解和阅读策略的形成""阅读内容的表达与评判"三个范畴。[②] 这三个方面在早期阅读教育实践中既相互独立，又相互融合。

1. 良好阅读习惯和行为的养成

幼儿阅读能力培养的基础首先是阅读习惯和行为的培养，从小培养幼儿喜欢绘本、亲近绘本的态度。在这个范畴中，核心经验上的发展阶段有如下表现。

初始阶段，幼儿在指导下学会拿书、翻页、爱护图书，能够自己主动去翻阅绘本，愿意和成人一起阅读。

稳定阶段，幼儿能够专注阅读，按照阅读规则读绘本，并能在教师的指导和提示下初步学习整理绘本。

拓展阶段，幼儿熟悉绘本的结构，知道各部分在绘本中的作用，能够较长时间专注地阅读，喜欢阅读多种类型、内容的绘本，有初步独立阅读的能力，愿意与他人分享绘本。

2. 阅读内容的理解和阅读策略的形成

幼儿与成人共同阅读或独立阅读绘本时，他们需要通过倾听成人讲读和观察画面来了解绘本内容。在这个范畴中，核心经验上的发展阶段有如下表现。

初始阶段，幼儿通过封面初步了解主要人物，猜测主要人物及故事情节，能够准确指认画页上的人或物，可以进行单张画页的描述。

稳定阶段，幼儿能主动观察绘本中主要人物的表情动作，能够在成人提示下进行绘本后面情节的猜想，在成人指导下通过画面观察验证文字讲述及猜想，可以把前后画面的故事情节串联起来讲述，能较为准确地理解绘本文字中关键词的含义。

拓展阶段，幼儿能够进行细致的画面观察，理解画页中主要人物的状态、情绪，能够通过细节、构图、视角、色彩等较为完整、深入地了解图画书的内容。能够根据画页进行合理的预测、猜想。

---

① 刘宝根、李林慧：《早期阅读概念与图画书阅读教学》，载《学前教学研究》，2013(7)。
② 刘宝根、高晓妹：《儿童前阅读核心经验及其发展阶段》，载《幼儿教育》，2013(7)。

3. 阅读内容的表达与评判

幼儿在阅读绘本之后，不仅能理解绘本内容，还能够结合自己生活经验，通过多种方式表达自己对绘本的看法，进而也能在学习生活中运用从绘本阅读中获得的经验。在这个范畴中，核心经验上的发展阶段有如下表现。

初始阶段，幼儿在提示下可以模拟主人公做出相应表情、动作，能够把主人公的行为与生活情境相联系，并简单叙述。可以口述画页内容，但往往叙述缺乏逻辑性、情节性，前后画页不能形成联系。可以绘出读过绘本中的形象。阅读之后能够表达自己对绘本的喜爱与否。

稳定阶段，幼儿阅读绘本过程中表现出移情反应；叙述绘本情节时会较多使用书中的语句，且叙述较连贯。可以通过绘本主要人物的言行调节自己在生活中的言行，能够结合生活经验，仿编、续编故事。阅读之后，可以表达自己对绘本及主人公的态度，并能够初步说明原因。

拓展阶段，幼儿可以准确描述、分析画页中人物及物品的状态，能模仿绘本以书面语的方式口头讲述画面内容，且完整、清晰、表达流畅。结合生活经验，在仿编、续编绘本故事情节之后，在成人指导下可以尝试制作绘本。阅读之后，会对绘本中人物的特点评价、判断，对绘本所传递的主题方向进行初步思考，并说明自己的理由。

图 9-7　绘本阅读指导

研究者认为，幼儿在"前阅读"过程中所需获得的三个核心经验，贯穿了幼儿绘本阅读中从感知、理解到表达的基本过程。因此，教师组织绘本阅读活动时，要重视两个方面：一是要围绕培养目标开展阅读活动，二是要通过核心经验的获得来实现。三个核心经验的获得需要幼儿园与家庭相配合，通过多种类型的活动相配合来完成，有些经验需要教师通过集体教学活动帮助幼儿获得，有些经验是需要教师和家长在区域活动、日常生活、亲子阅读中引导幼儿获得的。

(三)绘本阅读活动组织与指导

1. 阅读前的准备活动

阅读活动之前，教师在选择提供优质绘本的前提下，认真解读绘本。教师可以通过教研的形式，讨论分析每一本绘本的内容和形式特征，从教育者的角度完成对绘本作品的深层次解读，从而更好地把握绘本阅读活动设计的切入点。

《九色鹿》活动设计

扫一扫，看资源

教师依据对绘本的整体分析及前阅读核心经验的获得，结合幼儿的阅读经验和年龄特点，设计出本班的绘本阅读活动设计。

教师根据所选绘本特点，做好本班幼儿的知识经验准备。对于绘本中出现的相关陌生知识、疑难文字等，可以提前准备，让幼儿在阅读前了解。根据需要，做好绘本的预读活动。

2. 正式的阅读活动

（1）儿童自由阅读

这是阅读活动的第一阶段。教师通过封面观察等方式导入活动，接下来提供机会让幼儿自由阅读，幼儿边翻阅绘本边观察，可以小声讲述。这个环节中注意以下三点。第一，教师可以用提问的方式引导幼儿阅读，问题要有启发性，能够针对绘本的重难点提出。例如，《一园青菜成了精》(编自北方童谣，周翔/图)教师提问：萝卜和莲藕的队伍中都有谁？这些蔬菜打仗时都有什么本领？谁最后打胜了？三个问题就可以引导幼儿读完全书找答案。第二，教师要在巡回指导时认真观察幼儿的表现。通过观察了解幼儿阅读中的反应，为下一个环节的学习做好准备，发现不当的阅读习惯或阅读行为及时纠正。第三，尽量满足幼儿一人一书。

（2）师生共同阅读

这是阅读活动的重要环节。师生共同阅读，理解绘本的基本意思。教师带领幼儿可以一边读故事，一边观察画面。重点画页可以通过提问和幼儿讨论。问题不要太多，2～3个问题，问题的回答需要幼儿在认真观察、理解画页的基础上回答。教师要用简洁的语言提出开放性的问题，引导形成高质量的师生互动，有助于绘本内容的充分理解。这个环节注意：教师"读故事"时应该按照原文给孩子朗读书中的文字，而不是随意用自己的语言来"讲故事"。教师按照书面朗读，给幼儿提供的是听觉的"书面语言"。幼儿逐渐会意识到，自己听到的"书面语言"正是自己看到的画面所描述的意思，与画面讲述的内容相似或互补。这就帮助幼儿实现了三种语言(绘本中图画呈现的"图画语言"，文字呈现的视觉"书面语言"，教师朗读文字的听觉"书面语言")的链接。

围绕阅读重点开展活动。针对绘本理解重难点，依据学前教育规律，把幼儿接受和绘本细节内容结合起来，通过活动加深幼儿的情感体验，达到充分理解绘本的目的。教师可以把绘本中有关情境的内容转化为幼儿游戏的场景，让幼儿在游戏中把个人生活经验和阅读内容联系起来，感受阅读的快乐。比如，《一园青菜成了精》中蔬菜对阵打仗的场景，教师可以结合绘本设计一些操作活动，有助于幼儿通过操作和亲身体验建立前阅读经验。又如，《长颈鹿好长哦》阅读和"拼搭长颈鹿"的操作活动结合起来，让幼儿知道长颈鹿到底有多长；还可以鼓励幼儿进行创造性地阅读活动，大胆想象，编构故事，或者画自己的小书。这个环节注意教师要在阅读活动中时时反思，活动方式是否符合学前教育规律，要组织幼儿围绕前阅读核心经验的养成设计、开展各项活动。

图 9-8　早期阅读活动

（3）归纳阅读内容

这是阅读活动的总结阶段，旨在巩固总结阅读的内容。教师可以采用多种方式进行。比如，体会重温作品，教师可以配上音乐把绘本故事再完整地朗读一边，带给幼儿再一次体验作品的机会；语言归纳作品，可以用一句话或给绘本命名的方式总结作品；竞赛的形式，教师采用竞赛活动的形式帮助幼儿巩固阅读的内容。

3. 阅读后的延伸活动

绘本阅读活动结束后，教师可以通过多种方式展开延伸活动，旨在保持幼儿的阅读兴趣，进一步巩固前阅读核心经验。比如，延伸到区域活动中的同伴讲述绘本、表演绘本、朗诵绘本等；与其他教学领域相结合的绘画、手工制作、音乐舞蹈活动等；家园合作进行的绘本制作、亲子阅读、绘本漂流瓶等，强化幼儿园绘本教学活动的效果。

图 9-9　绘本自主阅读活动

第二节　绘本在幼儿园多领域的应用

一、绘本与主题教学活动

(一)绘本的主题

1. 绘本主题的多元化

绘本主题是作者创作的宗旨、观念、态度和情感倾向的集中反映，体现着作品的文学价值和思想意义。[①] 松居直先生也说过，"首先图画书要有明确的主题，它体现着作者独特的世界，在那个世界作者可以充分地叙述自己想表达的事情"。[②]

幼儿园中如何使用图画书

扫一扫，看资源

近些年来，伴随着绘本创作和出版的繁荣发展，每年都会有大批的新绘本进入童书市场。各国各地区的绘本作家因为各自国家、民族、宗教、民俗习惯等不同，也就会把不同国家地区的文化思想、风俗人情融入绘本之中，绘本的主题呈现出越来越丰富、多元化的状态。绘本的主题囊括了儿童文学的主题范畴。儿童文学艺术母题主要包括：成长的母题、幻想的母题、爱的母题与自然的母题。[③]这些艺术母题在绘本的主题、题材中均有所体现。比如，《猜猜我有多爱你》([英]山姆·麦克布雷尼/文，[英]安妮塔·婕朗/图)中一大一小两只兔子以游戏的形式告诉对方"我有多爱你"，有一种温馨的亲情在里面；《彼得的椅子》([美]艾兹拉·杰克·季兹/文·图)中小男孩彼得因为妹妹的出生有了烦恼，这是一个孩子成长过程中内心的冲撞；《阿罗有支彩色笔》([美]克罗格特·约翰逊/文·图)中穿着宝宝服的阿罗手拿一支彩笔一路走一路画，画出了阿罗的梦想，画出了孩子们美妙的幻想世界；《小房子》([美]维吉尼亚·李·伯顿/文·图)中小房子的故事则表现出随着人类工业的快速发展，作者对生态环境的担心、忧虑。还有一些涉及战争、死亡等现实题材和人生哲理方面的主题，例如《世界上最美丽的村子》([日]小林丰/文·图)、《爷爷有没有穿西装》([德]阿梅丽·弗里德/文·图)、《獾的礼物》([英]苏珊·巴蕾/文·图)、《犟龟》([德]米切尔·恩德/文，[德]曼弗雷德·施吕特/图)等，这些作品主题具有一定的深度，给孩子的幼年播下思想的种子。

教材第六章"绘本经典作品赏析"也从主题的角度，将作品分为人与自我、人与他人、人与生命和人与自然四个方面，精选了切中主题的中外绘本佳作。研究者王

[①] 陈晖：《图画书的讲读艺术》，61 页，南昌，二十一世纪出版社，2010。

[②] [日]松居直：《我的图画书论》，44 页，季颖译，长沙，湖南少年儿童出版社，2009。

[③] 王泉根：《儿童文学教程》，28 页，北京，北京师范大学出版社，2009。

蕾的《幼儿图画书主题赏析与教学》是首部绘本教学应用型研究的高校教材，教材将绘本作品与幼儿园领域教学相结合，将绘本主题分为十个大主题，大主题下面又分为2～5个小主题：品格培养（诚实守信、善良包容、勤俭节约、勇敢坚强、文明礼貌）；自然生态（认识自然生态、保护环境）；生活能力（自主自理、习惯培养）；生命教育（了解出生、认识身体、生命历程、理解死亡）；健康发展（身体健康、健康心理、管理情绪）；安全教育（交通安全、活动安全、生活安全、灾害应对）；社会交往（友好相处、学会合作、快乐分享）；艺术发展（感受色彩、感知音乐、欣赏舞蹈）；科学启蒙（走近植物、知晓动物、寻知社科、认识数学）；语言发展（热爱读书、学会沟通与倾听、阅读图画）。

2. 绘本主题的理解与把握

幼儿绘本的主要接受读者是0～6岁的学前儿童，他们在领悟主题方面不同程度地需要老师家长的引领与指导。下面谈谈绘本阅读中绘本主题的理解和把握。

（1）理解绘本主题的"单纯"与"丰富"关系

大多数成功的绘本，都有一个明显的特征，就是"主题单纯"。[①] 有了集中的主题，才能形成主干，所有趣味的片段才能串连起来。[②] 绘本受其篇幅及读者年龄的限制，主题一般不会复杂。但是，绘本的主题单纯不能简单地理解为单一浅显，它与丰富多元并不矛盾。"图画书的出现和起因在于，在近代社会的发展过程中，开始承认孩子的人格，认识到孩子具有与大人不同的独特的内心世界，也就是'重新发现孩子'。"[③]世界绘本的发展成熟历程，也是成人发现儿童、确立以儿童为本位的儿童观的过程。所以，一本优秀绘本往往体现和反映了现代教育理念和儿童教育观，绘本主题是创作者思想、态度、情感、审美的直接或间接反映，这正是其主题丰富的内在思想基础。

比如，《野兽出没的地方》（［美］莫里斯•桑达克/文•图），作者深谙幼儿心理，他明白孩子们在现实生活中的情绪不像成人想象得那么简单。当孩子们因为恐惧、愤怒、受挫而无助时，往往借助幻想发泄情绪。小主人公麦克斯在幻想的世界中成了领袖，宣泄了压抑的情绪，才心气平和地回到现实。这本看起来简单的绘本，真实地展示了幼儿成长过程中的情绪处理。正因如此，这本书被认为是"美国第一本承认孩子具有强烈情感的绘本"。

理解了绘本的单纯与丰富，成人读者就不会轻视绘本主题，教师也不会把注意力过多地放在教学的形式和方法上，他们会意识到主题理解的重要性。教师的主题领悟应该走在幼儿的前面，起到引领作用。这就需要教师拥有正确的教育观念和儿童观，较多了解与作品相关的时代、社会文化背景及作者创作思想。当然，创作者

---

① 郝广才：《好绘本如何好》，138 页，南昌，二十一世纪出版社，2009。
② 郝广才：《好绘本如何好》，140 页，南昌，二十一世纪出版社，2009。
③ ［日］松居直：《我的图画书论》，44 页，季颖译，长沙，湖南少年儿童出版社，2009。

的想法都会巧妙地融入作品的文字与图画中，研读图文是最重要的。

（2）处理好绘本主题的"深"与"浅"关系

文学作品的读者接受具有差异性，这一点充分印证在绘本的阅读理解中。不仅成年人与儿童对于绘本主题的理解存在明显差异，而且在儿童群体中也存在着因年龄、个体接受能力不同出现的差异。绘本教学中教师经常会思考这类问题：幼儿能理解这本作品的主题吗？是否需要把作品主题明确地告诉幼儿？

著名儿童文学理论家王泉根教授认为："儿童文学必须适应各个年龄阶段的少年儿童主体结构的同化机能，必须在各个方面契合'阶段性'读者的接受心理与领悟力。"①对于绘本主题的深与浅，可以辩证地理解为：绘本主题既是浅浅的，又是深深的。儿童读浅处的东西，成人读深处的东西。绘本的主题领悟是有层次的，存在"近点"和"远点"的关系。优秀的绘本都是"近点"和"远点"的完美结合。绘本的思想情感与孩子的生活感受有一个最近结合点——这就是近点。远点是需要孩子随着年龄增长，生活积累之后才逐渐能感悟到的东西。

《野兽出没的地方》中关于幼儿情绪表达的主题解读应该说就是远点，这是成人的主题理解；而近点则是孩子们读后感兴趣的点，即那个神奇的野兽出没的地方。不要认为幼儿害怕那些怪兽，幼儿喜欢怪兽的夸张造型，他们阅读此绘本的乐趣在于跟随图画故事进行了一次奇妙的游历。

幼儿的年龄、个性不同，阅读理解的反应也就会有所不同。适当引导是必要的，但也不必苛求幼儿的主题理解完全与作者的统一，幼儿从自己的视角理解作品的热情是需要保留的。指导孩子阅读绘本时不必刻意拔高，或者一定要让孩子明白什么道理。不要直接给儿童灌输作品的主题思想，我们要耐心地引导儿童体验作品情境，积累经验，逐步提高。

（3）把握绘本的特质准确理解主题

只有把握绘本的特质，绘本的阅读及主题理解才能找对方向。不少成人读者受到阅读习惯及年龄的影响，阅读中往往过多地、不自觉地偏重于文字，图画阅读不充分，这就容易影响绘本主题的准确领悟。

比如，《哈利的花毛衣》（[美]吉恩·蔡恩/文，[加]玛格丽特·布罗伊·格雷厄姆/图），这部作品文字较多，仅阅读文字部分，似乎已经了解了故事内容。但是细细思考你会发现，单纯的文字表达留给读者很多疑问，比如，为什么哈利不喜欢漂亮的玫瑰花毛衣？哈利丢毛衣的举动是不是有些过分？毛衣线丢给小鸟去做窝可惜吗？这些疑问都会影响到对主题的理解。绘本文字的段与段之间，留下了明显的空白，留下了明显的疑问。可是结合图画阅读就不同了，画面帮助读者准确地理解了故事内容：哈利是一只可爱的男性小狗，玫瑰花毛衣不适合它，因为大家的嘲笑它

---

① 王泉根：《儿童文学教程》，12页，北京，北京师范大学出版社，2009。

感到沮丧、难受，所以哈利要丢掉毛衣。那张鸟窝的画页让读者真切地感受到玫瑰花毛衣做成的鸟窝是那么和谐、美妙。图文结合，让读者在哈利身上看到了儿童的真实心态。孩子有孩子的爱好，有他们的选择，适合的才是最好的，成人要表示理解与尊重，理解与接受的主题自然呈现出来。所以，通过图文共读，才能够全面把握绘本主题。

教师把握绘本主题的同时，仍要注意指导幼儿主题理解的方式方法。切忌将自己的主题理解直接告知幼儿。正确的方法是：在生动的作品朗读中，引领儿童认真读图，感知发现，结合孩子的提问或成人精心设计的提问，逐步靠向主题的方向，不寻求唯一的标准答案。对于年龄小的读者如幼儿，不必专门进行主题讨论，主题理解最好融入幼儿的阅读中。

(二)主题式绘本教学活动的组织与指导

1. 绘本与幼儿园多领域教学的密切关系

幼儿绘本是幼儿园课程开展的特色资源，由于绘本特征与学前教育的高度契合，绘本能够较好地支持幼儿的学习活动，实现跨领域(语言领域之外的其他领域)甚至超越领域(综合课程)的学习资源、课程资源的整合。

在幼儿园五大领域的教学中，因为绘本内容本身的综合性，语言教育领域中经常以绘本阅读为核心的同时，向其他教育领域延伸拓展，自然生发出多方向性的领域活动。比如，《大脚丫跳芭蕾》(〔美〕埃米·扬/文·图)绘本阅读活动中，教师根据作品内容涉及艺术领域的音乐舞蹈，可以在文本阅读之后，带领幼儿开展艺术活动，让幼儿随着音乐学习吸跳步，感受舞蹈的乐趣。

随着幼儿学习的综合性被广泛认可，幼儿园各领域教学的领域内整合、领域间整合已成为一种共识。绘本就其主题内容而言，完全可涵盖幼儿的生活，人与自我、人与他人、人与生命、人与自然等种种生活内容，同时又因为绘本创作内容本身就具有综合性(作品可以有多个主题的解读)，所以教师可以根据幼儿的认知特点，选择和教育活动相符合的绘本，将多个领域的学习内容有机整合，自然地将不同领域的教学内容融合。

在幼儿园综合课程中，绘本既可以成为主题的来源，也可以成为主题延展的辅助材料。当一个主题确定之后，随着活动的展开，绘本往往能起到将话题进步展开或延伸的效果。比如，绘本《一园青菜成了精》单元教学活动，以绘本内容为核心，包括了各领域活动、区域活动、各种游戏活动等内容。包括语言领域的阅读活动"一园青菜成了精"，谈话活动"美味的蔬菜"，讲述活动"我喜欢的蔬菜"，听说游戏"猜谜语"(猜蔬菜名称)，文学活动"蔬菜儿歌赏读"等内容；健康领域活动"舌尖上的美味"；社会领域活动"蔬果超市游一游"；科学领域"蔬菜的种植"；艺术领域画出或制作出"我心中的青菜精"；美术区设置蔬菜主题墙；综合活动戏剧表演"一园青菜成了精"；亲子活动"蔬菜大卖场"等。绘本阅读是活动的媒介，画龙点睛地对幼儿进行情绪情感的浸润，通过丰富多元的领域活动，推动主题活动向纵深发展。

2. 主题式绘本教学活动设计与实施

（1）主题式绘本教学活动的准备

建立主题绘本课程资源库。幼儿园要对绘本馆及各班图书角的绘本进行统一整理、筛选、解读和分类，建立本园的主题绘本课程资源库。教研组的教师要依据《纲要》和《指南》要求，认真研读绘本，重点从绘本作者、内容简介、关键词（教学主题相关之意义词语）、绘本所涉及教学领域以及可以促进幼儿发展的核心能力等方面对绘本进行分析，整理出目录，设计"绘本课程资源分析表""绘本主题活动方案"及其他相关材料。

幼儿园规划整体性的绘本主题系列及目标。幼儿园依据《纲要》及课程建设要求，课程负责部门要研究规划预设主题及目标，幼儿园的大中小班级因年龄及认知发展不同，绘本主题要进行递进与衔接的设计，使主题目标的设计呈螺旋形上升趋势。

（2）主题式绘本教学活动的开展形式

以一本绘本为起点，围绕幼儿的核心能力，辐射绘本涉及的各领域展开主题课程。"帽子"主题活动设计，以绘本《米莉的帽子变变变》（［日］喜多村惠/文·图）教学作为引导，激发兴趣，进入以"帽子"为核心发展的主题课程。活动内容包括：语言领域的阅读教学，寻找绘本中的各种帽子，如《小红帽》（［德］格林兄弟/文，［美］特瑞娜·沙特·海曼/图）、《女巫温妮》（［澳］瓦莱丽·托马斯/文，［英］科奇·保罗/图）；科学领域的认识各种帽子，观察它们的质地、形状、构造及功能等；还可以延伸到艺术领域，指导幼儿设计帽子并动手制作；综合活动开展以帽子主题的 T台展示及舞会等。期望幼儿能透过有趣的绘本进入语言与自然科学领域活动中，再拓展到艺术和综合等活动课程，形成完整的学习内容。

图 9-13　绘本《米莉的帽子变变变》

图 9-14 "米莉"戴着神奇的帽子给幼儿分享绘本

图 9-15 "女巫温妮"在城堡前讲绘本

以幼儿现阶段的发展需要为活动目标，或以某一个学习领域为线索，综合多本绘本建构主题课程。比如，在小班"我爱幼儿园"主题活动中，通过集体阅读指导、亲子阅读指导及环境创设等途径，让幼儿在《魔法亲亲》([美]奥黛莉·潘恩/文，[英]茹丝·哈波、[美]南西·理克/图)、《汤姆上幼儿园》([法]克斯多夫·靳·马斯尼/文，[法]玛丽·阿利娜·巴/图)、《小阿力的大学校》([英]罗伦斯·安荷特/文，[英]凯萨琳·安荷特/图)、《我好担心》([美]凯文·亨克斯/文·图)、《一口袋的吻》([英]安杰拉·迈克奥利斯特/文·图)等优秀绘本的引领下走出入园焦虑状态，开开心心上幼儿园。

以幼儿在阅读绘本过程中产生的经验和兴趣为基础，拓展形成主题课程。比如，中班主题活动"好玩的洞洞"，是教师在绘本《我们身体里的"洞"》([韩]许恩美/文，[韩]李惠利/图)阅读指导中发现幼儿们对洞洞的浓厚兴趣和不同经验而生成的教学活动。由认识身体的洞洞，到找寻生活中的洞洞，比如，衣服上的洞、房子里的洞、道路上的洞等；再动手搭建一些洞洞，比如，用轮胎、废纸箱、树枝等建构一些洞洞；最后设计一些活动体验感受，比如，钻洞洞、跳洞洞等。从找一找、说一说到变一变、玩一玩。幼儿从兴趣出发，在游戏情境中整合不同领域的学习经验，获得了有效的学习效果。

以发生在幼儿身边的重要事情或热点问题为出发点，收集相关绘本而展开的主题课程。如在二孩政策开放之后，幼儿身边的妈妈和幼儿园中突然间多出了许多孕妇，幼儿会有什么感想呢？他们的情绪如何？这些问题既是当前社会热点问题，也是幼儿很关心的问题。大班主题活动"爱，与你共享"围绕《换弟弟》([澳]简·奥默罗德/文·图)、《我当哥哥了》([比]G. V. 西纳顿/文·图)、《爸爸是我的！》([巴西]伊兰·布伦曼/文，[巴西]朱莉安娜·博里尼/图)、《彼得的椅子》([美]艾兹拉·杰克·季兹/文·图)等绘本展开，讨论幼儿关心的话题，疏解幼儿内心的困惑。

（3）主题式绘本教学活动的注意事项

主题式绘本阅读活动的系列主题不是固定不变的，绘本主题资源库也是如此。随着幼儿教育理念的更新，幼儿实际生活的变化，绘本的主题与资源库建设需要不断调整更新。

预设的主题绘本活动可以以集体方式的阅读活动和自由随机的阅读活动两种形

式交叉进行。集体活动计划性比较强，随机进行的活动时间及形式都比较灵活，可以融于幼儿的一日生活，学习、游戏、生活融为一体，教育效果更佳。

主题式绘本活动设计往往与区域活动密切相关，教师指导幼儿在主题背景之下进行区域活动，探索发现、大胆操作、自我表现，不断加深对主题学习内容的理解。

二、绘本与区域活动

区域活动是幼儿重要的自主活动形式，幼儿自主选择材料、活动方式和合作伙伴，通过操作、想象和创造行为，自主探索学习，建构有关的知识经验。教师根据幼儿发展需求和主题教育目标创设立体化育人环境，提供丰富的操作材料，为每个幼儿运用多种感官、多种方式进行探索活动提供条件，引导幼儿按照自己的意愿开展个性化的学习。

区域活动可以是绘本主题活动的重要组成部分，让幼儿在绘本阅读中感兴趣的问题在区域活动中通过探索和实践得到解决，让主题活动和区域活动形成教育合力。比如，在认识颜色这个主题活动中，集体阅读了《小蓝和小黄》（[美]李欧·李奥尼/文·图）之后，可以在区域活动中设计一系列匹配活动。在语言区，投放与颜色主题相关的绘本作品，如《神奇的色彩女王》（[德]尤塔·鲍尔文/文·图）、《点点点》（[法]埃尔维·杜莱/文·图）、《红绿灯眨眼睛》（[日]松居直/文，[日]长新太/图）等，从不同角度拓展孩子们对颜色的认识；在美术区，认识各种颜色并可以准确使用；在科学区，观察不同颜色结合的变化；在建构区，寻找生活中的颜色，比如认识红绿灯、了解树叶四季颜色的变化等；在表演区，可以进行绘本剧的创编。

在主题活动背景下设计区域活动，要注意各区域活动的连接，通过知识迁移和重新组合，无论是活动材料还是活动内容可以实现各区域间的衔接过渡。比如，上述活动中美术区可以和科学区结合，在美术区用水粉展示颜色，识别不同颜色之后，可以展示颜色结合的变化，可以进一步迁移到科学区进行观察实践。通过语言区的绘本《红绿灯眨眼睛》认识红绿灯，可以和建构区认识生活中的颜色相结合，引导幼儿了解交通法规。

如果没有主题活动背景，区域活动也可以抓住绘本本身主要的特点和区域功能结合。

(一)绘本与阅读区

1. 营造良好的阅读氛围

选择温馨舒适、光线充足的阅读环境，可以铺设卡通地垫或布置可爱的小沙发，让幼儿能够放松心情，喜欢来此阅读。

2. 投放适合幼儿年龄特征的绘本材料

小班适合选用相对简单、画面线索单纯、文字较少、色彩明快、情节生动的作品，比如《好饿的小蛇》（[日]宫西达也/文·图）等。

中班可以掌握单页多幅图的作品，可以选用情节比较强的绘本，比如《猜猜我有多爱你》（[爱尔兰]山姆·麦克布雷尼/文，[英]安妮塔·婕朗/图）等。

大班理解力提升，能掌握情节复杂的绘本，并能形成自己的情感判断，比如《爱心树》（[美]谢尔·希尔弗斯坦/文·图）等。

语言区的材料应该如何投放

| 小班 | 中班 | 大班 |

扫一扫，看资源

图 9-16 阅读区一

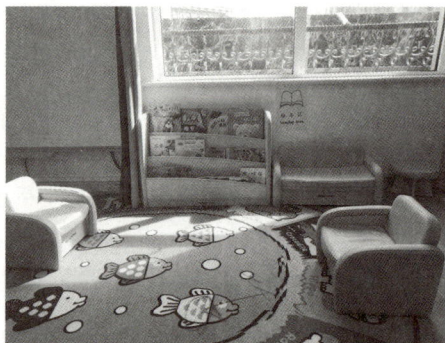

图 9-17 阅读区二

3. 注意绘本内容的多样性

配合主题活动可以投放同类主题的不同绘本，比如阅读了《我妈妈》（[英]安东尼·布朗/文·图），区角中就可以投放《朱家故事》（[英]安东尼·布朗/文·图）、《大嗓门妈妈》（[德]尤塔·保尔/文·图）等，拓展幼儿的阅读范围，同时也可以引导他们进行比较。还可以投放同一作家的不同作品，比如李欧·李奥尼专题、宫西达也专题，有助于孩子对作家风格有初步印象。注意不同主题的绘本投放，满足幼儿多样阅读需求。

4. 注意绘本的流动性

定期更新绘本，可以按月更新。更新时间不宜过长，比如，半年更换一次，要保持内容的新鲜感，激发幼儿阅读兴趣。可以班级交换、同学交换等；可以把绘本带回家阅读，增加幼儿亲近绘本的机会，实现家园共育。

5. 制定明确的规则，并引导幼儿遵守

可以用绘本中孩子们喜欢的角色进行提醒，设计图文结合的阅读规则，比如"轻轻拿轻轻放""一页一页看"等。

6. 设计多种多样围绕绘本展开的活动

可以是讲述、谈话、复述、创编等活动，让幼儿体会分享阅读带来的快乐。比如，介绍我最近读的绘本、说说我喜欢的绘本人物、绘本故事讲述等；还可以借助

游戏的方式，让幼儿利用绘本图片完成拼图游戏，熟悉并讲述故事内容；还可以借助音频、视频电子设备，听绘本故事，看绘本动画，实现多媒体融合。

(二)绘本与美工区

1. 学习美术知识

利用绘本丰富幼儿的美术知识，引导幼儿感受艺术风格和绘画技巧的多样性。比如，通过《小蓝和小黄》感知抽象画，通过《神马》([法]陈江洪/文·图)了解国画，通过《好饿的毛毛虫》([美]艾瑞·卡尔/文·图)感知拼贴画，通过《进城》(林秀穗/文，廖健宏/图)了解剪纸画风，通过《铁丝网上的小花》([意]罗伯特·英诺森提、[意]克里斯托夫·格莱兹/文，[意]罗伯特·英诺森提/图)感知油画等。

2. 材料丰富多样

投放丰富多样的材料，让幼儿根据自己的喜好进行选择，动手实践。材料的选择可以有水彩笔、蜡笔、橡皮泥、树叶、生活中的废旧物品(布料、纸盒、报纸)等。可以用画、捏、贴、折等方式呈现幼儿理解的绘本图画作品。

3. 开展美术活动

配合主题活动开展难度不同的美术活动。由易到难，从复原绘本画面内容，到部分创新画面内容，再到全新创作画面内容，满足幼儿不同的发展需要。比如，《花格子大象艾玛》([英]大卫·麦基/文·图)的第一层次就是划分格子，简单涂色，完成对作品的模仿即可；第二层次可以用不同材质创作花格子大象，比如布贴画、各种豆子粘贴等，也可以给花格子大象穿上其他样式漂亮的衣服；第三层次创作全新的花格子形象，不拘泥于动物，突出个性创造。

图 9-18　美术区一

图 9-19　美术区二

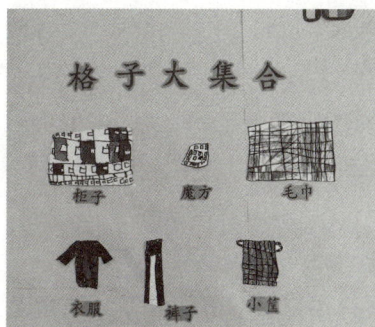

图 9-20　美术区三

4. 多次利用原则

设立展示墙，美工区的绘本图画创作既是幼儿自主创作的成果，又是良好的环境创设。比如，秋天可以配合《落叶跳舞》（［日］伊东宽/文·图）让幼儿制作自己的落叶贴画作品，班级集中展示，符合节气特点，紧扣主题活动，美化班级环境。

（三）绘本与科学区

1. 呈现绘本相关知识，引导学生活动探究

绘本呈现的科学内容，提供幼儿前期的认知，在观察实物或图片的基础上，引导幼儿探究比较。比如，阅读绘本《落叶跳舞》后，带孩子们观察各种不同形状的叶子，有针型、卵型、掌型、扇型等；阅读绘本《是谁嗯嗯在我的头上》（［德］维尔纳·霍尔茨瓦特/文，［德］沃尔夫·埃布鲁赫/图）后，可以进行图片连连看活动，把动物和它的便便图片正确匹配，比如，马的"嗯嗯"是像马铃薯一样，又大又圆，兔子的"嗯嗯"是像豆子一样的等。

2. 根据教学需要选用合适的材料

根据教学需要选用合适的材料。在区域活动时间要看到效果，一定要选用能观察到前后变化的材料。比如，阅读绘本《小蓝和小黄》后观察颜色叠加的变化，如果用各种颜色浸染树枝，很难短时间看到树枝变色，效果不明显；如果把不同颜色滴到清水中就会效果明显。阅读绘本《小种子》（［美］艾瑞·卡尔/文·图）后观察植物的生长变化，这肯定是一个长期过程，可以设立植物角，固定时间进行观察记录。

图 9-21　科学区

3. 指导幼儿创制科学绘本

教师引导幼儿汇总探索结果，以绘画、图片等形式创制自己的科学绘本。比如，仿照《小蓝和小黄》可以创作《颜色变变变》，尝试多种不同颜色结合的奇特变化，小蓝和小红结合变紫色，小红和小黄结合变橙色等。

（四）绘本与建构区

1. 运用多种材料呈现绘本内容

展开想象，利用多种材料建构绘本中的元素，如角色、场景等，可以加入自己的理解创造。比如，阅读绘本《彩虹色的花》（［美］麦克·格雷涅茨/文·图）后，我们可以让幼儿画出或找出自己心中彩虹色的花；阅读绘本《小房子》（[美]维吉尼亚·李·伯顿/文·图）后，我们可以让幼儿用积木、雪花片、硬纸板等搭建属于自己的小房子等。

图 9-22 建构区一

图 9-23 建构区二

2. 把绘本内容和生活情景结合进行建构

把绘本内容和生活情景结合进行建构，完成知识的迁移和拓展，在这样的建构环境中提倡绿色节俭环保理念。比如，阅读绘本《第一次上街买东西》（[日]筒井赖子/文，[日]林明子/图）后，引导幼儿搜集家中日常用品的各种包装模拟超市环境，扮演顾客、营业员、收银员等各种角色，体验商品交易；阅读绘本《鳄鱼怕怕 牙医怕怕》（[日]五味太郎/文·图）后，借助听诊器、白大褂等模拟看病场景；阅读绘本《红绿灯眨眼睛》后，模拟交警指挥交通，学习指挥手势，认识交通标志；阅读绘本《可以量身高的长颈鹿故事书》（[捷克]利伯尔·卓卜纽/文·图）后，可以去实际测量一下身高、树高等，寓教于乐。

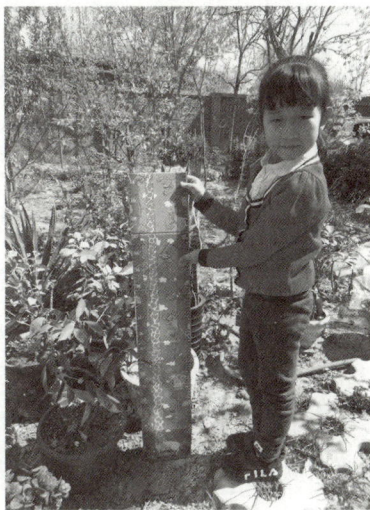

图 9-24 建构区三

（五）绘本与表演区

1. 运用绘本创意表演

充分挖掘绘本中角色、语言、故事情境、发展情节等元素，作为表演区域创作的生发点，鼓励幼儿按自己的意愿进行表演。可以是绘本内容再现，比如，《一园青菜成了精》（编自北方童谣，周翔/图）中蔬菜大战的热闹场景；也可以是新故事的展示，"一池动物成了精"中鱼、虾、蟹、青蛙等上演的争霸赛。鼓励幼儿创编新的情节、对话、故事场景等，鼓励幼儿设计动作、音乐、舞蹈等。

2. 创设表演情境

师生搭建小舞台，借助头饰、手偶、道具、服装等营造生动的故事情境，尤其提倡幼儿发挥想象和创意，自制服装道具，探索使用多种多样的材料，在动手探索中获得更多发展的机会。比如，《鼠小弟的小背心》（[日]中江嘉男/文，[日]上野纪子/图）中，可以做头饰表明角色身份，老鼠、猴子、大象等，可以用塑料袋、衣服、纸等制作小背心；可以增设森林场景，用废旧纸箱做大树、小草、石头等。

3. 采用多种多样的表现形式

可以是真人表演，如幼儿表演、成人和幼儿一起表演；可以是偶人表演，如纸偶、木偶、手指偶、皮影戏等。

图 9-25　表演区

4. 设立绘本表演展示区域

设立专门的活动墙和展示平台，把绘本表演活动和环境创设紧密结合，可以用图片、道具实物、视频等记录幼儿活动，展示幼儿阅读讨论、动手实践以及最终成果形成各个环节，展示幼儿自主活动动态生成过程。比如，绘本剧《鸭子骑车记》（[美]大卫·香农/文·图）要记录各个重要节点，阅读环节，讨论确定演出角色、情节等，制作鸭子、猫、鸡等动物头饰，准备道具车子等，多次彩排，讨论台词等，最终形成完整作品。这些表演活动内容生成环境，环境支持活动。

三、绘本与环境创设

《幼儿园教育指导纲要（试行）》指出，"环境是重要的教育资源，应通过环境的创设和利用，有效地促进幼儿的发展"。环境是教育的"隐形课程"，可以把绘本元素巧妙融入环境创设中，打造书香校园，强调幼儿的参与性，发挥潜移默化的教育作用，让幼儿随时随地可以观察、探索、体会、感悟，促进身心健康全面发展。绘本与幼儿园环境创设可以配合主题活动和区域活动开展，绘本与亲子环境创设可以在亲子活动中开展。

(一)绘本与园所环境创设

墙体、楼梯等环境布置可以利用绘本图片或绘本中的人物，激发幼儿的阅读兴趣，让幼儿浸润在绘本的书香世界里。比如，幼儿园门口家长接送区域可以用经典绘本图片，架设家园共育桥梁，提供绘本阅读的亲子话题；在秋天配合绘本《落叶跳舞》开展树叶画的制作，并用幼儿作品进行环境布置。

图 9-26　环境一

门厅、走廊等环境可以布置优秀绘本推荐环境，并附上绘本解读或推荐理由，为成人、幼儿利用零散时间阅读提供便利。

条件具备的幼儿园可以设立绘本馆，集中展示不同题材的、数量丰富的绘本，让幼儿有自主阅读的资源，并且有场地开展多种多样的绘本活动。

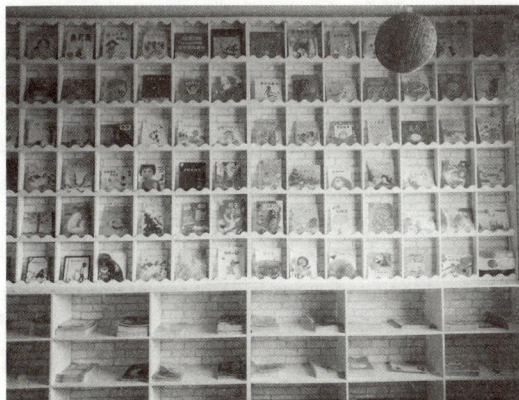

图 9-27　环境二

(二)绘本与班级环境创设

配合主题活动，引导幼儿阅读合适的绘本，挖掘绘本中幼儿感兴趣的知识点进行探究，为自主学习和区域活动提供多种可能性。随着主题活动和区域活动的深入开展，充分挖掘绘本、活动材料、班级环境创设的教育作用。

(三)绘本与亲子环境创设

绘本阅读为亲子环境创设提供了良好的平台，亲子阅读应该是有温度的阅读，在阅读、对话、游戏中，创新丰富绘本内容，增强幼儿与家长的互动，让幼儿在亲情中享受阅读的快乐。首先，注意阅读环境的创设，可以有书房或阅读角，选用固定的时间，晚饭后或睡觉前，选取内容丰富多彩，主题各异的经典图书。绘本的形式也可以多样化，常规书、洞洞书、玩具书等，激发幼儿期待亲子阅读的兴趣。其次，开展多种多样的阅读活动，促进亲子关系。比如，家园共育开展亲子共读绘本漂流活动，记录打卡，为亲子共读创造契机；开展妈妈团爸爸团讲故事活动，提升家长的绘本讲读水平；开展亲子主题绘本展示，让幼儿和家长一起动手自制绘本；开展绘本剧嘉年华活动，和孩子一起表演创编，乐在其中。

绘本可以和主题活动、区域活动、环境创设形成积极有效的互动，绘本既可以是活动的主要内容，也可以是活动的生发点。它们彼此支撑、互相补充，为幼儿学习和建构提供了多种可能性。

第三节　绘本剧的编演活动

绘本剧是指以绘本为蓝本改编而成的幼儿戏剧表演，它综合运用文学、音乐、美术、舞蹈等多种艺术手段表现故事内容。绘本剧表演是目前幼儿园绘本教学的新兴形式，以绘本阅读为基础，以幼儿游戏天性为出发点，以改编创作再现为途径，综合多种艺术手法以戏剧形式呈现。在绘本剧的编演活动中，幼儿在虚拟情境中重新建构自己的经验世界，解放天性，发现自我，认知世界，获得多元发展。

绘本剧的编演活动对于提升幼儿的绘本阅读能力、改编创作能力、综合学习能力、自我表现能力以及人际交往能力等都有重要的意义。幼儿要在绘本阅读基础上进入到故事情境，和故事角色进行深入对话，体会剧中人物的情感，丰富完善故事细节，并能够借助语言、动作、音乐、舞蹈等表达剧中人物的经历和感受，运用创编能力把绘本故事改编为戏剧形式，在表演中体验深层阅读。同时，角色扮演也利于培养幼儿的自信心，增强团队合作精神。

一、绘本剧编演活动的基本原则

(一)合适性原则

绘本剧表演首先要注意选择适合表演的绘本种类。本章第一节提到的故事类绘本就适合表演。此类绘本有完整的故事情节，鲜明的人物形象，有趣的戏剧冲突，图画信息丰富，往往隐藏着有趣的细节。图画还可以生成文字之外的故事内容，如《牙齿大街的新鲜事》（［德］安娜·鲁斯曼/文·图）等。有一些绘本本身就不适合表演，图鉴类的绘本，罗列纪实图片，没有连贯情节，如《自然图鉴》（［日］松冈达英编，［日］下田智美/文·图）等。散文哲思类的绘本，用诗意语言表现对生命、自然的思考，如《风到哪里去了》（［美］夏洛特·左罗托夫/文，［意］斯蒂芬诺·维塔/图）等。其次注意绘本内容的选择。绘本内容要符合幼儿的认知水平，符合不同年龄阶段幼儿的审美能力，编演活动充分考虑幼儿的接受能力，另一方面要考虑符合教学主题的安排。

（二）一致性原则

绘本剧的编演活动立足于深入地理解再现绘本内容，因此要和原作保持一致性，遵循绘本原作的基本情节脉络和主题，不做颠覆性调整。根据再创作的需要可以有部分调整，如故事情境细节的创设、角色的增删、人物数量的调整等，但是主题不能改变。比如，绘本《母鸡萝丝去散步》讲述了狐狸追逐母鸡却屡屡受挫的故事，狐狸紧跟在母鸡身后，每次眼看就要把母鸡吃掉了，总会发生一些意外，让狐狸的计谋失败，并让狐狸得到可笑的惩罚。绘本剧的编演还要遵循这些主要内容，不能改编为走过院子看到霾，绕过池塘看到水污染，主题变为保护环境。

（三）童趣性原则

在绘本剧的编演活动中要尊重幼儿，幼儿是主体，童真童趣是必不可少的部分。童趣一方面来自原作，比如《蚯蚓的日记》（［美］朵琳·克罗宁/文，［美］哈利·布里斯/图）中，小蚯蚓礼貌地和队伍中的小蚂蚁打招呼，结果在那里整整站了一天，因为队伍里有六百只蚂蚁；另一方面来自幼儿表演中的生发创造，一个小朋友表演"大灰狼痛苦地死去了"，他倒地，大口喘息，挣扎起身，又倒地，又大口喘息挣扎起身，反复几次，教师问他为什么这样做，他说他在表演"痛苦"。由此可见，幼儿在故事情境中会经历情感的审美判断，并结合自己的经验进行创造性再现。

（四）多样性原则

绘本剧的编演活动可以有多种呈现形式，如真人扮演、木偶戏、手偶戏、皮影戏等；也可以根据教学活动的需要有多种存在形式，如自发式编演活动，一般在非正式教学场合，幼儿参与人数少，时间短，即兴自发生成。主题性编演活动，一般在正式教学场合，全员参与，教师有明确的组织引导计划，可以是片段式编演。比如，《猜猜我有多爱你》中，可以让幼儿模仿绘本中的情节，比高比跳，也可以表演自己爱的方式和程度。可以是整本剧编演，这个难度比较大，这也是本节主要探讨的内容，涉及情节、角色、道具等，需要师生讨论设计完成，更需要教师有效的组织和引导。

二、绘本剧的创编活动

(一)情节的筛选

1. 要保持与原著的一致性

绘本剧要根据表演的需要对情节进行筛选。遵循绘本的基本情节脉络，遵循幼儿的接受能力，按照线性发展结构，以开端、发展、高潮、结局的顺序设计绘本剧的情节，按照情节发展的轻重缓急，充分设计重点情节，大胆取舍类似矛盾冲突的情节。比如，绘本剧《彩虹色的花》，按照春夏秋冬四季故事推进的时间线索，可以选取花儿与蚂蚁、蜥蜴、老鼠、小鸟的故事。绘本剧《一园青菜成了精》，开端和结局可以弱化处理，就是旁白加演员展示；发展部分侧重塑造主要角色形象，利用萝卜大王出行的阵容以及大王的表情、语言、动作等刻画出萝卜大王的不可一世；高潮部分是双方的斗争场面，需要重点塑造，展示富有个性的角色以及幽默风趣的戏剧冲突。以"小葱端起银杆枪，一个劲儿向前冲。茄子一挺大肚皮，小葱撞个倒栽葱"为例，先增加小葱的亮相部分，韵语独白"我是一棵小小葱，十八般武艺都精通，谁要向我来挑战，关公门前耍威风"，紧接着配上肢体动作，表明自己的无敌实力。茄子上场不用说话，一挺肚子，气势汹汹的小葱一下变成倒栽葱，再配合夸张的音乐动作，戏剧效果自然呈现。《嗡嗡嗡》([日]五味太郎/文·图)刻画了小蚊子和青蛙、变色龙、河马、袋鼠、乌鸦、螳螂、乌龟等的矛盾冲突。作品属于三段式结构，每段故事中矛盾冲突有相似性，可以根据表演时长或幼儿喜好进行情节删减。

2. 补充细节发挥想象，强化戏剧冲突，适当增加戏剧的张力

戏剧冲突是戏剧表演不可缺少的部分，也是带给幼儿思考的部分。比如，《我爸爸》有一页说"我爸爸什么都不怕，连坏蛋大野狼都不怕"。如何塑造这个情节，仔细观察画面，大野狼灰溜溜地走向门外，远处树后面藏着小红帽和三只小猪。在这里，小红帽和三只小猪成了我爸爸的鲜明对比，绘本剧表演时可以抓住这一细节，利用对比塑造人物形象。还可以不改变主题情况下，增加戏剧冲突。比如，《彩虹色的花》中彩虹色的花把自己的花瓣一片又一片送给了蚂蚁、蜥蜴、老鼠、小鸟、刺猬等。如果没有戏剧冲突，每出现一个角色就送出一片花瓣，后面就失去了观赏的乐趣。在小鸟一节我们就增设了一只小兔子和一个戏剧冲突，当彩虹色的花又要赠送花瓣的时候，小兔子上前阻拦，甚至可以和观众互动，向所有人发问，要不要帮助别人，怎样帮助别人。这样既打破了表演的界限，台上台下融为一体，把观众拉到情境中来，也强化了主题，启发幼儿思考问题。另外，强化戏剧冲突也可以利用角色语言、动作以及音乐舞蹈等表演细节进行烘托和渲染。

(二)角色的塑造

角色塑造是绘本剧表演中重要的一环，出色的角色塑造既体现了幼儿对绘本原作的理解力，又体现了幼儿鲜活生动的表现力。角色塑造主要处理好以下问题。

1. 角色自身的塑造

绘本剧表演通过外形、声音、动作等方式立体化塑造角色。绘本剧的角色要实现物性和人性的统一，既要有自身的特点，又要融入人的情感。首先，塑造好角色的典型化特征，猴子抓耳挠腮、兔子蹦蹦跳跳、小鸟叽叽喳喳、大象体态笨重声音相对低沉缓慢、狐狸体态轻盈声音相对响亮尖细……通过拟形拟声表现角色本身的特征。其次，塑造角色自身的个性化特征，通过语言、动作、道具等突出角色的独特性。比如，灰太狼那句口头禅"我一定会回来的"、红太狼的平底锅、懒羊羊头上独特的装饰等。角色的个性化特征既可以根据绘本内容提示设置，也可以加入表演者自己的理解，符合绘本基调即可。再次，强调表演的投入和夸张，对角色动作心理进行深入挖掘，塑造有质感的角色，追求有态度的表演，让孩子们演谁是谁，"我就是"，真听真看真感受。最后，利用角色间的反差突出角色的特征。比如，《鳄鱼怕怕　牙医怕怕》写鳄鱼去看牙医，虽然两个角色台词一样，但是心理定位是不一样的，表演时能够进行区分角色自然就立体起来。

2. 角色数量的增删

根据表演的需要角色的删减很容易，只要不影响故事情节进程的角色都可删减；角色的增加比较复杂，可以有以下途径。一是增加画面中出现但是文字部分不出现的角色，比如，《蚯蚓的日记》中那只栖息枝头的瓢虫，《一园青菜成了精》中空中飞舞的小飞虫。二是凭空增加线索性的角色，比如，《鳄鱼怕怕　牙医怕怕》整个绘本只有两个角色，如果表演需要可以增加角色，如一只见证全过程的小蜜蜂，增加的角色不对故事情节产生实质性的变动即可。三是增加小角色的数量，比如，《母鸡萝丝去散步》绕过池塘时旁观者有两只青蛙，表演中可以根据需要进行数量的改变。四是背景道具也可以实现角色扮演，花草树木万物有灵，皆可实现角色扮演，比如，《彩虹色的花》我们就设计了春风和花的舞蹈，《驴小弟变石头》([美]威廉·史塔克/文·图)石头也可以说话。

3. 角色演员的确定

在角色扮演中要根据自愿和合适原则，教师发现每个孩子的闪光点和特质，找到他们在集体表演中最合适的位置。根据多元智能理论，每个孩子都有自己的优势发展区。绘本剧表演作为综合艺术可以满足不同孩子的需要，如有的侧重表演，有的侧重舞蹈，有的侧重唱歌，有的侧重手工等。

(三)语言的运用

绘本剧表演中的语言可以分为叙述语言和角色语言，叙述语言就是旁白，可有可无。如果有一定简单明了，通俗易懂，选用一些感官字眼激发想象、渲染故事氛围，起到铺垫和衔接的作用即可。角色语言是塑造的重点。首先，角色语言要符合角色身份，用音色、粗细、快慢等体现不同角色的差异。一般体型庞大的声音厚重低沉，如老虎、狮子、大象等；体型小巧的声音响亮细嫩，如小老鼠、小猫、小鸟等。年老的语速较慢，年轻的语速较快。绘本《晚安猫头鹰》(〔美〕佩特·哈群斯/文·图)涉及多种动物的叫声，比如，蜜蜂嗡嗡嗡、松鼠喀哧咔哧、麻雀叽叽喳喳、鸽子咕咕咕咕……《鸭子骑车记》(〔美〕大卫·夏农/文·图)涉及动物叫声和不同的语气。比如，"哞——"母牛应了一声，可她心里想："一只鸭子在骑车？这可是我见过最愚蠢的事!""汪!"狗应了一声，可他心里想："这可是真功夫呀!"……都可以做角色语言训练使用。其次，角色语言要符合情节要求，用语气、语调、节奏等表现故事的轻重缓急。具体情境下的语言创编可以采用儿歌、童谣的形式，朗朗上口，方便幼儿记忆，又能交代故事情节。比如，《彩虹色的花》中我们设计了这样的台词："小蚂蚁，别着急，我的花瓣来帮你，变成小船水中滑，把你送到奶奶家!"再次，要保持角色语言的一致性，拟声过程中保持声音的稳定性，不能一个角色前后不一致。最后，角色语言创编的时候注意逻辑性，保持情节的前后关联，目标要指向情节的发展，而不是简单的重复。《嗡嗡嗡》中我们选取了小蚊子和青蛙、小蚊子和河马的情节，创编的时候学生们都爱用这样的开场白"今天天气真好，我要出去走走"，简单重复没有任何意义。经过讨论，我们把河马的台词修改为"咦？没人了，看来我错过了一场好戏。天气这么好，晒晒太阳，听听音乐，睡睡懒觉，啊……"这样既呼应了前面的情节，又开始了新的情境。

(四)音乐舞蹈道具

音乐舞蹈道具都属于绘本剧表演的附加成分，可以根据教学以及使用场合的需要进行取舍，好的编排和创意会大大提升绘本剧表演的效果。

关于音乐，整个作品都可以贯穿音乐背景，要注意裁剪衔接，符合故事情境和发展节奏，同悲同喜，起到烘托渲染的作用；另外还要注意和表演贴合同步，部分使用音乐，只在关键处起到画龙点睛的作用。音乐的选用可以有以下几种选择。选用已有的音乐作品，比如，据绘本《长城》(李健/文·图)改编的绘本剧选用了歌曲《精忠报国》、绘本剧《嗡嗡嗡》选用了胎教音乐《打蚊子》等。现在还有专门针对绘本内容创作的音乐，大家可以参考许卓娅老师的音乐游戏活动、胡瑛婷老师的绘本音乐创作、周杏坤与兰芳编著的《绘本中的音乐创作与活动》，结合奥尔夫音乐活动。绘本剧《嗡嗡嗡》结尾舞蹈就选用了胡瑛婷老师创作的音乐："小蚊子飞来了，嗡嗡嗡嗡嗡嗡，小青蛙哇哇叫，头上叮了个包……"还可以旧瓶装新酒，采用熟悉的幼儿歌曲的音乐旋律，根据绘本内容重新填。比如，幼儿歌曲《其多列》是欢快的云南哈尼族民歌，歌曲短小活泼，《落叶跳舞》中我们就可以用它的旋律吟唱"小树叶，小树叶，秋风一来轻摇曳，唱歌跳舞做游戏，多快乐，多快乐"。贴近绘本内容的音乐可以让幼儿在欢愉之余对作品有更多的熟悉理解和感悟。

关于舞蹈，建议短小精炼，整齐活泼，动作易于幼儿掌握，舞蹈数量不宜过多。舞蹈的使用位置灵活。可以在开场，比如，《蜡笔小黑》(〔日〕中屋美和/文·图)开场时表现蜡笔的快乐；可以在情节的衔接部分，比如，《落叶跳舞》可以用简单的舞蹈动作进行故事情节的衔接过渡，《彩虹色的花》中用花朵和风的舞蹈表示季节的更替；可以在作品最后，总结延伸，比如，《嗡嗡嗡》最后用音乐舞蹈带领幼儿重温故事情节。舞蹈的设计尤其注意可以让幼儿自由发挥，如《蚯蚓的日记》中有一场蚯蚓的舞蹈聚会，跳什么，怎么跳，可以让幼儿自己来呈现；也可以打破表演界限，加入观众的互动，如《嗡嗡嗡》中加入一段见面打招呼的舞蹈，"小蚊子，做运动。前飞飞，后飞飞。左飞飞，右飞飞。转呀转个圈，say hello!"演员可以走下舞台邀请观众加入。

图 9-28　《落叶跳舞》舞蹈设计

图 9-29　《彩虹色的花》舞蹈设计

关于道具，绘本剧的道具使用提倡节俭环保原则，可以提供一些具体的实物，也可以是非具体的替代物，充分发挥孩子们的想象力，提倡无限创意。比如，用塑料袋做外衣、大的纸盒包装做大树、纱巾作风等。可以无实物演出，也可以以一当十，比如纱巾，围在身上做裙子，迎风挥舞做树枝，拽在后背做澡巾，铺在桌上做台布……比如，绘本剧《我的情绪小怪兽》，学生们用硬纸板塑造了开心、愤怒、悲伤等五个小怪兽，还用废报纸、纸箱等做了舞台装饰花草树木等。另外每一次绘本剧编演活动都可以设计成主题教学活动，可以让小朋友们手工制作道具，而且可以多次使用。除了在演出时使用，同时还可以放到美术区、建构区、表演区等进行环境创设。

图 9-30　《我的情绪小怪兽》道具设计

三、绘本剧的演出活动

（一）热身活动

首先观摩学习。模仿是学习的第一步，可以让幼儿观摩影视资料，有条件的话甚至可以开展深入幼儿剧团的活动，观摩演员的排练、演出。其次解放天性。在幼儿喜欢游戏的基础上激发创造，利用肢体、语言、道具、环境创设等完成初步的表演训练。热身活动可以包括以下内容。

心理调试训练：鼓励孩子勇敢自信，让孩子敢于走上台前，放松心情，身姿舒展，尤其注意眼睛要有定点，目光正视前方，大胆微笑和观众交流。比如，开展不同主题的 T 台秀、睡衣派对、劳动最光荣、沙滩风情、运动风采等。

肢体造型训练：用肢体说话，可以从简单到复杂，完成一个人、两个人到多个人的造型，教师可以有明确的训练计划，并给出明确的指导意见。一个人的训练，可以练习身体的变化，从小变大，从大到小，也可以完成一个人的模拟训练，比如模仿大树、石头、小鸟、小猫等；还可以模仿不同情境下人的活动，比如触觉、味觉、嗅觉的模仿，起床，丢东西等。两个人的训练，可以练习人与人之间的动作，如握手、拥抱等；也可以完成对物品的模拟，如摆数字、变椅子、演示被风吹等。多个人的训练，培养协作能力，多人合作完成蝴蝶、蜻蜓、钟表等形象的塑造。

图 9-31 《彩虹色的花》蜥蜴造型

图 9-32 花朵造型肢体训练

声音造型训练：模拟不同的动物的声音；模拟不同的人物的声音；模拟不同的情境中、不同情感色彩背景下声音的变化。

空间位置训练：感受空间位移和空间关系。空间位移让学生探索不同的移动方式，比如走、跑、跳等。空间关系让学生掌握好自己和他人在舞台上的空间位置，比如路径练习走弯曲线、两人互相模仿"照镜子"、前后左右方向的行动等。

片段综合训练：综合运用肢体、语言、道具等配合音乐、舞蹈进行小的片段练习。比如，配合音乐《两只老虎》把歌词从头到尾表演出来。

（二）舞台位置

绘本剧演出的场地就可以看作一个小舞台，可能是教室、绘本馆、舞台等，表演中舞台上的人和物注意保持均衡，不要偏台，同时保证主要情节在舞台中央区域完成。在实践中要引导幼儿完成定点训练和走位训练。定点训练是指幼儿知道自己在舞台上的准确位置，固定在某一个地方进行表演，比如，《彩虹色的花》小兔子出场位置在小房子前面，这是一个定点，她要表演起床；第二个定点在舞台正中心，她要有独白，实践中教师可以在地上贴标记或利用道具位置方便孩子们识记。走位训练是指动态的轨迹训练，幼儿上场、表演直到下场整个过程的空间移动。师生要规划每个角色空间移动的位置，如果只有一个角色在舞台上，要注意站在舞台中央；如果多个角色在舞台上，要注意不遮挡原则，尽可能每个幼儿都能面向观众，配合情节发展的要求，注意表演时间的控制。

图 9-33 《彩虹色的花》舞台位置

(三)排练活动

在绘本阅读基础上，师生讨论确定绘本剧的角色和情节，在排练中呈现创编计划，并进一步详细讨论修改，经过多次排练确定细节，提高表演的流畅度、完整性和合理性。在排练中，由静到动，首先呈现每一幕的定格画面，选主要情节定格于某一点成为一个静止的故事画面，分布好角色的空间位置，然后让画面活起来，确定每个角色的出场、台词、空间移动、退场以及和下一幕的衔接。绘本剧每一幕均按这样的方法排练，合成之后即为整部作品。在排练中可以考察台词是否合适，动作设计是否合理，衔接是否流畅，表演是否到位，辅助因素如何更好地和表演结合。排练是修改完善创编活动的实践环节，也是绘本剧演出最重要的环节。

图 9-34 排练活动

（四）正式演出

在正式演出过程中，除了绘本剧的表演展示之外，还要注意候场、突发情况处置以及退场等细节。候场注意保持安静等待，不要打打闹闹或无所事事，教师要引导幼儿关注表演情节，思考自己上台的时机，温习台词动作等。遇到突发情况，鼓励幼儿不要紧张，以自己的理解完成表演，可以有随机的台词动作生成。比如忘了台词，教师或其他同学可以及时衔接修改，当和音乐衔接不匹配的时候，也可以随机增减。表演结束之后一定离开表演区域再结束表演状态，而不是台词讲完就嘻嘻哈哈退场，强调只要在舞台上就应该有故事情境的状态。

图 9-35 《落叶跳舞》正式演出

图 9-36 《彩虹色的花》正式演出①

问题讨论

1. 如何把握同一绘本的不同层次的主题？

2. 如何在绘本剧的编演活动中体现儿童本位思想？

课后练习

1. 从绘本讲读、绘本复述和朗诵、绘本创编三种活动中任选一个，设计一个幼儿园绘本文学活动方案。

2. 设计一个能丰富幼儿前阅读经验的绘本阅读活动方案，并说明设计理由和意图。

3. 围绕一本绘本设计一次主题教学活动，涉及五大领域、区角活动或环境创设等。

4. 小组自选一本绘本，开展一次绘本剧的编演活动。

---

① 本章绘本教学活动插图由石家庄幼儿师范高等专科学校、北京多米妮卡儿童之家、河北省省直机关第十幼儿园、邯郸广平县第一幼儿园等单位提供。

第十章　绘本教学多维方法论

1. 了解和掌握绘本教学的原则。
2. 掌握绘本教学整体设计的方法。
3. 掌握集体绘本教学活动中的整体设计。
4. 掌握绘本的教学策略。
5. 了解并掌握绘本教学评价的内容和标准。

学习导图 ▶

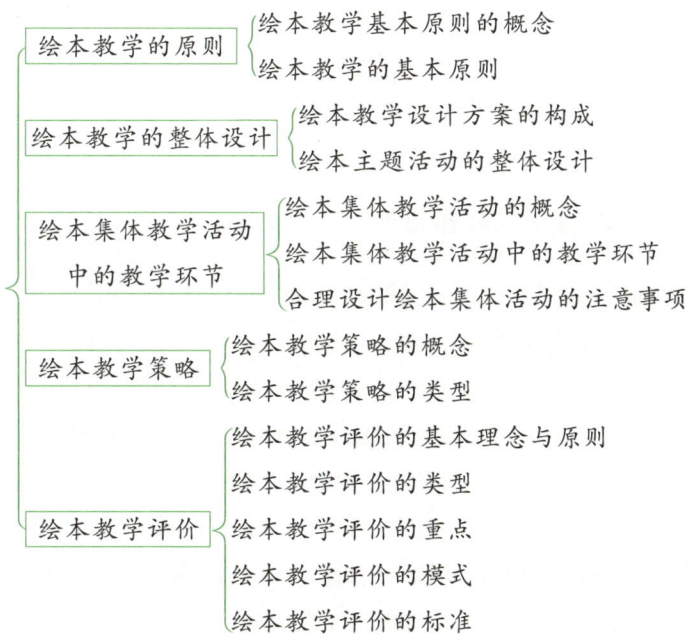

绘本教学的原则 — 绘本教学基本原则的概念
绘本教学的原则 — 绘本教学的基本原则

绘本教学的整体设计 — 绘本教学设计方案的构成
绘本教学的整体设计 — 绘本主题活动的整体设计

绘本集体教学活动中的教学环节 — 绘本集体教学活动的概念
绘本集体教学活动中的教学环节 — 绘本集体教学活动中的教学环节
绘本集体教学活动中的教学环节 — 合理设计绘本集体活动的注意事项

绘本教学策略 — 绘本教学策略的概念
绘本教学策略 — 绘本教学策略的类型

绘本教学评价 — 绘本教学评价的基本理念与原则
绘本教学评价 — 绘本教学评价的类型
绘本教学评价 — 绘本教学评价的重点
绘本教学评价 — 绘本教学评价的模式
绘本教学评价 — 绘本教学评价的标准

学习导言 ▶

　　方法论是关于目标及其实现途径的理论。绘本教学作为一门课程，方法论则是关于绘本教学目的及其实现教学目的途径的理论体系。绘本教学方法论是一门系统的、科学的、多维的理论体系，它是实现绘本教学目的的理论支持，它是实施绘本教学过程各个环节合理推进的理论基础，它是绘本教学原则、教学设计、教学策略、教学评价等诸多教学理论的总和。

《幼儿园教育指导纲要(试行)》(以下简称《纲要》)提出："为幼儿一生的发展打好基础""满足他们多方面发展的需要，使他们在快乐的童年生活中获得有益于身心发展的经验"。这也是绘本教学的目的。绘本教学需要积极贯彻《纲要》的精神，明确教学原则，依据绘本的学科特点科学设计教学目标与教学过程，采取科学有效的教学策略，进行多元教学评价，从而实现《纲要》的目的和要求。

第一节　绘本教学的原则

绘本教学的原则是绘本教学多维方法论的重要组成部分，是实现绘本教学目的的要求和准则，是绘本课程教学规律的反映，是指导绘本课程教学的重要依据。

一、绘本教学基本原则的概念

绘本教学原则是实现绘本教学目的，完成教学目标，依照绘本教学过程规律制定的指导教学的基本要求和行为准则。

首先，绘本教学原则要为实施绘本的教学目的、教学目标服务。其次，绘本教学原则要合乎绘本教学过程的基本规律。最后，绘本教学原则还要指导绘本教学内容的加工处理、教学方法手段的选择使用以及教学环节的设计等活动。

二、绘本教学的基本原则

根据绘本的教学目的和学科特点，绘本教学原则如下。

(一)本位性原则

本位性原则是把幼儿作为本位的教学原则。一切从幼儿出发，一切立足于幼儿的立场，一切围绕幼儿一生的发展，是绘本教学的基本原则。幼儿文学从本质上说就是反映幼儿生活情趣的文学，是以幼儿为本位的文学。儿童本位论者认为，教育最根本的目的是使幼儿的本性和本能得到高度健全的发展，他们提出教育要充分关注儿童的实际经验和主观兴趣。因此，本位性原则要求绘本教学要从幼儿的兴趣出发，需要根据幼儿自身的特点设计教学内容和方式。真正把幼儿当作教学的中心，"把教育的中心搬一个家，从学科上面搬到儿童上面"(杜威语)，需要"由儿童的感官直接诉诸其精神堂奥者"(周作人)，要"表现儿童想象与情感生活，应儿童天性最高部分之要求，扩大人生喜悦同情与兴趣者也"(张圣瑜)。所以，本位性原则就是要求教师在绘本教学时，一切从幼儿本体出发，充分了解幼儿的心理，尊重幼儿的人格，关注幼儿的兴趣，关注幼儿的情感，以期来发展幼儿的个性，愉悦和丰富幼儿的精神世界。

(二)快乐性原则

快乐性原则是让幼儿获取快乐的教学原则，让幼儿得到快乐是绘本教学的最终目的。弗洛伊德认为，人生主要目的是由快乐原则决定，人生的意义和最高目的是追求幸福与快乐。从绘本中获取快乐是幼儿阅读绘本的最直接动机。妙趣横生的画面、离奇古怪的情节都会给幼儿带来快乐。一本本绘本是带给幼儿快乐的源泉，快乐不仅能振奋幼儿的精神，还能促进幼儿身心的健全和健康发展，能增强幼儿的自信心，能培养他们积极乐观的情感。高尔基说"儿童文学是快乐的文学"，尤其是在幼儿身心发展的关键时期，通过绘本教学能够满足幼儿童真好奇和活泼好动的天性，使幼儿的身心得到愉悦，使幼儿得到快乐的成长。如嘉贝丽·文生的《流浪狗之歌》[①]，虽然是一本无字图画书，但却感人至深，会给幼儿带来无限的快乐。

图 10-1 《流浪狗之歌》封面

(三)审美性原则

审美性原则是以培育幼儿美的意识、美的观点为目的的教学原则。审美意识是幼儿对绘本的审美体验，审美意识只有通过对图文并茂的绘本的体验和感受才能培育。绘本教学的首要功能就是审美，从整体上提高幼儿的素质。郭沫若说："人的根本改造应当从儿童的感情教育、美的教育入手……文学于人性之熏陶，本有宏伟的效力，而儿童文学尤能于不识不知不识之间，导引儿童向上，启发其良知良能——借罗素的话表示时，即所谓'创造的冲动'，敢于自由创造，自由表现，是故儿童文学的提倡对于我国社会和国民，最是起死回春的特效药。"绘本教学要依靠直观的形象去感染幼儿，让幼儿充分感受情感美与语言美，满足幼儿的审美需求，培养幼儿的审美意识，使幼儿逐步潜移默化地树立起真善美的意识，纯化幼儿的心灵使情感

---

① ［比］嘉贝丽·文生：《流浪狗之歌》，10页，武汉，湖北美术出版社，2010。

得到升华，培养幼儿的适应未来社会发展的健全人格。绘本是儿童最早接触的绘本作品，阅读绘本是培育幼儿审美意识和心理健康发展的最有效的方式。绘本里的插图以具有艺术美感的视觉画面呈现，不仅能使幼儿得到最初的艺术和审美熏陶，还能帮助幼儿发泄内心紧张和恐惧等有害健康的情绪，疏导幼儿的心理障碍，治疗幼儿的阅读障碍和脑部疾病。精美的绘本不仅对幼儿的审美产生重大影响，还能有效的救治和矫正幼儿的心理障碍和疾病。如拖德·帕尔的《你是特别的，你是最好的》，绘本里的每一幅画面都非常美，"长了不同的鼻子没关系"是一只大象，"和别人肤色不一样没关系"是两只斑马……画面的色彩、线条、构图的每个环节都合乎幼儿的审美需要，文字和画面相互配合达到了绝妙的审美效果。

(四)感受性原则

感受性原则是根据幼儿学习绘本的方式而提出的教学原则。幼儿阅读绘本还处于直觉感受的阶段，幼儿阅读绘本是依靠视觉和听觉等器官直接感受的思维方式来完成的。绘本的教学过程本质上是幼儿依靠视觉和听觉等器官的感受过程，他们往往依靠感受的本能，他们对那些熟悉的事物感兴趣，他们的注意力主要集中在自己感兴趣的形象、色彩和声音上，因此，幼儿还处于直观性的感性认识阶段。别林斯基曾说："应当竭力使孩子们尽量少领悟一些，但要多感受一些。"领悟和感受是两种不同的能力，领悟属于理性的辨识和思考，而感受则是属于感性的知觉。绘本具有色彩和谐和构图优美等特点，它们给幼儿提供了纯正的视觉形象，带给幼儿纯正的审美感受，带给幼儿无限的思考，满足着幼儿的审美需要。

(五)整合性原则

整合性是绘本教学的原则。不管是一般的绘本课堂教学还是绘本教学的综合实践活动，都离不开整合性原则。整合性原则是在设计绘本教学时，都要把绘本的各种内容、各种方法进行有效地整合。绘本内容的整合是以绘本活动内容为基点，把与之联系密切的内容进行整合。譬如，可以围绕绘本教学内容的价值追求这个基点把与之联系密切的内容进行整合，也可以围绕绘本教学内容间的内在联系进行整合。绘本方法的整合包括对幼儿经验和教师经验进行整合，对绘本静态阅读和动态阅读进行整合，对幼儿自创绘本和作家创作的绘本进行整合，还可以对幼儿真实生活的渗透阅读和绘本教学进行整合，可以对绘本教学的各种手段进行整合等。

绘本教学整合性原则要把幼儿主动地探究问题作为出发点，要把幼儿自主地发现和讨论问题作为目标。要根据幼儿的兴趣，让幼儿自己去阅读绘本并从绘本中选取和确定问题，让幼儿主动地去讨论和探究问题，让幼儿主动地运用已经获取的知识去解决问题。要充分调动幼儿自主地探究问题的积极性，激发幼儿强烈的探究意识和创新意识，从而培育幼儿自主地探究问题的意识和素养。

整合问题离不开对发现和探究问题的反思。反思问题要把绘本教学的内容跟幼儿的生活经历和经验以及已有的文化知识密切地结合起来，跟幼儿所关心的问题以及幼儿的履历情境密切相关。教师要站在幼儿的角度，对绘本教学的内容和方法进行反思，如整合的内容是否能促进幼儿多元化发展，整合的材料是否是达成教学目标的最佳材料，选择的教学策略是否适当，设计的提问能否激发幼儿深层次的思考和探究，每个教学环节是否科学有效、环环相扣，时间的安排是否合适，教学的核心环节的感知与质疑、探索与发现等时间是否充分，是否给了幼儿相互交流和讨论的机会与时间，等等。绘本教学只有对整合的内容进行反思，才能提高幼儿的综合素养和得到好的教学效果。

（六）游戏性原则

游戏是幼儿的天性，是幼儿最基本最喜爱的活动。幼儿往往通过游戏来获取知识，得到快乐，练就技能，使自己身心得到发展。高尔基说："儿童文学是快乐的文学。"幼儿阅读绘本，"往往将作品与玩具同构，来满足其爱玩的游戏天性，追求一种身心娱乐的快感。这种娱乐是在一种置身其中忘我状态的游戏性快感体验，是儿童主体欲望得到满足后产生的满意喜悦的身心解放"。幼儿用"玩具同构"的阅读方式来满足着他们爱玩和游戏的天性，他们在玩耍中释放着内心巨大的能量，满足着自己内心的强烈的渴望，尽情地享受着身心的愉悦感和快感。

《纲要》指出："为幼儿提供健康、丰富的生活和活动环境。"这为教师设计幼儿的游戏活动提出了要求。健康而又丰富的生活场景和活动场景才能让幼儿喜欢游戏，乐于游戏，在游戏里激发幼儿对生活与绘本内容的思考，让幼儿通过游戏与生活和绘本里的人物情节进行对话、交流、理解，对生活的意义和价值重新架构，从而加深幼儿对生活意义与价值的理解，让幼儿享受生活的快乐。绘本教学的过程是幼儿游戏和"玩儿"的过程。绘本教学要充分发挥幼儿游戏和"玩儿"的功能，让幼儿确立人本意识和生命意识，让幼儿回归生活，这是绘本教学赋予幼儿的生命活力和生活的意义。幼儿游戏和"玩儿"的过程是幼儿学习文化知识的过程。幼儿在游戏和"玩儿"的活动中，唤起幼儿的自我需求，使幼儿联系自己的已有经验和已有文化知识，吸收和融合新的文化知识，建立起自己的文化知识体系。

绘本教学只有遵循上述原则，才能实现《纲要》制定的健康、语言、社会、科学、艺术等目标，才能达成绘本教学的任务和目标，才能使幼儿得到全面的发展。

第二节　绘本教学的整体设计

绘本教学把运用图文并茂的绘本作为媒介，通过教师和幼儿的共同活动落实绘本教学目标的过程。绘本教学的整体设计是用先进的课程理念与教学理论以及传播学理论为指导，运用科学的系统方法来分析和探究绘本的教学需求，设计绘本的教学方法和步骤，形成完整的绘本教学方案，并对实施绘本教学方案的教学效果做出价值判断的规划和操作过程。绘本教学整体设计的目的就是能够优化绘本教学的过程，能够切实提高绘本教学的质量。绘本教学整体设计包括绘本教学的整体设计、绘本教学的主题活动整体设计、绘本教学的集体活动整体设计三种，本节仅对绘本教学和主题活动整体设计情况做些分析。

一、绘本教学设计方案的构成

绘本教学的整体设计方案包括绘本教学分析、绘本教学目标、绘本教学的重点与难点、绘本教学过程、绘本教学课环节、优秀绘本推荐几个部分。

(一)绘本教学分析

绘本教学分析可以分为绘本课程目标、绘本文本与学生情况以及实施条件等分析。

1. 绘本课程目标分析

对照《纲要》和学前专业培养人才目的，认真分析和落实绘本课程制定的人才培养目的和培养方案，绘本教学怎样促进幼儿的发展，促进幼儿的哪一方面培养目标的发展。譬如，通过体育活动，能培养幼儿坚强、勇敢、不怕困难的意志力等。

2. 绘本文本分析

包括对绘本文本的题目、封面、正文内容、封底等进行分析，对文本所蕴含的知识、情感与价值等诸多要素进行分析。如《鼠小弟的小背心》（［日］中江佳男/文，［日］上野纪子/图）里，故事讲完后还有一幅插图，画面上鼠小弟在大象的鼻子上荡秋千，秋千的就是被大象拉长了的小背心。

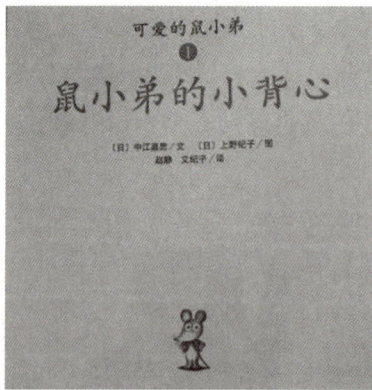

图 10-2 《鼠小弟的小背心》封面

3. 绘本教学环境等情况的分析

比如，绘本教学对幼儿活动场景的设计或对教学环境的布置等是否有利于激发幼儿学习积极性等。设计场景，可以在教室里填上一些幼儿喜欢的小动物、小卡通人物等。

4. 学情的分析

包括对幼儿已有经验、阅读背景、阅读需求与阅读任务的分析等。每个幼儿的学情互不相同，甚至是相差很大，教师要一一的进行分析，做到心中有数，并针对每个幼儿具体学情开展教学。

(二)绘本教学目标

根据美国教学论专家舒伯特的思想，可以设计绘本教学的行为性目标、生成性目标、表现性目标等。根据布鲁姆的分类理论，可以从认知、情感、动作三个方面来设计绘本教学的目标。从认知理论上，可以从发展幼儿的知识、领会、运用、分析、综合、评价等方面进行设计；从情感上，可以通过幼儿发展的接受、反应(价值观念、组织价值观念系统、价值体系个性化等)两个方面进行设计；从动作理论上，可以依据幼儿的观察、模仿、练习、适应等方面进行设计。目前较为常见的还是从幼儿发展的知识与技能、过程与方法、情感与价值观三个维度来设计绘本教学的目标。如教学《逃家小兔》绘本里兔妈妈和兔宝宝的对话，可以设计激发幼儿的想象力、帮助幼儿形成逻辑思维能力与让幼儿体验母子情感等目标。

《逃家小兔》活动设计

扫一扫，看资源

"如果你变成了园丁，找到我了"小兔说，"我就要变成小鸟，飞得远远的。"
"如果你变成小鸟，飞得远远的，"妈妈说，"我就变成树，好让你飞回家。"

图 10-3　《逃家小兔》内页 1

(三)绘本教学的重点与难点

绘本教学的重点，指绘本教学中那些促进幼儿发展的最基础、最重要的知识技能方法与价值和情感等内容。绘本教学的难点，指绘本里那些难讲清楚或幼儿比较难理解和容易发生歧义的教学内容。教师要精心阅读绘本内容，依据每一绘本的特点和教学目标，设计好每一绘本每堂课的教学重点和难点。如《逃家小兔》，可以把激发幼儿的想象力作为重点，可以把让幼儿体验母子情感作为难点等。

(四)绘本教学过程

绘本的教学过程是一个依据绘本的内容与特点，采取适合而有效的教学方法与策略，围绕绘本教学目标而展开的教师与幼儿以及绘本三者之间的交往认知和发展实践的活动。设计一个完整的绘本教学过程需要围绕引发学习动机、领会知识、巩固知识、运用知识和检查知识五个阶段展开。

图 10-4　《逃家小兔》内页 2

1. 激发学习动机

　　学习动机是推动和维持幼儿学习的内在动力和心理准备状态，学习动机跟幼儿的兴趣与求知欲密切相关。像绘本《活了 100 万次的猫》《猜猜我有多爱你》，绘本画面生动，色彩鲜明，形象优美，就能激发起幼儿的兴趣，引发幼儿积极情感与强烈的注意力，刺激幼儿的内心感受，引起幼儿的阅读欲望，能把绘本的教学目标内化成幼儿的需求。

图 10-5　《活了 100 万次的猫》封面

2. 领会内容

　　让幼儿领会绘本的内容是绘本教学设计的重要环节，领会绘本内容主要围绕初步感知与理解两个环节来设计。一是设计好初步感知环节。让幼儿初步感知绘本的画面是为了使幼儿生成大量的表象，大量的表象累积在幼儿大脑里就会为幼儿认识画面和理解表象做好准备。二是设计好理解画面的环节。幼儿依靠自己的知觉就能理解画面的内容，幼儿在知觉画面的过程中，引发对画面内容的思考，感受画面蕴含的情感，产生幼儿对画面的认识，从而形成幼儿的综合素养。此外，领会内容还要设计好感知画面的情境，帮助幼儿领会绘本内容。像《你看起来好像很好吃》《南瓜

汤》《我要我的牙齿》等绘本通俗易懂，形象简单，只要给幼儿提供一个独立的感知情
境，幼儿就能领会绘本的内容。

图 10-6　《你看起来好像很好吃》封面　　　图 10-7　《南瓜汤》封面

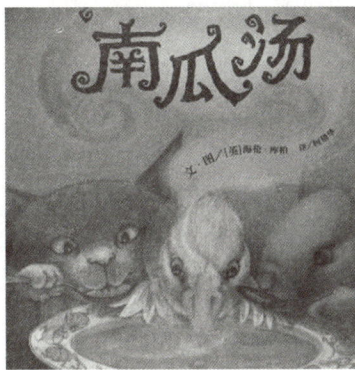

3. 固化内容

设计好固化内容也是绘本教学的重要任务，是帮助幼儿真正领会内容的步骤。
教师在这一环节要设计相当数量的问题进行思考，安排幼儿阅读相当数量的绘
本。设计固化内容的任务，要强化绘本教学目标的难点和重点，也要兼顾绘本
教学的一般性内容，要有助于加深幼儿领会内容，形成幼儿的综合素养。如学
习《逃家小兔》后，可以设计"如果你变成一棵树"或"如果你变成一条鱼"等问题
让幼儿思考，就能固化幼儿领会兔妈妈和兔宝宝间的母子情感，使幼儿的想象
力得到激发。

4. 学会运用

运用绘本知识也是教学设计的重要部分，它是固化知识的重要途径和方法，是
形成幼儿综合素养的重要环节，是学习绘本知识的最终目的。教师要合理设计一系
列的绘本实践活动，让幼儿运用学到的绘本知识去解决实际的生活问题，培养兴趣，
建立情感，形成正确的态度和价值观念等。如绘本《我爸爸》，教师可以设计让幼儿
用画笔画一画爸爸的形象，来达成固化知识的目的。对绘本《彩虹色的花》，可以通
过设计让幼儿唱歌、跳舞或朗读来达到固化知识的目的。

5. 检查评价

设计绘本教学的检查评价是绘本教学设计的最好任务。教师要设计好对每堂课
绘本教学目的的达成情况和幼儿对教学内容的领会情况检查评价的问题，设计好教师
自我检查评价与幼儿自查等问题，并据此及时调整与完善绘本教学的设计方案。

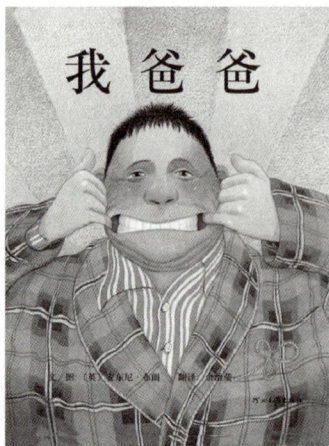

图 10-8 《我爸爸》封面

图 10-9 《彩虹色的花》封面

(五)绘本教学环节

设计一堂完整的绘本教学课需要围绕设计导入新课环节、设计对绘本的初步品读、设计思议图画的问题和设计让幼儿整体回味的问题四个环节展开。

1. 设计导入新课环节

设计好导入新课是绘本教学的重要任务，关系绘本课堂教学的成败。设计导入新课关键的核心在于激发幼儿的兴趣，问题要设计得引人入胜，让幼儿兴趣盎然地走进绘本阅读中。兴趣是最好的老师，绘本教学要从激发兴趣开始。因此，设计导入新课的问题能否激发幼儿的阅读兴趣是评定设计成功与否的关键。如绘本《夏天的天空》，作者围绕白云把对大自然的种种奇思妙想倾泻在图画里，教师围绕白云设计几个问题就能让幼儿产生兴趣，就能让幼儿对绘本爱不释手。

图 10-10 《夏日的天空》内页

2. 设计对绘本的初步品读

设计好对绘本品读的问题是绘本教学设计的重要任务。设计好绘本品读的问题要设计好导读、阅读、再次阅读等步骤的问题。这部分设计的核心在于能否让幼儿了解绘本的内容，设计导读是让幼儿初步感知绘本的内容，设计阅读问题的目的是让幼儿了解绘本的基本信息和情节等情况，设计再次阅读是让教师和幼儿一起阅读，让幼儿整体把握绘本的内容。如绘本《爱心树》，要让幼儿了解情感的细腻变化，教师可以设计"大树为什么有时快乐，而又有时难过孤寂"等问题完成对情感细腻变化的初步了解。

3. 设计思议图画的问题

设计好思议图画问题的关键是能够随机设疑。教师要随机设疑，应围绕让幼儿思考图画、议论图画的环节来设计好需要思议的问题，设计好让幼儿反复阅读、反复思考、反复议论以及反复交流的问题，引导幼儿走出绘本并走进生活，建立并加深幼儿对生活的思考和理解，生成健康的生活态度和向上的情感，实现绘本的教学目标，养成幼儿的综合素养。如绘本《勇气》，可以设计问题："什么样的勇气才是令人敬畏的？"让幼儿思考，让幼儿围绕"勇气，是刚搬到新地方，你大方地说：'嗨，我的名字叫伟利。你们呢？'"展开交流等。

图 10-11 《勇气》封面

4. 设计让幼儿整体回味的问题

设计好让幼儿整体回味的问题是绘本教学的最后任务。教师要围绕绘本教学的延伸活动来设计一些问题，让幼儿从整体上回味绘本内容，反思自己对绘本内容的掌握情况，让幼儿在活动过程中享受快乐和乐趣。如学习绘本《活了 100 万次的猫》后，让幼儿扮演成猫，体验猫的 100 万次的活过来的感受，让幼儿从整体上回味《活了 100 万次的猫》的经历，从整体上把握《活了 100 万次的猫》的内容。

(六)优秀绘本推荐

每堂绘本教学课结束时，教师可结合所学绘本内容推荐给幼儿一些优秀的绘本读物，帮助幼儿选择并正确阅读绘本，以期指导幼儿今后的读书活动。比如，可向幼儿推荐阅读绘本书目《活了 100 万次的猫》《爱心树》《逃家小兔》等。

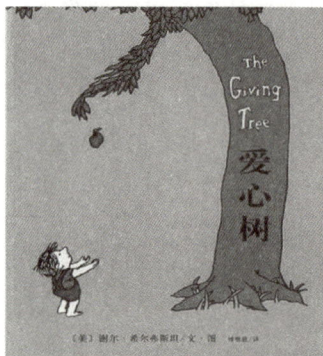

图 10-12　《爱心树》封面　　　　　图 10-13　《逃家小兔》封面

二、绘本主题活动的整体设计

(一)设计绘本活动的主题

根据《纲要》确定的幼儿教育内容和要求，围绕健康、语言、社会、科学、艺术五个领域，教师可结合某一绘本的内容或整合相同与相似主题的绘本内容，来设计绘本教学活动的主题。如《纲要》里的科学目标部分提出"对周围的事物、现象感兴趣，有好奇心和求知欲……关心周围环境，亲近大自然"的要求，围绕"月亮"设计一次了解月亮的教学活动，让幼儿围绕"探索宇宙奥秘"的主题来展开活动。

(二)分析主题活动背景

主题活动背景分析包括以下方面。

关于政策情况，《纲要》提出了培养幼儿的健康、语言、社会、科学和艺术五大领域，并在每部分提出了相应的标准、内容与要求、指导要点，为落实《幼儿园教育指导纲要》精神，要对每个部分进行仔细地分析，并加以落实，如探索"月亮"的秘密，对"月亮"产生科学的认识。

关于幼儿情况，教师要对学生的已有经验和兴趣进行分析，充分了解其需求，如幼儿有着对宇宙了解的欲求，有着对探索"月亮"的兴趣等。

关于教学情况，根据绘本教学目标和教学的进度情况进行分析，如学习阅读《中秋节》这篇绘本。

关于时间情况，绘本教学内容与时间节点进行关联，如农历八月十五的时间节点。

(三)设计主题活动的目的

根据《纲要》《指南》等来设计好绘本类主题活动的目的。如围绕培养幼儿科学的探索精神，根据某种植物或动物设计主题活动，可以激发幼儿的探究意识以及求知的欲望，达成让幼儿了解自然、亲近自然、爱护自然、保护自然等活动目的。

（四）设计主题活动的指导要点

根据《纲要》的第二部分的"指导要点"和绘本"教学目标"来设计绘本主题活动的指导要点。《纲要》中的科学部分指导要点里提出："幼儿的科学教育是科学启蒙教育，重在激发幼儿的认识兴趣和探究欲望。要尽量创造条件让幼儿实际参加探究活动，使他们感受科学探究的过程和方法，体验发现的乐趣。科学教育应密切联系幼儿的实际生活进行，利用身边的事物与现象作为科学探索的对象。"例如，针对以探究"月亮"奥秘的主题活动可以来设计指导要点，如月亮为什么是银色的？月亮为什么圆了又缺、缺了又圆？等等。

（五）设计主题活动的延伸内容

主题活动正在进行或结束以后，教师要围绕绘本教学的主题来设计一些横向或纵向的多方位的拓展活动，把绘本主题活动延伸到与之相关联的其他活动中。如以"月亮"为主题的探究活动，可以以绘本《中秋节》为起点，引导幼儿探究发现农历每月十五月亮的特点，了解月亮在一个月内的变化，特别是上弦月、下弦月的特点，还可让幼儿围绕绘本《中秋节》，搜集和整理大量有关月亮的绘本与其他资料等。

（六）设计主题活动评价的问题

主题活动评价是主题活动的最后环节。教师要设计一些问题对绘本主题活动开展情况展开评价，诸如设计的绘本活动的主题是否科学，设计的问题对主题活动的背景情况的分析是否全面，设计的绘本主题活动的目的是否实现了，设计的绘本主题活动的指导要点以及绘本主题活动的延伸是否科学，等等。

总之，只有对绘本主题活动做出科学而又实事求是的评价，才能有利于今后绘本主题活动的开展。

第三节　绘本集体教学活动中的整体设计

集体教学活动是实现绘本教学目标的重要方式。绘本集体教学活动既是幼儿习得知识的方式，也是幼儿验证和运用知识的方式。在绘本集体教学活动中，幼儿的兴趣得到激发，情感得到建立，审美意识和价值观念得到建立，幼儿的综合素养得到提升。

一、绘本集体教学活动的概念

《纲要》第三部分"组织与实施"第二条指出："幼儿园的教育活动，是教师以多种形式有目的、有计划地引导幼儿生动、活泼、主动活动的教育过程。"幼儿的教学活动有广义和狭义之分，从广义上说，幼儿的教学活动指幼儿园针对幼儿开展的所有活动；从狭义上说，教学活动指在教学时间内由教师设计组织的教学活动。狭义的教学活动有三种：一是指有目的与有计划的教育活动；二是指以教师为主导和以幼儿为主体的教育活动过程；三是指幼儿园教育活动的形式多样性。由此来看，集体教学活动是幼儿园教育活动的重要形式，是教师为完成教学目标而设计组织的让幼儿进行有效学习和提高综合素养的过程，是激发和引导幼儿身心全面与和谐发展的活动过程。

绘本集体教学活动是教师根据绘本的教学目标而组织的有计划、有目的、形式多样的教学活动。绘本集体教学活动是一个完整的教学系统，它由许多相互联系和前后衔接的环节构成。

二、绘本集体教学活动的教学环节

根据绘本集体教学活动启蒙性、趣味性、游戏性、综合性以及整合性的特点，可以对绘本集体教学活动设计以下几个环节。

(一)绘本集体活动主题的设计

1. 选择好的绘本

好的绘本是实现集体活动教学目标的前提，是绘本集体活动教学有效开展的保证。选择绘本，一是选择幼儿感兴趣的绘本。兴趣是幼儿参与集体活动的第一需要，赏心悦目的绘本能够吸引幼儿，让幼儿兴趣盎然地去思考，让幼儿主动地进行探究活动。这就要求教师选择内容有趣尤其是画面有趣的绘本，如《逃家小兔》等。二是选择那些合乎幼儿年龄特征和已有经验的绘本。选择绘本要合乎幼儿的年龄阶段特征，要结合幼儿的已有经验，才能让幼儿接受和满足他们的需要。那些情节单纯、篇幅短小的绘本更适合婴幼儿阅读，如张乐平的《三毛日记》等。三是选择科学性强的绘本。要选择那些科学信息正确的绘本，要选择那些形象、线条、色彩和文字等信息正确的绘本，才能促进幼儿健康有序的成长。那些具有科学信息的绘本，如《爷爷一定有办法》等。四是选择那些具有教育性的绘本。只有选择有教育意义的绘本，才能让幼儿形成正确的思想观和价值观，才能培养社会需要的人才。如汤素兰的绘本《小灰兔找朋友》《红鞋子》等。总之，选择好的绘本是绘本集体活动的第一个重要环节。

图 10-14　《小灰兔找朋友》封面　　　　图 10-15　《红鞋子》封面

2. 设计好绘本集体活动的名称

选择好的绘本后，设计绘本集体活动的名称要注意下面几点。一是准确得体。绘本集体活动名称能准确表达活动内容，恰当反映活动的范围和深度。如语言活动《小青蛙听故事》，活动名称就表明了集体活动的范围是语言，深度是幼儿小班。二是简短精练。用词需要精选，力求用少量字数恰当反映活动内容。如阅读绘本《逃家小兔》后安排一次《兔妈妈找兔宝宝》的语言游戏，集体活动的内容就比较明确。

(二)设计绘本集体活动的目标

1. 设计绘本集体活动目标的意义

绘本活动目标是集体教学活动的导向标，是对幼儿绘本集体活动的学习任务和发展结果的预期性规定。设计明确而又合乎实际的活动目标是绘本集体活动区别于其他教学活动的标志。绘本集体活动的目标贯穿于整个集体教学活动，它直接决定着集体教学活动的方向和效果。可以设计观察你喜欢的植物或动物为集体活动目标的活动，让幼儿认识绘本里的植物或动物的特性；也可以设计让幼儿认识季节为集体活动目标的活动，让幼儿在活动中认识季节的特征和变换等。

2. 设计绘本集体活动目标的原则

设计绘本集体活动的目标要遵循整体性、趣味性以及本位性等原则，设计的目标要让幼儿感兴趣，要能引起幼儿积极的探究欲望，要有利于集体活动目标的实现。如安排一次《兔妈妈找兔宝宝》的语言游戏活动，贯彻的就是绘本集体活动的游戏性原则。

3. 设计集体活动目标需要考虑的问题

设计绘本集体活动目标需要考虑难易程度、整体架构、重要环节和具体可行性几个方面的问题。

(1)设计集体活动目标的难易程度

集体活动目标的难易程度需要难易适中，要充分关注到各水平幼儿的发展。设计集体活动的目标，要有合适的难度和挑战性，要考虑幼儿的已有经验和能力的提升，还要适合幼儿的已有经验与能力水平。既要能够完成既定的目标，又要让幼儿的已有经验和能力得到提升。如《小马过河》适合低年级幼儿读，《活了 100 万次的猫》适合高年级幼儿阅读等。

(2)设计集体活动目标的整体架构

设计集体活动目标的整体架构，需要多维度的考虑幼儿身心发展的需求，考虑幼儿的全面发展尤其是幼儿经验的完整性发展。可以从发展幼儿的认知、动作技能和情感体验三个纬度来设计，也可以从发展幼儿的知识和技能、过程与方法以及情感态度与价值观等纬度来设计，既要让幼儿得到知识技能的提高，也要让幼儿的综合素养得到全面发展。

(3)设计集体活动目标的重要环节

设计集体活动的目标还要设计好活动的重要环节，如绘本的阅读可以设计观察阅读、想象阅读、探究阅读、感悟阅读等环节，可以设计集体活动的动员、探究、总结等环节。要让幼儿都积极地参与集体活动，跟其他幼儿一起进行自主地探究活动，让幼儿充分体验集体活动的乐趣，享受集体活动的快乐等。如绘本《小青蛙听故事》的语言活动的目标可以是：一是了解《小青蛙听故事》的内容；二是理解词语，静悄悄、安安静静等；三是大胆地表述自己的想法等。

（4）设计绘本集体活动的目标要具体可行

设计绘本集体活动的目标要具体可行，设计的问题要有针对性，要有切实的可操作性。集体活动的目标要针对绘本的具体内容、具体情节而设计，切忌设计那些不切合幼儿实际需要和情形的目标。设计的目标一定要适合幼儿的理解水平。如艾瑞·卡尔的绘本《饥饿的毛毛虫》，写了一条毛毛虫从破壳而出到变成蝴蝶的过程，它巧妙地利用了1~7七个数字代替一周七天，还掺杂着许多幼儿爱吃的食物等。幼儿结合自己的已有经验就能够认识蝴蝶蜕变的过程，了解蝴蝶蜕变的时间，并了解蝴蝶爱吃的食物。设计这样的目标就是切实可行的。

另外，设计好绘本集体活动目标的表述角度也很重要。教师表述集体活动的目标，一定要站在幼儿的角度，用幼儿习惯的方式去表述，要用合乎幼儿思维方式的、幼儿能够理解的词语来表述。

（三）设计好绘本集体活动的准备工作

实施绘本集体活动前，教师要切实设计好扎实细致的准备工作。教师除了把握绘本特点外，还要设计好下面的准备工作。

1. 摸清幼儿已有经验

设计集体绘本活动前，要充分了解幼儿已有知识和经验与知识和经验的准备情况。教师可以通过家长或其他渠道了解绘本集体活动所需要的相关知识，了解集体活动所需要的幼儿已有经验，让幼儿积极准备和阅读相关资料，保证幼儿积极主动地参与到绘本集体活动中来。

2. 绘本集体活动材料的准备

绘本集体活动离不开活动的材料。绘本集体活动前，教师要结合班级幼儿的已有知识和经验，依据设计的集体活动目标和活动内容，跟幼儿一起准备大量而丰富的活动材料。让幼儿阅读数量充足的活动资料，为绘本集体活动的进行奠定坚实的基础。如围绕幼儿学会倾听，可以准备一些具有教育意义、情节趣味横生的绘本教材，如《大熊有一个小麻烦》《小羊过桥》等，让幼儿在阅读绘本过程中学会倾听。

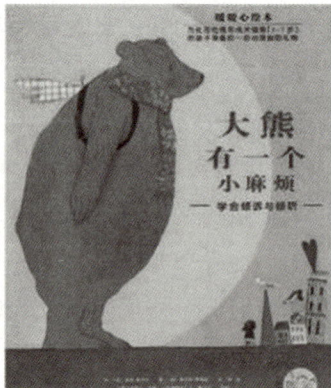

图 10-16 《大熊有一个小麻烦》封面

3. 设计好适合的集体活动情境

适合的集体活动情境是激发幼儿活动兴趣的重要条件。绘本集体活动前，教师要设计好适合的集体活动情境，要依据绘本集体活动的内容、幼儿年龄和已有经验，结合幼儿生活中的一些事件，创设生动真实、科学有效的活动情境，发挥情境对幼儿的激发作用，建立起集体活动、幼儿已有经验以及幼儿生活间的桥梁。

(四)绘本集体活动过程

《纲要》指出："尊重幼儿身心发展的规律和个体差异，根据幼儿不同的发展水平、已有经验及学习方式，选择有效的活动内容、形式和教育方法，使每个幼儿都有充分活动和表现的机会。关注有特殊需要的幼儿，并给予积极的支持和帮助，促进每个幼儿富有个性的发展。"教师要认真学习和深刻理解《纲要》精神，并根据《纲要》的精神设计好绘本集体活动的过程。

1. 设计好绘本集体活动的过程

设计绘本集体活动的过程，要深入学习《纲要》，把"为幼儿一生的发展打好基础"作为绘本集体活动的最终目标，要尊重幼儿身心发展规律和学习特征，充分了解幼儿的已有经验，围绕幼儿兴趣而选择适合的教学策略，让幼儿得到全面发展。幼儿是整个绘本集体活动过程的主人，教师要站在幼儿的角度设计集体活动的一切问题。如围绕绘本《小青蛙听故事》的语言活动可以设计以下活动过程：一是导入活动课题；二是让幼儿阅读绘本课件，初步了解故事内容；三是教师讲述故事，让幼儿复述，提出自己的疑问等。

2. 要有强烈的绘本集体活动过程的目标观念

设计绘本集体活动过程时教师要有强烈的目标观念，要充分地考虑绘本集体活动的每个环节，要考虑绘本集体活动目标怎样达成和怎样的推进等，要时刻凸显绘本集体活动的目标，舍弃那些与目标没有直接关联的热闹场面、翻新花样、丰富活动等环节。

(五)设计好绘本集体活动的建议

依据绘本集体活动的特点，绘本集体活动要围绕具体绘本来进行设计。总的说来，要围绕下列问题设计好绘本集体活动的建议。

1. 设计好绘本集体活动的意义

从绘本集体活动意义上说，设计合适有效的绘本集体活动需要考虑三个要素：一是绘本集体活动环节是否合乎幼儿需要；二是设计的绘本集体活动的目标是否可行；三是设计的绘本集体活动的结构是否合理。从纵向来看，绘本集体活动的环节需要环环相扣，层层推进，要围绕集体活动的教学目标来开展。从横向看，绘本集体活动环节的安排，要能激发幼儿的已有经验，让幼儿自主地参与，要为实现绘本集体活动的目标来服务。

2. 设计的问题要适当

适当的问题能够激发幼儿探究的兴趣，能够引发幼儿对绘本内容的思考和探索，能培养幼儿的创造精神和实践能力，使幼儿健康地成长。设计"适当"的问题，一是设计的问题与集体活动目标的联系度。设计问题要围绕集体活动的目标展开，应该是集体活动目标的分解和细化，要充分关注到幼儿的差异，要简洁明了。二是设计的问题与集体活动目标要有切合度。设计的问题要与绘本集体活动的目标相切合，还要与幼儿的已有经验相切合。三是设计的问题的挑战度与开放度。设计的问题要有一定的挑战程度，才能达到幼儿对问题探究的效果。设计的问题还要有一定的开放程度，才能激发幼儿探究问题的深度和广度，才能使幼儿在已有经验的基础上去发现新的问题。四是设计的问题要有层次。即使是同一年龄阶段的幼儿，其认知问题的能力也有明显差异，兴趣和关注点明显不同。因此，教师要依据幼儿个体差异去设计不同难度的问题。难度大而灵活性强的问题让程度较好的幼儿回答，基础性与综合性的问题让中等程度的幼儿回答，比较简单的问题让程度一般的幼儿回答。只有设计出"适当"的问题，才能调动和巩固幼儿的兴趣，激发幼儿的求知欲望并建立自信，才能提高他们探究问题的能力。

3. 设计绘本集体活动提问的时机

设计好提问的时机也很关键。孔子《论语·述而》说："不愤不启，不悱不发，举一隅不以三隅反，则不复也。"在推进绘本集体活动的进程中，教师要把握好幼儿"不愤不启""不悱不发"的提问时机，要留给幼儿充分的思考问题的时间。合适的提问时机，既能够培养幼儿的问题意识，也有助于幼儿思维方式的形成，还能调动幼儿学习的积极性和主动性。

(六)设计好绘本集体活动的延伸环节

绘本集体活动内容的整合性是设计绘本集体活动延伸活动的依据，教师要围绕绘本集体活动的中心，把绘本集体活动延伸到区域活动、游戏活动，延伸到各领域的教学与幼儿的日常生活当中。绘本集体活动延伸要依据具体的活动内容而展开，不要脱离绘本集体活动的主题和目标。如围绕绘本《逃家小兔》设计集体活动延伸，可以将延伸活动设计为亲子间的装扮游戏，利用道具和服装让家长和孩子把自己装扮成想要变成的样子，让幼儿在活动延伸中享受到快乐，并使幼儿的创新能力得到相应的训练和提高。

(七)设计好绘本集体活动的评价与反思环节

绘本集体活动的评价和反思，可以围绕下面几个问题来设计。

反思幼儿实际情况。主要反思了解的情形是否合乎真实情形等。

反思绘本集体活动的目标。主要反思目标设计是否合理等。

反思绘本集体活动的过程。主要反思设计的过程是否合理等。

反思绘本集体活动设计的问题。主要反思设计的问题是否合理等。

反思绘本集体活动问题提出的时机是否合适等。

三、合理设计绘本集体教学活动的注意事项

合理的集体活动的教学环节需围绕关注整体、尊重差异、着眼探究、激发兴趣、问题引发、刺激需求、注重体验等进行设计。

(一)关注整体

设计绘本集体活动要关注到整个班级与整个班级中的每个幼儿的已有经验和实际情况，关注到班级每个幼儿的整体素养的发展，关注到班级幼儿的整体发展，关注到班级幼儿的全面综合的发展等。

(二)尊重差异

设计绘本集体活动要充分尊重班级中每个幼儿已有经验和实际情况的差异，充分尊重每个幼儿兴趣和习惯的差异，还要尊重每个幼儿的发展差异等。

(三)着眼探究

设计绘本集体活动要着眼于幼儿主动的探究意识的培养，着眼于激发幼儿积极参与到集体活动中来的兴趣，着眼于活动设计科学且适合幼儿发展的问题，还要着眼于整个集体探究活动的推进等问题。

(四)激发兴趣

设计绘本集体活动要设计好激发幼儿兴趣的问题。教师要选择幼儿感兴趣的集体活动项目，把幼儿感兴趣的话题作为集体活动的主题，还要选择幼儿感兴趣的其他材料等。

(五)问题引发

设计绘本集体活动要依据幼儿已有经验和实际情况，围绕绘本内容设计问题。设计的问题要能够刺激幼儿的求知欲望，引发幼儿对绘本内容进行探究，使幼儿的已有经验和新知识得到整合与创造。

(六)刺激需求

设计绘本集体活动所选择的材料和每个环节，要能充分刺激幼儿的内在需求，满足幼儿发展的需要。

(七)注重体验

设计绘本集体活动要注重幼儿在集体活动过程中的情感体验、审美体验与生活体验，在幼儿的体验过程中让幼儿的情感得到提升，让幼儿的审美意识得到巩固，让幼儿的价值观念得到健康发展。

第四节　绘本教学策略

教师采用科学而富有针对性的策略才能实现绘本教学的目标，才能获得实际的

教学效果。绘本教学的策略需要依据绘本的篇目特点和幼儿的实际情况来确定。

一、绘本教学策略的概念

策略是指为实现目的而使用的方式方法和媒体的总和，教学策略是指达成某一学科教学目标而使用的手段和方法。概括诸位专家的意见，"教学策略"可以归纳为：教学策略是指在某一学科的教学过程中，为实现教学目的，完成教学目标，有效地调控教学过程，对教学方式方法和教学媒体等诸多要素的系统决策和设计。那么，绘本教学策略则是指在绘本教学过程中，为实现绘本的教学目的，完成绘本的教学目标，有效地调控绘本的教学过程，对绘本的教学方式方法和教学媒体等诸多要素的系统决策和设计。

二、绘本教学策略的类型

从宏观上说，绘本教学策略包括设计教学目标的策略、教学媒介的选择策略、教学方法的确立策略、教学活动的组织策略、教学反思的方法策略以及教学成绩和过程的评价策略等。从微观上说，则是包括某一绘本的阅读策略等。下面就谈几种常见的教学策略。

（一）宏观的绘本教学策略

1. 生成式教学策略

生成式教学策略是让幼儿自己设计绘本的教学目标，让幼儿自己对感兴趣的绘本内容进行组织，也可以让幼儿自己安排教学的节奏等，教师鼓励幼儿自己通过教学建立起自己独特的学习风格。这种策略，强调幼儿在绘本教学的主体地位，让幼儿自己去处理绘本的教学信息，让幼儿自己安排和把控学习活动的节奏。如绘本《母鸡萝丝去散步》就可以让幼儿自己设计教学目标，如设计下列目标：第一，认识母鸡萝丝；第二，认识狐狸等。

生成式教学策略能让幼儿把自己的已有经验跟自己的认知结构进行有效对接，让幼儿主动地处理所获取的信息，自主地设计选择和尝试，主动地去进行探究。生成式教学策略能够调动幼儿学习乐趣，激发幼儿的探究的积极性。

2. 替代式教学策略

替代式教学策略是教师给幼儿设计好绘本教学目标，组织好教学内容，安排好绘本课堂教学的节奏，使幼儿进行有效的学习。这种教学策略中，教师更像是演出绘本剧本时的导演，而幼儿就像是演员，师生密切合作，共同完成绘本的教学活动。如教学绘本《晚安，月亮》，就可以让幼儿扮演小兔子、小熊、小猫以及小老鼠等角色，在教师的指导下进行表演，用的就是替代式教学策略。

图 10-17 《晚安，月亮》封面

替代式教学策略能够帮助幼儿减少一些学习内容，节省学习时间，这就提高了幼儿解决问题的有效性，能提升幼儿的学习效果。它还具有能使经验较少和学习方法较为单纯的幼儿得到有效的学习等优点。

3. 个体式和小组式学习策略

新型的绘本教学策略要积极地贯彻"一切为了学生""为了每一个学生""国际交往"以及"合作学习"等理念，要切实保证教学中幼儿的主体性地位，把绘本教学变成真正的教师和幼儿间公平合作交往的平台，要确保教师和幼儿间的平等关系。这些都是实施独立与小组教学策略的基础。

根据幼儿间合作和交往的关系，学习教学策略可分为两种形式。一是个体式教学策略。个体式教学策略是以单个幼儿为学习小组，也称个体学习教学策略。个体式教学策略要充分了解幼儿的已有经验，充分强调幼儿的自我发展，不让幼儿参与其他幼儿的交往，是让幼儿单独地进行学习。二是小组式教学策略。小组式学习教学策略是以小组为单位设计和实施学习的教学策略。这种小组学习教学策略是把两个或两个以上的幼儿分为一个小组，而把班级分成若干学习小组，让幼儿以小组为单位一起学习。小组学习教学策略能激发出幼儿最强大的兴趣和潜力，能帮助幼儿主动地去探究学习任务，能增进幼儿间情感的积极交流，保证幼儿充分表述自己的观点和看法，让幼儿间相互分享快乐，能增强幼儿的交往意识和交往技能等。

4. 竞争与合作教学策略

竞争与合作教学策略包括合作和竞争两种方式。

合作式教学策略是把班级幼儿分成若干小组而进行合作学习的教学策略。合作式教学策略可以围绕同一绘本或围绕同一绘本的几个问题展开学习，让幼儿相互讨论，畅所欲言地发表自己的看法，共同完成特定的绘本教学目标。幼儿有比较接近的已有经验是合作式教学策略得以进行和持续的条件，需要幼儿在时间、地点和目标方向上的配合和合作等。

竞争式教学策略是让幼儿间进行竞争的学习策略。竞争式教学策略有幼儿个体与幼儿个体间的竞争、幼儿与群体间的竞争、幼儿群体与幼儿群体间的竞争等形式。

竞争式教学策略的使用需要的条件是：幼儿都会竭尽全力。竞争式教学策略能有效激发幼儿兴趣和探究力，用最少的时间完成教学目标。

(二)微观的绘本教学策略

阅读是绘本教学的基本策略，绘本阅读需要根据绘本的特点，需要充分尊重幼儿的已有经验，调动幼儿的兴趣，才能实现绘本教学的目标。绘本阅读教学策略可以分为从阅读过程、阅读形式以及文本阅读等方面的策略。

1. 绘本阅读过程方面的阅读策略

(1)进入式阅读策略

这是对绘本特点的了解性阅读。在教师的指导下，让幼儿自主地略读绘本，寻找自己喜欢与有疑问的画面进行交流，来了解绘本的大致内容和特点。发现问题和自由述说是进入式阅读策略的根本，幼儿发现哪些问题，教师就跟幼儿讨论那些问题。对于问题，教师要点到即止，不对问题做深入地讨论和分析，不刨根问底，尽量不占用幼儿的时间，尽量把时间留给幼儿介绍自己的发现，让幼儿真正感到他们才是阅读的主人。如佐野洋子的绘本《五岁老奶奶去钓鱼》，观看封面就知道述说的是关于一位老奶奶钓鱼的故事，可为什么说是五岁的奶奶呢？仅仅从封面就激起了幼儿阅读的好奇心，吸引幼儿迅速展开阅读。

图 10-18 《五岁老奶奶去钓鱼》封面

(2)理解式阅读策略

这是用看图讲述的方式引导幼儿阅读的策略。在教师的指导下，让幼儿自由地选择图画，自主地阅读故事情节的片段，并对每幅图画进行仔细地观察且进行叙述。验证已有经验和获取信息的联系是理解式阅读策略的基本要求。教师要把指导幼儿的语言表达和让幼儿学会倾听与学会弥补作为重点，要根据绘本特点和幼儿阅读的需要，适时引导幼儿寻找和建立每幅图画间的联系，让幼儿仔细地感知绘本的部分故事情节，最终理解绘本的内容。如绘本《五岁老奶奶去钓鱼》，幼儿仔细阅读后才恍然大悟，原来是小花猫把这位已经有九十八岁的老奶奶变成了一位五岁的老奶奶，老奶奶获得了像五岁小女孩一样的快乐，是快乐让老奶奶变成了五岁的老奶奶。这样，幼儿就理解了九十八岁的老奶奶变成五岁老奶奶的原因。

图 10-19　《五岁老奶奶去钓鱼》内页 1　　　　图 10-20　《五岁老奶奶去钓鱼》内页 2

（3）分析式阅读策略

这是用绘本故事教学的形式引导幼儿阅读的策略。在教师的指导下，让幼儿有序地阅读整个绘本故事，对整个绘本故事情节与线索以及推进节奏方式进行分析，让幼儿仔细地观察每幅图画，思考每幅图画的编写根据，用心阅读和深入理解图画并让幼儿编讲完整的故事。教师要让幼儿讲述自己编写的故事，教师只是自然地对绘本传递的自然和人文知识进行适度分析，让幼儿充分感受和体验自编故事的快乐。如阅读绘本《跳芭蕾舞的牛》，可以先引导幼儿观察画面的主要人物和故事主线以及画面的其他线索。比如画面里有没有特殊的符号如想象、声音等。其次是分析绘本的文字，有没有像排比、比喻一类的句式，再次是分析绘本的故事结构等，为幼儿的阅读做好准备。当然，对于绘本还可以从文学性、美术性、结构性以及教育性等方面进行分析。

图 10-21　《跳芭蕾舞的牛》封面　　　　图 10-22　《跳芭蕾舞的牛》内页

（4）提升式阅读策略

这是对文字及其他符号等感受性的阅读策略。利用幼儿对文字的兴趣，教师引领幼儿跟随语音指点文字，根据文本所提供的事实寻找相应的形容词、象声词、叠词、排比句、比喻句、标点符号等，来提升幼儿对文字的感受能力，体验书面语言所带来的美感，如文字的韵律、节奏等。同时，教师还要引导幼儿寻找画面上的有关信息，感受图画与文字的对应关系，提升幼儿的阅读兴趣。如阅读日本作家宫西达也的绘本《好饿的小蛇》，好饿的小蛇特别贪吃，先后吃了苹果、香蕉、饭团、葡萄、菠萝，最后竟然吃掉了一棵长满了苹果的大树。结果是蛇的尾巴变成了苹果树的形状，眼睛都打上了叉。这很自然地引发了幼儿的思考：吃了苹果树的小蛇结果会是怎么样呢？这不仅提升了幼儿的感受能力，还提升了幼儿的阅读兴趣。

图 10-23 《好饿的小蛇》封面

《好饿的小蛇》活动设计

扫一扫，看资源

（5）应用式阅读策略

这是依据文本特点选择相应的活动形式来表达对绘本故事理解程度的策略。对那些可以编排成故事剧的绘本，在深入理解绘本的基础上才能表演得有声有色。为满足幼儿的表演欲望，教师可以引导幼儿进行片段式的表演或某个故事情节的对话表演等。当然，有些绘本可以设计成诸多形式的游戏等。如阅读绘本《落叶跳舞》，阅读前可以让幼儿到野外去捡树叶、洗树叶、晾树叶、压树叶。阅读过程中，可以让幼儿在绘本的背景上拼出各种落叶跳舞的姿态，然后再运用语言、动作跟伙伴分享交流。幼儿通过剪、拼、贴等动手操作，不仅感受了落叶跳舞的场景，还练习了动手能力，提升了语言表达和想象能力。

图 10-24 《落叶跳舞》内页

2. 从绘本阅读方式方面的阅读策略

（1）观察式阅读策略

绘本是一种独立的图书形式，文字与图画共同承担着述说故事的功能，图画不仅仅辅助和诠释文字，而且图画与文字相互衬托，共同构成绘本完美的内容，我们需要观察图画和文字间的内在关系。当然，有相当数量的著名绘本只有图画而完全没有文字。绘本《神秘的大衣》图画和文字结合完美，可以让幼儿通过观察清晰地了解绘本的脉络，让幼儿成功阅读绘本作品。

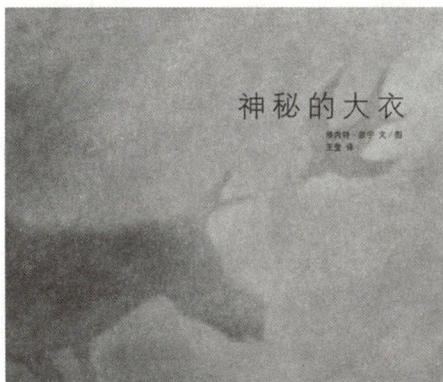

图 10-25 《神秘的大衣》扉页

（2）想象式深入阅读策略

富有想象力的绘本不但能带给幼儿无限的想象空间，还能极大的拓展绘本的内涵，让绘本的内容变得更加充实与丰满。一是让幼儿猜想故事。富有想象力绘本的封面能够让幼儿在阅读前就对故事展开猜想，激起幼儿强烈的阅读欲望。好的绘本的封面能在阅读前激起幼儿对绘本故事的猜想，能引发幼儿的阅读欲望。如绘本《神秘的大衣》的封面，封面上的男人长着一副神秘的样子，胖得不着边际，领子里居然露出来火烈鸟的长脖子、长颈鹿的脑袋、兔子的耳朵等……他的挎包里，蹲着两只非常奇怪的鹅；他像鳄鱼一样的背上，伏着一只乌鸦……二是让幼儿在疑问中展开想象。让幼儿在想象中展开对疑问的答案的追问，让疑问成为放飞幼儿想象的基点，不仅能让幼儿主动地去质疑、猜想，还能让教师深入了解幼儿的实际情况和已有经验，为日后阅读绘本奠定基础。如绘本《我的幸运一天》的名字和封面，幼儿看到后就会不由自主地引发一系列的疑问：我在这一天中有哪些幸运呢？为什么会有这些幸运呢？等等。三是让幼儿大胆联想。让幼儿在现实生活与绘本作品间进行联想，也可以围绕自己所喜欢的人物角色展开联想，让幼儿深入进绘本，扎根于绘本，从而更好地理解绘本。如阅读绘本《蛤蟆爷爷的秘诀》后，就能够大胆联想："假如你遇见了蛤蟆，你会怎么办？""假如你遇到了鳄鱼这样的怪物，你怎么办？"等。

图 10-26 《神秘的大衣》封面

图 10-27 《蛤蟆爷爷的秘诀》封面

（3）游戏式情境阅读策略

设计能够让幼儿产生共鸣的情境，让幼儿不知不觉地通过游戏的方式进入情境当中，展开对绘本的深层次阅读。在游戏的情境中，幼儿可以扮演成绘本里的角色进行表演，或用自己的肢体语言做出积极反应，让幼儿尽情地享受对绘本内容和情节的理解，完成对绘本的解读。如在阅读绘本《猜猜我有多爱你》时，就可以让家长或教师扮演成大兔子，让幼儿扮演成小兔子，展开游戏活动。在游戏活动中，让幼儿充分体验到浓浓的父母的爱和厚厚的师生的情意。

《猜猜我有多爱你》活动设计

扫一扫，看资源

（4）生活式感悟阅读策略

把幼儿的生活跟绘本的内容联系起来，让幼儿根据自己已有的生活经验展开对绘本的阅读，这样不仅能丰富幼儿的生活表象，还能加深和强化幼儿对生活意义和价值的理解。如阅读绘本《我爱你，小猴子》《彩虹的尽头》《猜猜我有多爱你》等，就能让幼儿体验到生活中父母的爱，小朋友之间的爱……就能激发幼儿的爱心，加深父母、朋友间的情感，建立起幼儿的价值观念。

3. 绘本结构方面的阅读策略

(1)部分式阅读策略

这是把整个绘本划分成若干部分进行阅读的策略。多数绘本都是通过连续的一幅幅的画面来述说一个完整的故事，起伏跌宕的故事情节要依靠一幅幅的画面向前推进。教师可以先把绘本故事情节分成若干个独立的部分，然后再对每个部分逐一进行阅读。如绘本《给天使一对翅膀》，阅读时就可以分成三个部分进行。第一部分用集体阅读的方式阅读，小男孩画了一个天使，而天使不要那种有羽毛的翅膀。第二部分用亲子阅读的方式阅读，小男孩给天使画了许多魅力而又新奇的翅膀。第三部分用集体阅读的方式阅读，天使为了报答小男孩，带着小男孩绕着老胡桃树飞了三圈等。

图 10-28　《给天使一对翅膀》封面

图 10-29　《给天使一对翅膀》内页

(2)主干式阅读策略

这是在不影响幼儿理解绘本主题的前提下，教师抽出绘本故事的主干让幼儿展开阅读的教学策略。运用主干式阅读策略，教师先要引导幼儿对绘本故事的主要情节展开阅读，然后再让幼儿对绘本故事情节展开深层次的阅读。如绘本《蛤蟆爷爷的秘诀》《神秘的大衣》等。

(3)细节式阅读策略

这是让幼儿通过细致地观察绘本里的有趣细节来感受绘本美好意境的策略。幼儿绘本的一幅幅画面中都蕴含着故事的细节，即使是在少量的文字里也隐藏着人物与心理、情节和情境等诸多方面的细节，教师要引导幼儿抓住绘本中的画面以及人物心理、情节情境等方面的细节展开阅读，就能直接切入绘本的核心，就能更细致地感受绘本的魅力。如绘本《母鸡萝丝去散步》，扉页里的地图就是母鸡萝丝散步的线路。画面把萝丝的家、院落、池塘、草垛、磨坊、篱笆以及蜂房围绕母鸡萝丝散步的主线串联起来，构成了一个萝丝散步的大的画面，可见作者设计细节的巧妙。

（4）整体式阅读策略

这是引导幼儿对绘本内容进行整体性阅读的教学策略。好的绘本故事精彩，情感丰富，艺术感染力强烈，让幼儿对这样的绘本内容展开整体性的阅读，就能引发幼儿对已有生活的体验，就能满足幼儿情感上的需求。整体式阅读策略包括从封面猜故事、读好环衬、细读扉页、阅读正文、读好封底等环节。如绘本《给天使一对翅膀》《猜猜我有多爱你》《彩虹的尽头》等，在教学的最后环节就可以运用整体式阅读策略来阅读。

第五节　绘本教学评价

绘本教学评价是用特定的方法与途径对绘本教学目标、教学过程及教学效果等问题的价值与特点做出判断的过程。绘本教学评价是绘本教学设计的基本环节，对绘本教学的教学质量和幼儿综合素质的养成具有导向和监控作用。绘本教学评价需要哪些理念和原则，需要评价哪些内容，需要用怎样的评价方法和制定怎样的标准等，需要建构起一套完整的绘本教学的评价体系，以期保证绘本教学活动的顺利进行，使幼儿得到全面发展。

一、绘本教学评价的基本理念与原则

基本理念与原则是绘本教学评价的依据，是绘本教学价值判断的基础。

（一）绘本教学评价的基本理念

绘本教学评价的目的在于"在课程评价之前设想或规定的课程评价活动所欲达到的效果或结果"[1]，绘本教学评价的目的决定着绘本课程评价的策略与评价信息的收集利用，它制约着评价标准的制定，决定着整个绘本教学的评价过程。绘本教学评价的目的，需要切实促进幼儿的全面发展。

1. 促进幼儿的发展

绘本教学的最终目的是让每个幼儿都得到全面的发展。使幼儿得到全面发展，不仅是绘本教学评价的出发点和落脚点，也是绘本教学评价的核心标准。

绘本教学评价不仅要激发幼儿兴趣和习惯的培养，要注重幼儿经验和技能的获得，还要注重幼儿情感态度与价值观的生成。评价需要充分关注幼儿的个体差异与幼儿已有经验和不同发展的需要，还要尊重和认可幼儿个性化的价值取向，依照幼儿不同的生活背景与教育理论，客观地判断幼儿的发展潜能，设计出极具个性化的发展目标与评价标准，提出适应幼儿发展的方案。绘本教学评价需要让幼儿参与评

---

① 参见沈玉顺：《现代教育评价》，11 页，上海，华东师范大学出版社，2002。

价的整个过程，使绘本教学评价充分发挥促进幼儿反思成长、认识自我、激励自我与改造自我等诸多功能，从而促进幼儿的全面发展。

2. 促进教师专业化的发展

绘本教学评价的目的还在于促进教师的专业化发展。绘本教学评价的过程是教师对绘本教学进行反思的过程，是教师对设计的教学目标和重点、难点、教学过程、教学延伸等环节进行自我评价的过程，是对幼儿已有经验与需要发展的知识技能与情感态度以及价值观等进行重新评价的过程，是对采用的教学方法是否正确的判断过程。通过对绘本教学的自我评价，教师的专业化水平就能得到相应的提升。

3. 促进绘本教学的发展

通过绘本教学评价，可以使绘本课程教学目标设计得更加科学，使绘本课程教学内容更加合理，使绘本的教学策略更加精密，使绘本学科教学质量得到进一步提升。

(二)绘本教学评价的原则

1. 客观性原则

客观性原则指在进行绘本教学评价时，从断定的标准和方法到评价者的态度与评价结果，需要合乎客观实际，不能掺杂个人情感和主观臆断。坚持客观性原则，在于对幼儿的学和教师的教形成客观的价值判断。如果绘本教学失去了客观性的原则，就会导致教学决策上的失误，从而失去了绘本教学评价的意义。

2. 整体性原则

整体性原则指在进行绘本教学评价时，要对组织和实施绘本教学活动的各个要素给予全方位和多角度的整体评价。绘本教学系统是个由诸多方面和环节构成的综合体，包含着教学过程的复杂化和教学目的的多元化等诸多要素。整体性原则需要把定性评价和定量评价综合起来，互相参照验证，还要区分主次、把握轻重，以期形成全面而准确的价值判断。

3. 指导性原则

指导性原则指在进行绘本教学评价时，把对绘本的教学评价和教学指导结合起来，对绘本教学的评价结果进行细致的分析，找出绘本教学各要素间的关联，形成明确的价值判断的因素，及时地反馈信息，指导教师的改进方向。

4. 发展性原则

发展性原则指在进行绘本教学评价时，凸显促进幼儿发展而重视评价的幼儿发展的核心功能等。发展性原则要求教师要瞄准幼儿一生的发展这个中心，要围绕促进幼儿多方面潜能的发展做文章，要注重绘本教学过程性的评价，要分析幼儿每天有无发展，有哪些发展。这是绘本教学评价的根本性原则。

二、绘本教学评价的类型

绘本教学评价从不同的角度划分有不同的类型。

(一)围绕绘本教学主体的评价

站在绘本教学主体的角度，绘本教学评价分为自我评价和外来评价两种类型。

1. 自我评价

自我评价指绘本教师自己对实施教学方案的评价。自我评价的优点在于教师了解绘本课程设计方案的目标和过程，能够根据评价的结果对绘本课程目标和方案进行修订和完善。自我评价的缺点是教师可能局限于自己的设计方案和目标，不了解其他同科教师的设计思想，会形成主观性强的评价结果。

2. 外来评价

外来评价指绘本教师以外的其他教学工作者所实施的评价。外来评价正好弥补了自我评价的欠缺，其他教学工作者虽然对绘本教学的目标和方案不太了解，但却可能有更为开阔的评价思路，得出的结论往往具有客观性，令人信服。

(二)围绕绘本教学标准的评价

站在绘本教学评价标准的角度，可以把绘本教学评价分为相对评价、绝对评价与幼儿差异评价等类型。

1. 相对评价

相对评价是选取绘本教学里一个或若干要素作为评价标准，然后将绘本教学中的其他要素与这个要素的评价标准进行比较并做出区分的评价。它首先要确定绘本教学中各个要素的先后顺序，然后测定出各要素的相对位置。它的优点是通过对绘本教学各要素进行比较，比较客观公正的确定出各要素的位置，可以把评价结果作为改进绘本教学的依据。它的缺点是重在排队选优，没有把幼儿的努力和进步程度考虑进去，因此评价缺乏激励作用。

2. 绝对评价

绝对评价是在绘本教学评价各要素外确定一个客观的标准，将绘本教学各要素跟这个标准进行比较，来测定绘本教学各要素与评价标准的差距。它的优点是可以测定绘本教学各个阶段目标达成的程度，明确了教学目标的实施情况，能对每个幼儿进行针对性的指导。它的缺点是对幼儿完成任务的数量难以确定，对绘本教学目标和内容的评价是否全面等都难以评价。

3. 幼儿差异评价

幼儿差异评价是把教学班的每个幼儿的过去与现在进行比较，或对幼儿各个侧面相互比较。它的优点是能充分关注到每个幼儿的差异，使每个幼儿得到发展，还能指导教师深入了解幼儿差异，有针对性地去指导教学。它的欠缺是缺乏跟外部进行比较的标准，难以了解幼儿在总体中的相对位置。

(三)围绕绘本教学的评价作用

站在绘本教学评价作用的角度可以把绘本教学评价分为诊断性评价、形成性评价和总结性评价三种。

1. 诊断性评价

诊断性评价指教师在绘本教学开始时，为了检查幼儿已有经验、学习准备状况以及影响到幼儿学习的其他因素而进行的测定。教师根据测定结果，可以重新设计绘本教学目标，调整绘本教学计划，对幼儿进行深入了解，为今后教学工作做好准备。

2. 形成性评价

形成性评价指在设计绘本教学目标和教学过程中，为改进和完善绘本课程的编制与教学活动而进行的对幼儿学习过程及结果的测定。依据测定的结果，可以帮助幼儿分析和评价自己的学习情况，制定出改进学习的方案。形成性评价是一种贯穿整个绘本教学过程的评价，教师可在教学推进过程中进行评价，及时调整教学计划，使绘本教学的效果得到提升。

3. 总结性评价

总结性评价指在绘本教学实施一个阶段后或学期末，对绘本教学效果进行测定。教师进行总结性评价，可以对绘本教学效果有个实事求是的评价，能够提高绘本教学的成效。

三、绘本教学评价的重点

绘本教学评价包括对绘本课程教学本身的评价、对幼儿与教师的评价。其中，最重要的是对幼儿的评价。因此，对幼儿的评价应该作为绘本教学评价的重点。

(一)对幼儿的评价

1. 对幼儿态度的评价

根据弗里曼《社会心理学》关于态度的理论，幼儿的学习态度包括认知、情感以及行为倾向三个持久的系统，幼儿的学习活动包括对幼儿求知、交往和自我发展三个方面，因此，对幼儿学习态度的评价包括对幼儿求知态度、交往态度以及自我发展态度三个纬度的评价。其中，对幼儿求知态度的评价包括对幼儿知识态度和学习方式态度的评价。对幼儿交往态度的评价，一是从幼儿交往的对象来看，可从幼儿对待教师态度、同学态度以及对其他幼儿态度三方面进行评价；二是从态度包含内容来说，可从幼儿的责任感与合作意识两方面进行评价。对幼儿自我发展态度的评价则包括幼儿对自我态度、对作为学习者的态度与对幼儿自我的期待三个方面的评价。

对幼儿态度的评价具体见下表。

表 10-1　幼儿态度评价表

对绘本教学的幼儿态度的评价	对幼儿求知态度的评价	对幼儿知识兴趣的评价
		幼儿对知识渴望程度的评价
		对幼儿学习方式满意度的评价
	对幼儿交往态度的评价	幼儿对教师态度的评价
		幼儿对同学的态度
		幼儿对其他成员的态度
		幼儿的责任感与合作意识
	对幼儿自我发展态度的评价	对幼儿自我态度的评价
		对幼儿作为学习者态度的评价
		对幼儿自我期待的评价

2. 绘本教学方法和技能的评价

方法和技能是绘本教学评价重点。对绘本教学方法和技能评价的内容可以从幼儿收集和处理绘本信息的方法、合作交流的方法、表达能力和动手操作能力四个方面进行评价。

表 10-2　绘本教学方法和技能评价表

绘本教学的方法和技能的评价	对幼儿收集和处理绘本信息的方法的评价
	对幼儿合作交流的方法的评价
	对幼儿表达能力的评价
	对幼儿动手操作能力的评价

3. 对幼儿合作意识的评价

对幼儿合作意识的评价是绘本教学的评价重点。对幼儿合作意识的评价可以从幼儿合作态度的积极友好度、合作方式得当度、合作深入度以及合作效果突出度四个方面进行评价。关心幼儿倾听、交流、协作以及分享情况，通过评价提升幼儿合作意识和交往能力。

表 10-3　幼儿合作意识评价表

对幼儿合作意识的评价	对幼儿合作态度积极友好度的评价
	对幼儿合作方式得当度的评价
	对幼儿合作深入度的评价
	对幼儿合作效果突出度的评价

4. 对幼儿的创造意识和探究精神的评价

绘本教学评价目的在于养成幼儿的创造意识和探究精神，评价时可以从幼儿有无创造意识和探究问题的能力两个方面来进行评价。具体围绕以下问题展开评价：

表 10-4　幼儿创造意识和探究精神评价表

对幼儿的创造 意识和探究 精神的评价	对幼儿回答问题答案数量展开评价
	对幼儿主动发现问题的数量和发现有创造意识的数量展开评价
	对幼儿能否从多维度思考问题展开评价
	对幼儿探究问题的深刻程度展开评价
	对幼儿探究问题的创造意识和独创性展开评价

(二)对教师的评价

对教师的评价主要涉及对教师所制定的绘本教学目标、教学内容、教学的组织方法和形式、教学辅导材料的运用以及教师与幼儿间的互动等方面进行评价。主要围绕以下问题进行评价：一是对教师所制定的绘本教学目标的达成程度的评价；二是对教师所设计的绘本教学内容和形式的切合程度的评价；三是对教师所选取的绘本教学内容各要素间协调程度的评价；四是对绘本教学质量和成效的评价等。

(三)对绘本教学本身的评价

对绘本教学本身的评价可以从对绘本教学目标达成度的评价、绘本教学过程科学化程度的评价、绘本教学方法适合度的评价和对绘本教学反思准确度的评价四个方面进行评价。

四、绘本教学评价的模式

绘本教学评价的模式很多，目前比较流行的有以下几种评价模式。

(一)绘本目标达成评价的模式

目标达成模式是泰勒围绕教学目标达成而建构起的一种评价模式。根据泰勒的评价理论，对绘本教学目标评价的基本程序包括以下步骤：

第一，确定绘本教学的教学目的和具体的教学目标。

第二，将绘本教学目标加以细化分类。

第三，用一定数量的行为动词界定并表述绘本教学目标。

第四，确定幼儿能表现绘本目标达成程度的具体场景。

第五，收集有关幼儿行为变化或表现的信息。

第六，将收集到的绘本教学的信息与行为目标进行比较。

(二)绘本背景—输入—过程—结果评价模式

美国教育评价家斯塔弗尔比姆针对课程与教学评价提出了著名的"背景—输入—过程—结果"模式。斯塔弗尔比姆认为，课程与教学评价不应局限在判定目标达成的程度上，而应是一个为课程决策提供资料和信息的连续过程。这一模式强调通过描述需要搜集的资料、获取资料以及将资料提供给相关的当事人三个步骤为课程决策提供有用的信息，进而实现课程改革的目的。根据斯塔弗尔比姆的评价模式，可以对绘本教学从背景、输入、过程和结果四个方面进行评价。

（1）绘本教学的背景评价

绘本教学的背景评价是教师对绘本的教学方案的实施背景所做的评判。这种背景评价主要围绕绘本的教学方案提出的背景以及制定绘本教学方案目标的依据展开。对绘本教学的背景评价有利于对绘本培养方案和幼儿的实际情况的了解，有利于科学而合乎实际的教学方案和目标的制定。

（2）绘本教学的输入评价

绘本教学的输入评价是教师通过对绘本教学的信息进行输入汇总的评判。这种输入汇总信息的评价主要围绕如何利用绘本教学资源来实现绘本教学的目标展开。这种对绘本教学的输入评价有利于促进对绘本教学资源的开发和利用。

（3）绘本教学的过程评价

绘本教学的过程评价是教师对绘本教学目标和教学计划的实施过程的评判。过程评价主要围绕绘本教学目标和教学计划与实际的教学过程是否一致展开。这种对绘本教学的过程评价有利于教师调整绘本教学的教学过程，有利于绘本教学目标和教学计划的改进。

（4）绘本教学的结果评价

对绘本教学进行结果评价是教师通过收集绘本教学的数据来对绘本教学成效的评判。结果评价主要围绕对绘本教学成效的评价是否符合教师的期望与在多大程度上实现目标两个方面展开。这种对绘本教学结果的评价有利于教师改进自己的教学方案，有利于提高绘本教学的成效。

（三）绘本教学应答评价模式

应答模式由美国学者斯塔克提出，由古巴、林肯等进一步发展而成。运用应答模式在对绘本实施评价时，通常有以下步骤：

第一，教师与其他评价者密切接触，获取其他评价者对绘本教学的看法。

第二，根据获取的绘本教学的信息，确定绘本教学的评价范围。

第三，教师及时对绘本教学方案期望达到的目标与实际取得的成果进行比较。

第四，教师对绘本教学评价需要回应的问题进行理论上的修正。

在此基础上，教师设计好绘本的评价方案：

第一，根据绘本的教学要求，合理选择搜集信息的方法。

第二，对搜集的绘本信息资料进行加工处理。

第三，将绘本信息按照需要回答的问题进行分类。

第四，把绘本教学分类评价结果写成报告，分发给其他评价者。

第五，在分类评价报告的基础上对绘本教学方案做出全面判断。

五、绘本教学评价的标准

绘本教学评价标准是进行教学评价的衡量尺度，是绘本教学评价得到进行的前提和依据。绘本教学评价体系的建立，需要科学而富有实效的标准。在多元化理论指导下，绘本教学评价标准需要真正地实现价值取向的多元化，真正促进幼儿的一生发展的基础。

(一)多维度的目标评价标准

《幼儿园教育指导纲要(试行)》(以下简称《纲要》)指出，教育工作评价重点考察："教育计划和教育活动的目标是否建立在了解本班幼儿现状的基础上。"要把绘本教学计划和教学目标的制定是否符合幼儿现状作为重要的评价标准。幼儿差异是一种客观真实的存在，针对幼儿差异，要在摸清幼儿现状的基础上，围绕《纲要》中的"健康、语言、社会、科学、艺术"五项目标制订出多维度多层次的教学计划和教学活动目标，并把这些多维度多层次教学计划和教学活动目标建立起对绘本教学的评价标准，评价对多维度多层次的实施情况。譬如，针对幼儿智力的发展制定 A、B、C 三个层次的评价标准，针对幼儿语言、态度、情感、价值观等方面制定多层次的评价标准。制定多维度多层次的评价标准，有利于帮助每个幼儿建立自我发展的自信，可以使不同层次的幼儿都能及时得到进步和成功，都能在原有基础上得到不同程度的发展提高，从而实现通过评价促进幼儿发展的目的。

(二)开放的指导评价标准

《纲要》指出，教育工作评价宜重点考察："教师的指导是否有利于幼儿主动、有效地学习。"在对绘本进行评价时，把教师的指导要点能否促进幼儿学习的主动性、能否保证幼儿学习的有效性作为评价标准，并依据这两条标准制定多元化的开放的评价体系，鼓励幼儿解决问题方案的多样化，鼓励幼儿学习结果的多样化，全面落实《纲要》的"指导要点"的要求。

(三)整体的过程评价标准

《纲要》指出，教育工作评价宜重点考察："教育过程是否能为幼儿提供有益的学习经验，并符合其发展需要。"在对绘本教学评价时，要把教学过程是否真正能给每个幼儿提供有益的学习经验、是否符合幼儿的发展需要作为标准，并依据这两条标准设计对教学过程进行整体的评价体系。

(四)多样的积极性评价标准

《纲要》指出，教育工作评价宜重点考察："教育内容、方式、策略、环境条件是否能调动幼儿学习的积极性。"在对绘本教学进行评价时，要把能否调动幼儿的积极性作为一项重要的评价标准。制定评价标准体系时，重点围绕教学内容、教学方式、教学策略以及环境条件能否调动和激发幼儿学习积极性，建立对绘本教学的评价体系；关注所设计的绘本教学内容是否与幼儿已有经验密切关联，所制定的绘本教学方式能否与幼儿的兴趣联系密切，所采用的绘本教学策略是否适合幼儿的身体和心理水平以及环境条件能否激发调动幼儿已有的情绪和情感等。总之，绘本评价要把"能否调动幼儿的学习积极性"作为核心标准，建立起对绘本教学内容、方式、策略、环境条件等诸多方面的评价体系。

（五）发展需求评价标准

《纲要》指出，教育工作评价宜重点考察："教育内容、要求能否兼顾群体需要和个体差异，使每个幼儿都能得到发展，都有成功感。"在对绘本进行评价时，要把绘本教学内容、教学要求能否兼顾幼儿群体和幼儿个体的差异、能否使每一个幼儿是否得到发展作为评价标准。教师所选择的绘本教学内容是否充分考虑到了幼儿的群体需求，是否充分考虑到了幼儿的个体需求，是否能够满足每个幼儿的学习需求，是否让每个幼儿都能得到发展，让每个幼儿都能充分享受成功的喜悦。要把幼儿发展和享受成功的喜悦作为评价标准的核心要素，建立起对绘本教学内容和要求是否科学的评价体系。

总之，通过对绘本教学的评价，促进绘本教学的发展，进而促进幼儿一生的发展。

问题讨论

1. 阅读绘本教学的原则，讨论这些原则是从哪些角度提出的？
2. 讨论在教学环节设计过程中如何最大限度地兼顾幼儿群体需要和个体差异。

课后练习

1. 阅读一部绘本，设计一堂绘本整体教学方案。
2. 讨论绘本集体教学活动的具体环节？并举例说明。
3. 阅读一部绘本，并结合具体教学目标设计具体的教学策略。
4. 讨论绘本教学评价的理念和标准，并结合具体的绘本教学方案进行评价。
5. 指导幼儿编创、绘制一本能够阅读的绘本。

第十一章　幼儿园绘本教学活动案例与解读

学习目标 ▶

1. 了解绘本在幼儿园各类、各阶段教学活动中的应用价值。
2. 掌握幼儿园绘本教学的核心经验。
3. 学会为不同年龄段的幼儿设计绘本活动。

学习导图 ▶

小班绘本教学活动案例与解读
　早期阅读中的绘本教学活动：《是谁嗯嗯在我的头上》
　领域课程中的绘本教学活动：《小蓝和小黄》
　游戏化的绘本教学活动：《蹦》

中班绘本教学活动案例与解读
　早期阅读中的绘本教学活动：《彩虹色的花》
　领域课程中的绘本教学活动：《你看起来好像很好吃》
　家园共育下的绘本教学活动：《猜猜我有多爱你》

大班绘本教学活动案例与解读
　早期阅读中的绘本教学活动：《我爸爸》
　领域课程中的绘本教学活动：《一寸虫》
　主题探究下的绘本教学活动：树

学习导言 ▶

　　众所周知，绘本在今天已经是幼儿园教育教学活动中的宠儿。它以图文并茂的设计和生动有趣的故事为幼儿园课程提供了丰富的资源，也为各种教学活动注入了新的活力。首先，以"书"作为物质形态的绘本在早期阅读中成效显著，能够有效提升幼儿的阅读能力。其次，它又以令人惊叹的表现力和想象力，在幼儿园各领域都发挥着作用，尤其是语言领域和艺术领域。同时，在各种类型化的活动中，绘本的利用也越来越普遍。

　　本章撷取了优秀的幼儿园绘本教学活动案例，以大、中、小班为"经"，以活动类型为"纬"，呈现了幼儿园面对不同年龄对象和不同教育教学需要进行的绘本教学实践。

第一节　小班绘本教学活动案例与解读

一、早期阅读中的绘本教学活动：《是谁嗯嗯在我的头上》

(一)活动案例

活动目标

1. 感受故事的诙谐幽默，体验阅读带来的快乐。

2. 引导幼儿观察画面，能够根据画面进行表述。

3. 了解动物的便便常识，鼓励幼儿养成良好的"嗯嗯"习惯。

活动准备

大图书或多媒体课件、小图书、相关图片。

活动过程

1. 介绍书名，引起阅读兴趣。

(1)教师出示封面。

师：今天老师给小朋友带来一本很有趣的书，书名叫《是谁嗯嗯在我的头上》。封面上画的是什么小动物？长什么样？（小鼹鼠；长长的嘴巴，胖胖的身体，戴着眼镜等）

师：小鼹鼠的头上是什么？（就是书名中的"嗯嗯"）

2. 师幼共读绘本前半部分——"追凶"。

(1)欣赏图一、图二。

师：小鼹鼠这个时候的心情是怎么样的？

师：你们有没有遇到过倒霉的事情？来跟大家分享一下。

(2)欣赏图三、图四。

师：小鼹鼠头上的"嗯嗯"是不是马先生的？为什么？

(3)欣赏图五、图六。

师：小鼹鼠又去找了谁？

师：小鼹鼠头上的"嗯嗯"是野兔的吗？

(4)欣赏图七、图八。

师：猜一猜小鼹鼠头上的"嗯嗯"会不会是奶牛的？说一说原因。

师：小鼹鼠为什么要躲在奶牛的后面？

(5)欣赏图九、图十。

师：鼹鼠头上的"嗯嗯"是不是猪先生的？

师：小鼹鼠为什么要捂着鼻子？

教师完整讲述故事的前半段，请幼儿回忆并说出小鼹鼠都遇到了哪些动物。

3. 幼儿自主阅读后半部分——"查案"。

（1）师：小鼹鼠找了这么多动物，还是没有找到是谁。现在我们来帮帮他，答案就在图书里，让我们一起来找一找。请你一页一页地仔细看，如果你找到答案了，请你轻轻地告诉我，等会儿我再告诉大家。

（2）师：找到是谁了吗？请你告诉大家是第几页找到的？

你是怎么看出来的？

小鼹鼠为什么请苍蝇帮忙？

4. 拓展谈话：关于"嗯嗯"的习惯。

（1）师：动物和我们人不一样，小动物们都是随时随地"嗯嗯"的，我们的"嗯嗯"应该解在哪里呢？（可以拓展：有时候在外面玩，附近没有厕所时该怎么办？供幼儿讨论）

（2）出示图片，引导幼儿观察。（图片内容可以是：边看电视边"嗯嗯"；因为贪玩想"嗯嗯"了也忍着；"嗯嗯"完后不洗手等）

师：像图片里那样"嗯嗯"对吗？（听取幼儿的想法）

(二)绘本简介

《是谁嗯嗯在我的头上》（[德]霍尔茨瓦特/文，[德]埃布鲁赫/图）是一本兼具趣味性和知识性的德国绘本，巧妙地将动物的粪便常识编织进小鼹鼠追查是谁嗯嗯在他头上的故事中，从而介绍了不同大小、吃不同食物的动物排泄出的粪便的特点。作者别出心裁地在扉页写上"这本书献给会自己到厕所嗯嗯的小朋友"。这个幽默有趣的故事，满足了孩子们对"大便"的好奇心，又从科学的角度来阐释了这个大人们可能不愿启齿的问题。绘本的语言诙谐幽默，图画也生动有趣，不仅注意了动物的大小比例，而且所有的画面都没有加外框，从而提升了孩子们想象的空间。

图 11-1 《是谁嗯嗯在我的头上》封面

图 11-2 《是谁嗯嗯在我的头上》内页

(三)设计解读

作为早期阅读活动，该教学设计紧扣发展幼儿阅读能力这一关键目标，在故事情境中鼓励幼儿主动阅读，通过"一页一页地仔细看""告诉大家是第几页找到的"等指令，和"你是怎么看出来的？"等问题，培养了幼儿翻书的技能和仔细读图的习惯。

　　小班幼儿正是对"屎尿屁"感兴趣的时候，解便训练也是小班幼儿保育工作的要点之一。针对这一年龄特点，该案例中教师设置了相关教学目标，引导幼儿在观察图片的过程中增进对不同动物嗯嗯的认知，并由此及彼引入我们的"嗯嗯习惯"，帮助幼儿养成正确的解便习惯。教师抓住故事中"是谁"这一悬念，运用提问策略，吸引幼儿进行分析、判断，并巧设话题鼓励幼儿积极表达，有效地促进了他们语言的发展。

二、领域课程中的绘本教学活动：《小蓝和小黄》

（一）活动案例

活动目标

1. 认识蓝、黄、绿三种颜色，了解黄、蓝两种颜色混合会变成绿色。

2. 能够积极尝试，体验调色游戏的乐趣。

3. 能够感知故事内容，大胆地想象和表述。

活动准备

1. 绘本《小蓝和小黄》或课件。

2. 黏土：蓝色、黄色、红色等。

3. 蓝色颜料水、黄色颜料水、透明塑料杯、滴管。

活动过程

1. 介绍主人公，引出绘本故事。

师：今天老师带来了两位朋友，这是"小蓝"（出示蓝色黏土块），小蓝有个好朋友叫"小黄"（出示黄色黏土块）。

（引导幼儿跟小蓝和小黄打招呼）

师：让我们一起来读读他们的故事吧。（出示绘本）

2. 绘本阅读，了解故事内容。

（1）阅读1～5页，"小蓝和小黄与他们的家人"。

师：我们一起去小蓝家和小黄家参观一下。看，他们家里有谁？

师：为什么觉得他是爸爸（妈妈）？

师：小蓝和小黄都和爸爸妈妈住在一起，他们还有很多好朋友（引导幼儿指认颜色）。

（2）阅读6～9页，"小蓝和小黄一起做游戏"。

教师讲述后提问：小蓝和小黄是好朋友，他们在一起做了哪些游戏？（转圈圈、藏猫猫）

师：你和好朋友喜欢做什么游戏呢？

（3）阅读10～19页，"小蓝小黄变色了"。

教师讲述后提问：小蓝和小黄抱在了一起，发生了什么事？

教师出示透明塑料杯，装有蓝、黄两色颜料水的滴管，将两种颜料滴进塑料杯

混合，请小朋友观察颜色变化。（可请幼儿上台操作，教师在一旁协助）

教师总结：原来蓝、黄两种颜色混合在一起就可以调出绿色。

3. 幼儿自主操作，尝试调色游戏。

（1）师（给幼儿分发蓝、黄两色黏土）：老师为每个小朋友都请来了小蓝和小黄，你们也让他们抱一抱，看看会有什么变化。

教师指导幼儿将两种颜色的黏土捏在一起，观察颜色的变化。

（2）师：老师还请来了他们的好朋友小红（分发红色黏土），她也想做做抱抱的游戏，小朋友们赶快试试吧！

（3）请幼儿说说绿色黏土加入红色后的变化，可以引导幼儿观察加入的多少与颜色深浅的关系。

4. 延伸活动。

（1）阅读延伸。

师：后来小蓝和小黄变回来了吗？老师把这本绘本放到图书角，请想知道结果的小朋友们去书里找找。

（2）区域延伸。

在美术区放置油画棒、蜡笔等材料，让幼儿自主尝试配色活动。

（二）绘本简介

《小蓝和小黄》（［美］李欧·李奥尼/文·图）是美国著名艺术家、绘本大师李欧·李奥尼的代表作。松居直先生曾在《打开绘本之眼》中说："我被这贯彻了'游戏精神'的快乐设计所感动。"这个具有抽象风格的绘本仅仅用了一些简单的色块，就讲出了一个关于爱与包容的奇妙故事。李奥尼抛弃了传统的具象形象，用两个接近于圆形的、一蓝一黄的色块象征两个纯真可爱的孩子。这样的设计给后来的绘本作者带来不少启发，为绘本在媒材、构图、造型等艺术层面开辟出更加自由的空间。但它并非只是一个以色彩为主题的艺术绘本，而是在色彩的变化中讲述了一个富含哲理与人情的故事。当然，绘本的文字设计同样出彩，简短的一句话"这是小蓝"就把读者引向了故事的起点，展示了绘本设计中文与图的高度融合。

图 11-3 《小蓝和小黄》扉页

图 11-4 《小蓝和小黄》内页

(三)设计解读

色彩是幼儿艺术活动中十分重要的艺术语言。经研究表明，幼儿的色彩知觉力和敏感度会直接影响其美术作品的效果。一般3岁的幼儿已经能够识别红、黄、蓝三原色，而小班幼儿对鲜艳明亮的颜色非常敏感，更对色彩的变化充满了好奇。作为一个经典绘本，《小蓝和小黄》其实提供了相当丰富的教学资源。这位教师立足艺术领域的教学需要，突出了核心教学目标，抓住《小蓝和小黄》中的色彩语言来培养幼儿的艺术知觉力。

该案例注重培养幼儿的动手能力，且充分关注了小班幼儿的年龄特点，从示范到个别尝试，再到自主实验，设计的操作步骤具有层次感，还能够调动幼儿的探索欲。在他们眼中，这种色彩的变化更像是一个"魔术"，充满了神奇的魅力，如果自己动手来表演这个"魔术"，当然就更有乐趣了。

小班幼儿的注意仍以无意注意为主，绘本教学应该关注量的把控。该设计呈现了教学的留白艺术，把后半部分的故事留在了课外，是基于幼儿能够接受和理解这种用色块代表故事人物的特殊形态。最后的双向延伸活动有益于培养幼儿自主阅读的能力和主动探索的精神。

三、游戏化的绘本教学活动：《蹦》

活动目标

1. 理解绘本内容，了解动物的蹦跳习性。

2. 尝试用肢体模仿各种动物的跳跃。

3. 体验游戏的乐趣。

活动准备

1. 物质准备：绘本《蹦》

2. 经验准备：幼儿熟悉儿歌《小白兔》

活动过程

1. 儿歌导入：教师引导幼儿带着肢体动作唱诵儿歌《小白兔》。

师：小朋友们都知道小白兔擅长蹦跳，你知道还有哪些动物也擅长蹦跳呢？（幼儿讨论）

2. 师生共读绘本，模仿游戏"学它蹦一蹦"。

师：我们来看看这本绘本里有哪些动物会蹦，仔细观察图画，学学它们是怎样蹦的。

教师讲读到哪一页就让幼儿模仿图画里的动物，做蹦跳的动作。

3. 梳理知识点，进一步把握绘本内容。

师：谁不能蹦？动物们都是怎么蹦的？（鼓励幼儿语言表达）

教师总结动物的蹦跳特点。可编成儿歌，如小猫张开胡子蹦，小兔竖起耳朵蹦，母鸡张开翅膀蹦……一边说一边引导幼儿做相应的肢体动作。

4. 集体游戏"蹦蹦乐"。

(1)把幼儿四五人分成一组，每组模仿一种动物蹦跳；

(2)教师大声说"青蛙蹦，青蛙蹦，青蛙蹦了小兔蹦；小兔蹦，小兔蹦，小兔蹦了小狗蹦……"该组幼儿听到后即做蹦跳状。

第一遍慢些，后面逐步加快节奏。可配合摇铃等音乐器具来增添游戏气氛。

(二)绘本简介

绘本《蹦》([日]松冈达英/文·图)的作者是日本著名的"自然科学绘本大师"松冈达英。他以创作自然为主题的绘本而著称，代表作另有《自然图鉴》《我们的花草朋友》《骨碌骨碌》等。

绘本《蹦》是一本薄薄的小书，看似简单却独具匠心。全书都围绕着这个"蹦"字进行设计：采用上下翻页的形式；每个动物蹦起来后的表情、动作各不相同；每一页的动物形象与"蹦"的文字图形配合得天衣无缝，趣味盎然。是一个富有游戏性、互动性的绘本，特别适合低龄段幼儿阅读。

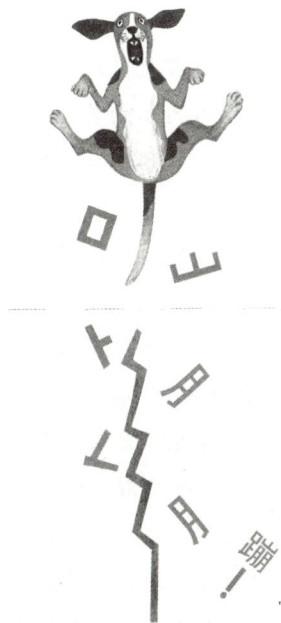

图 11-5 《蹦》封面   图 11-6 《蹦》内页

(三)设计解读

该设计比较集中地体现了绘本教学的"游戏性原则"。游戏是幼儿最基本的活动，在游戏中习得是幼儿学习的重要特点。小班幼儿注意力集中的时间较短，单纯的静态阅读难以维持其长久的阅读兴趣。从绘本中挖掘游戏元素，将绘本阅读游戏化，不仅可以提升教学过程的趣味性，同时游戏体验又能够加深他们对绘本内容的理解，有效地提升了幼儿园绘本教学的质量。

该案例包含了角色表演和有规则游戏两种游戏类型。角色扮演是绘本教学中常使用的游戏，通过模仿幼儿能加深身体记忆，领会不同动物的蹦跳特点。规则游戏"蹦蹦乐"也是运动型游戏，既能发展幼儿的肢体表现力和反应力，又能让他们在集体中感受游戏的欢乐。

游戏化的绘本活动应以选择具有游戏元素的绘本作为前提。在选择绘本的过程中，需考虑绘本本身的趣味性和游戏性，以及绘本中的角色、场景、情节是否具备开展游戏的可能。

第二节　中班绘本教学活动案例与解读

一、早期阅读中的绘本教学活动：《彩虹色的花》

(一)活动案例

活动目标

1. 能够读懂图画信息，理解故事内容。

2. 能够感受助人为乐的美好情感。

3. 尝试故事创编，体验合作表演的乐趣。

活动准备

《彩虹色的花》课件、绘本《彩虹色的花》、背景音乐。

活动过程

1. 初步了解故事重要的情节线索，引发阅读兴趣。

(1)课件出示图片1，引导幼儿观察图片。

师：这朵花好看吗？它跟我们平时看到的花有什么不同呢？

师：对，它的每个花瓣的颜色都不同，很像彩虹的颜色，我们叫它彩虹色的花。

(2)课件出示图片2。

师：再看看这朵花，它的花瓣都没了，已经枯萎了。可它其实和刚才的花是同一朵花。到底发生了什么？让我们来读读这个故事吧。

(3)出示封面题目《彩虹色的花》。

2. 精读绘本，引导幼儿理解故事内容。

(1)教师讲读扉页、第一个大跨页。

师：彩虹色的花心情怎么样？她想干什么？

师：接下来让我们一起看看彩虹色的花会和谁一起分享快乐呢？

(2)讲读"帮助蚂蚁"。

师：瞧，谁来了？小蚂蚁现在要去奶奶家，可是怎么才能过原野中间的水洼呢？

师：原来彩虹色的花用一片花瓣当小船，帮助小蚂蚁成功划过了水洼。

（3）讲读"帮助蜥蜴"。

师：咦，这是什么动物？它的表情看上去怎么样？我们一起问问他遇到了什么困难。

师：彩虹色的花会怎么帮助它呢？

师：蜥蜴现在心情怎么样？

（4）讲读"帮助老鼠、鸟妈妈、刺猬"。

师：还有哪些小动物得到了彩虹色的花的帮助？他们分别请彩虹色的花帮了什么忙？

（5）讲读"没有花瓣的彩虹色的花"。

教师小结：当小动物们遇到困难需要帮助的时候，彩虹色的花心甘情愿地把自己美丽的花瓣一片片摘下来送给他们。

师：现在，她只剩下几片花瓣了？

师：可这最后一片花瓣也被风刮走了！你们猜猜这时彩虹色的花是什么心情呢？

（鼓励幼儿大胆发表见解，可引导：小动物们在彩虹花的帮助下都得到了快乐）

3. 整本书阅读，引导幼儿理解故事主题。

师：彩虹花后来怎样了呢？下面老师把这个故事完整的读一遍给你们听，老师读到哪一页，就请小朋友翻到哪一页。（配乐朗读绘本）

师：原来大家都没有忘记帮助过自己的彩虹色的花。你喜欢这朵充满爱心、乐于助人的花吗？

师：春天来了，彩虹色的花又开了！这次，它又将遇到哪些小动物呢？它会帮助它们解决什么样的难题呢？（幼儿讨论，续编故事）

4. 延伸活动，角色扮演。

幼儿分组，选择角色（可以用原来故事中的角色，也可以采用自己续编的角色）分小组尝试故事表演，教师指导。

（二）绘本简介

《彩虹色的花》（［日］细野绫子/文，［波兰］麦克·格雷涅茨/图）是麦克·格雷涅茨的作品。他另有绘本名作《月亮的味道》，两本书都特别适合低龄幼儿阅读，但《彩虹色的花》内涵更为丰富，包含了季节更替、生命轮回、奉献与快乐等主题。《彩虹色的花》采用了非常独特的绘画技法——壁画法，先在画布上涂上灰泥再绘制，营造出画面的立体感，还运用了大量鲜艳的色彩形成了强烈的视觉冲击感，这些直观的视觉效果是其吸引幼儿的重要因素。当然，对一个绘本而言，仅有出色的画面是不够的，《彩虹色的花》用温情的笔调讲述了一个爱与奉献的故事，让人在故事中体味着哀伤与欣喜。

图 11-7 《彩虹色的花》封面

漫长的冬天终于过去了，春天又来了。
一天早晨，太阳探出头来，他吃了一惊，很高兴地说：
"早安，彩虹色的花，又见到你了！"

图 11-8 《彩虹色的花》内页

（三）设计解读

《3—6 岁儿童学习与发展指南》（以下简称《指南》）中提出，4～5 岁幼儿能够体会作品的情感，并跟随作品产生相应的情绪反应。因此，在设计中教师将重点放在了帮助孩子理解故事角色的情绪、情感上，并鼓励幼儿用言语进行表达。

该案例采用了局部细读和整本阅读相结合的教学策略。细读是为了引导幼儿逐步随着加深情感体验。整本阅读则是在这样的情感基础上，通过完整地呈现故事，来帮助幼儿理解"帮助他人获得快乐"的主题。而在整本阅读中，以适宜的音乐为背景，也有助于烘托故事情境。

故事的结局是春天到来，彩虹色的花再次开放，这个情节既包含了自然知识，也具有生命教育的价值。该案例独辟蹊径，设计了"它又将遇到哪些小动物呢？它会帮助它们解决什么样的难题呢？"的话题来激发幼儿续编故事，从而发展他们的想象和创造力。

二、领域课程中的绘本教学活动：《你看起来好像很好吃》

（一）活动案例

活动目标

1. 欣赏画面的造型与色彩，感受色彩之间的呼应。

2. 尝试与同伴合作，用点画、撕贴等技巧创作背景底板。

3. 理解故事内容，感受角色间的关爱之情。

活动准备

1.《你看起来好像很好吃》课件。

2. 画笔、8 开黄色卡纸、绿色色纸、水粉颜料、糨糊。

活动过程

1. 阅读绘本，了解故事。

（1）出示封面，引导幼儿观察。

师：今天老师给大家带来一本绘本。看，这就是它的主人公霸王龙。霸王龙可是凶猛的食肉恐龙，有一天它遇到了一只食草的、个子小小的甲龙，会发生什么故事呢？

（2）教师为幼儿朗读绘本，让幼儿了解故事内容，体会霸王龙的情感变化。

2. 出示绘本13～14页，引导幼儿仔细观察画面，感受其中的造型与色彩。

（1）感受造型。

师：霸王龙和"很好吃"躺在地上睡着了，"很好吃"睡在哪里？

师：霸王龙把腿弯成一个圆弧形，"很好吃"就睡在里面。找找还有哪里是圆弧形？（霸王龙的身体、草堆、大地）

（2）感受色彩和色彩的呼应。

师：霸王龙的身体主要是什么颜色？小甲龙身体又是什么颜色？找找还有哪里有这种颜色？（霸王龙身上）

师：画面的什么地方让你觉得这是夜晚？空中闪烁的星星和画面哪里的颜色相呼应？（地面）

3. 分小组创作。

（1）教师将5～6名幼儿分成一组，每组分发一张8开大小的黄色卡纸、几张绿色纸、水粉颜料。

（2）请各组利用这些材料创作"夜晚的星空"。鼓励幼儿相互协助、大胆表现。创作提示：可以先用画笔画上黑色的天空，再用手指蘸上厚厚的黄色点画在黑色天空中，然后将绿色的色纸随意撕成若干小片粘贴在各张黄色卡纸上。

（3）作品展示，小组相互观摩。

4. 延伸活动。

（1）在美工区展示幼儿的作品。

（2）放置卡纸和小剪刀，带领幼儿在卡纸上画出霸王龙和小甲龙，并沿轮廓剪下。

（3）鼓励幼儿用剪下的卡纸造型在背景图上自由表演绘本故事的片段。

（二）绘本简介

《你看起来好像很好吃》（［日］宫西达也/文·图）是日本著名绘本作家宫西达也的作品。他的"霸王龙"系列绘本具有醒目的个人风格：画面用纯色填满各种空间，颜色浓烈，呈现了鲜明的视觉对比；造型独特，每个形象都用黑色的粗线条勾勒轮廓；每个画面都是点、线和简单形状的组合，充满稚趣。

它也是一个情感性很强的绘本，尽管名字"你看起来很好吃"和主人公霸王龙都透着几分凶险，但实际上绘本讲了一个温情脉脉的故事：看似强悍的霸王龙其实很孤独，因为小甲龙对"爸爸"的无限信任和关爱而逐渐变得内心柔软。有人说它宣示了"纯真"的力量，有人在其中读出了爱之强大甚至可以战胜种族，也有人认为它隐喻了人类的亲子关系：父母将子女养育成人，就是一个"放手"过程，终将目送他们远去。

图 11-9 《你看起来好像很好吃》封面

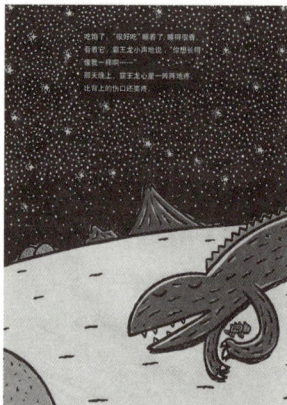

图 11-10 《你看起来好像很好吃》内页

（三）设计解读

绘本因其自身的构造特点，在幼儿园艺术领域，特别是美术活动中有着得天独厚的优势。该设计充分挖掘了《你看起来很好吃》的艺术价值，立足图画的造型和色彩，从美术欣赏出发，再到色彩运用和手工拼贴，环环相扣。延伸活动在美术区展出幼儿的作品，为他们创设了相互展示和交流的机会，也为后面的故事表演提供了背景，营造出相应的故事氛围。

正如《指南》中明确的：4～5 岁幼儿"能运用绘画、手工制作等表现自己观察到或想象的事物"。活动不仅提供了丰富的材料，也提供了不同的创作空间，既有集教活动中的小组命题式创作，也有延伸活动中宽松自由的故事表演，有利于幼儿进行大胆想象和自由创作。同时，运用小组学习的教学策略能够帮助他们学会合作，体验集体创造的乐趣。

三、家园共育下的绘本教学活动：《猜猜我有多爱你》

（一）活动案例

活动目标

1. 通过亲子共同阅读绘本，感受故事中大兔子与小兔子之间温馨的爱。

2. 尝试分角色合作表演，体验亲子活动的快乐。

3. 增进亲子间的情感表达。

活动准备

1. 绘本《猜猜我有多爱你》，每对亲子 1 本。

2. 温馨的背景音乐。教师按照表演的要求准备好相应的场地。

3. 幼儿制作的亲子活动邀请信。

4. 记录用的纸、笔。

活动过程

1. 教师指导幼儿制作出邀请信，并带回家向父母介绍活动，发出邀请。

2. 教师在活动前告知家长活动的内容、目标以及需要家园共同配合的各项事宜。

3. 活动预热：教师可以将以往亲子活动的视频进行整理，制作成小视频或课件，在活动正式的开始前进行播放，让家长和幼儿一起重温幸福快乐的亲子时光。

4. 教师简单介绍绘本，指导父母带领幼儿共读绘本。（这一过程中教师应注意观察和指导，留意哪些亲子阅读效果好，哪些需要给出建议。）

5. 邀请几对亲子进行分角色的朗读表演。

师：请你和爸爸妈妈一起想想，如果你是"大/小兔子"，你还可以怎样向对方表达你的爱呢？（幼儿和家长讨论，教师在一旁观察，也可以参与进去或进行适时指导。）

6. 请几对亲子以"对话"的形式展示讨论的成果。

(二)绘本简介

《猜猜我有多爱你》([英]山姆·麦克布雷尼/文，[英]安妮塔·婕朗/图)大概是中国家长最熟悉的绘本之一了，它于 2005 年登陆中国大陆市场后就一直备受读者的喜爱。《猜猜我有多爱你》的文字和图画分别由两位作者完成，但有着几近完美的配合。画面设计与构图呼应了故事结构，在重复、渐进的故事节奏中，景物由小到大、由近及远次第展开，渲染出浓厚、温馨的故事氛围。当然这本书最大的魅力还在于它的主题——爱的表达。一大一小两只兔子，像做游戏一样，竞赛似的诉说着自己对对方的爱。它们猜着说，跳着说，手舞足蹈地说，爱的能量就在这种累加中不断注入孩子幼小的心灵，带给他们极大的心灵慰藉，也触动了成年人内心最柔软的地方。

图 11-11　《猜猜我有多爱你》内页

(三)设计解读

这是一个幼儿园亲子活动案例，所谓亲子活动，即以增进亲子关系为目的，需要家长与幼儿共同参与的活动。选择《猜猜我有多爱你》作为亲子活动的材料，真是再合适不过了。一是因为绘本本身具有明显情感特征，二是绘本运用对话来展开故事，让分角色的朗读表演活动实施起来很便利。整个设计以绘本作为支点，又以阅读作为主要活动形式，可操作性强，且门槛不高，避免了活动中缺少双向互动，甚至家长"袖手旁观"的情况。

该设计还突出了教师的主导地位和纽带作用。最后的讨论"还可以怎样向对方表达爱"，是对绘本内容的延伸和绘本主题的呼应，既为幼儿创造了一个想说、有回应的语言环境，也有利于增进亲子感情。

第三节　大班绘本教学活动案例与解读

一、早期阅读中的绘本教学活动：《我爸爸》

(一)活动案例

活动目标

1. 理解绘本中爸爸形象变化的含义，体验作品的幽默。

2. 能用比喻的方式表达爸爸的特点，尝试用"像……一样……"的句式描述自己的爸爸。

3. 感知父爱的温暖，加深对爸爸的情感。

活动准备

1.《我爸爸》课件、幼儿人手一本绘本。

2. 在晨间谈话时请小朋友跟小伙伴介绍自己的爸爸：爸爸的样子、职业、名字、爱好等。

活动过程

1. 话题导入，初步感知绘本。

今天早晨我们介绍了自己的爸爸，现在老师要给大家介绍一位英国爸爸(出示封面)。

师：封面上这个爸爸在做什么？你觉得他是一个怎样的爸爸？

师：这个爸爸正朝着我们做鬼脸呢，看起来他是一个有趣的爸爸。这是《我爸爸》这本书的封面，作者是一位英国人，叫安东尼·布朗。我们可以叫他布朗先生。

师：这就是布朗先生的爸爸，他什么样子啊？(引导幼儿观察，从外貌、穿着、动作进行语言描述。)

师：布朗先生认为他的爸爸"真的很棒"，我们来看一看，布朗爸爸在哪些方面很棒呢？

2. 共读绘本，随机设疑。

共读绘本 2～7 页

师：读了这几页，我们发现布朗爸爸有哪些本领？

师：你觉得他最厉害的本领是什么？(鼓励幼儿大胆讲述，顺势引导他们观察图画细节，如图画中的"三只小猪""小红帽"等。)

爸爸"变形记"

3. 出示绘本 8～14 页图画，指示幼儿认真观察画面。

师：猜一猜这几页画的是谁啊？

师：你从哪里看出这是布朗先生的爸爸？（黄格子睡衣）

师：布朗先生的爸爸难道也会"变身"？他都变成什么了？为什么呢？（幼儿讨论）

教师朗读文字部分，总结：原来啊，在布朗先生心里，爸爸有很多跟它们一样的本领，所以他用了"像……一样……"的句子。

教师带领幼儿齐声朗读这几句。

4. 讲读绘本 15～19 页。

师：往下看，爸爸还有什么本领？（幼儿讨论）

师：布朗先生的爸爸真的太厉害了。看得出来，他真的很爱他的爸爸。

5. 出示绘本最后三页。

师：爸爸也永远爱他！

师："永远"是什么意思？（鼓励幼儿大胆讲述）

教师补充：布朗先生也一直爱着他的爸爸，那件黄格子睡衣就是布朗先生爸爸的遗物，虽然他的爸爸已经去世了，他还是一直思念着他。

6. 拓展：我的爸爸。

(1)说爸爸。

师：我们都爱自己的爸爸。你的爸爸有哪些本领呢？我们也像布朗先生那样用"像……一样……"来说说爸爸。

(2)画爸爸。

指导幼儿根据所造比喻句为爸爸画像，作为礼物带回家送给爸爸。（教师可帮助幼儿将句子写上。）

(二)绘本简介

绘本《我爸爸》([英]安东尼·布朗/文·图)是一本描写父子之爱的情感性绘本，英国《妇女界》称该书"全天下的父母和孩子都会爱上它"。它的作者是曾获国际安徒生画家奖、凯特·格林威大奖的绘本大师安东尼·布朗。他的绘本以超现实风格著称，很难划分故事中的现实和想象的界限。《我爸爸》是作者纪念自己父亲的作品，也是对所有父亲的献礼。绘本从不同角度，用独特的方式，深情讲述了孩子对父亲的爱与崇拜。当中对爸爸的比喻幽默风趣，又富有生活气息，极具感染力。安东尼·布朗也是一位细节大师，他的绘本里常常隐藏着很多有趣的细节。这个绘本的很多画面里也有很多细节，如背景里的童话故事，爸爸头上的白云形状等，让绘本的图画语言更具魅力，也给孩子们带来了更多的阅读趣味。

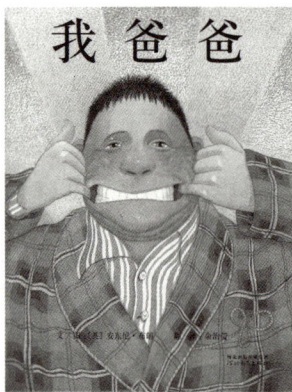

图 11-12 《我爸爸》封面　　　　图 11-13 《我爸爸》内页

(三)设计解读

作为一个早期阅读活动，该案例以"读"为中心，阅读的形式比较多样。活动从激发兴趣的初步阅读，到了解故事大意的泛读，再到有重点地、对典型断面的阅读和分析——即精读，一步步地引领孩子去理解故事人物角色的特征和作者想表达的情感。这样的设计既遵循了早期阅读活动的特点，又能把握住绘本的艺术风格，关注图画的表征和象征意味，启发幼儿关注图画细节，提升幼儿"读图"的能力。

活动的设计精巧。结构上，准备活动中的"介绍我的爸爸"和最后的拓展活动遥相呼应，相辅相成。整体思路从《我爸爸》到"我爱爸爸"，通过引导幼儿深入理解，到感受故事的意味，再引发情感共鸣，来实现情感教育目标。

针对大班幼儿的发展特点，该设计强调了"能初步感受文学语言的美"(《指南·语言》"目标2")，增加了书面词汇的学习环节，设置模仿句式的活动，来提升幼儿的语言表达，使其初步感受通过比喻加强语言形象性的修辞效果。而拓展活动的"画爸爸"，更进一步地巩固了这种形象感，也"让幼儿体会用写写画画的方式来表达自己的想法和情感"(《指南·语言》"目标3·教育建议")。

二、领域课程中的绘本教学活动：《一寸虫》

(一)活动案例

活动目标

1. 了解一寸的概念，感知一寸的长度。

2. 和同伴一起尝试使用简单的方法进行测量，引发测量的兴趣。

3. 欣赏、理解故事内容，享受阅读带来的乐趣。

活动准备

1.《一寸虫》课件。

2. 测量材料"一寸虫"。

3. 绘本中各种鸟的图片、记录表、指偶一寸虫。

活动过程

1. 导入，明确一寸的概念。

师：今天，老师给你们带来了一本书叫《一寸虫》。一寸表示一个东西的长度，你们觉得一寸有多长？（教师可以利用辅助材料来说明）

2. 讲读绘本第一部分，初步感知测量。

(1)教师讲读后提问：一寸虫遇到了什么危险？它想了什么办法来救自己？

师：如果量错了会怎么样？（被知更鸟吃掉）我们来帮帮它吧。

(2)教师出示知更鸟图片，介绍测量方法：先找到起点，再找到终点，一寸一寸地量，一寸虫爬一次作一个记号，然后数下有几个记号。

师：知更鸟的尾巴有几寸？我们把它记录下来。（出示记录表）

3. 讲读绘本第二部分，初次尝试首尾相连的测量方法。

(1)师：知更鸟放走了一寸虫，一寸虫的本领就在森林里传开了。好多鸟都找来了，它们是谁？

教师小结：有脖子长长的火烈鸟、嘴巴大大的巨嘴鸟、腿很长的苍鹭、尾巴长长的雉鸡，还有世界上最小的鸟——蜂鸟。

师：你们猜猜，它们会让一寸虫量哪个部位？

师：当然是量它们最有特征的部位。（教师示范用一寸虫测量火烈鸟的脖子、巨嘴鸟的嘴巴、苍鹭的腿、雉鸡的尾巴、蜂鸟整个身体）

(2)师：现在请每组小朋友选一只鸟来量一量，把结果记录下来。

教师分发"一寸虫"、图片和记录表。

各组展示、交流测量成果。

4. 讲读绘本第三部分，测量实践。

(1)教师讲读夜莺部分故事。师：可是一寸虫又遇到个不讲理的家伙，它是谁啊？它给一寸虫出了个什么难题？

（注意把握讲、读和提问的时机）

(2)师：夜莺吃掉一寸虫没有？一寸虫哪里去了？

(3)师：今天我们学会了用一寸虫测量，小朋友也可以试试。你想量量自己的哪个部位？请你和一个好朋友拿一条一寸虫，互相帮忙来量一量。

(二)绘本简介

《一寸虫》也是李欧·李奥尼的作品，荣获 1961 年的凯迪克银奖。李奥尼曾说这本书是他的自传。跟作者的其他绘本一样，《一寸虫》看似简单，内涵却特别丰富，投射出来的意向很多，可以有多种解读：彰显了弱者的生存智慧，表现了自然界的弱肉强食和现实的残酷。一寸虫的一生，渺小、孤单，甚至有点悲凉，但它最终凭借智慧获得了自由。

《一寸虫》只有 15 页，画面淡雅简约，对孩子来说很有吸引力，找找一寸虫在哪里也是个有趣的游戏。它还传达了数学中的测量概念，所以也被视作关于测量的数学绘本。

图 11-14 《一寸虫》封面

它量了巨嘴鸟的嘴。

图 11-15 《一寸虫》内页

(三)设计解读

幼儿的科学学习是在解决实际问题的过程中，通过观察、比较、操作、实验等方法，学会发现问题、分析问题和解决问题，形成受益终身的学习方法和能力。该案例为幼儿创设了一个经验化、过程化、多元化的活动环境，教师通过介绍、示范帮助幼儿建立经验，为幼儿的自主操作做准备，一步步地巩固了测量技能。

在这个案例中，绘本阅读与数学教育紧密地结合，让幼儿随着一寸虫遇到的种种危险去感知、去思考、去寻求方法。绘本没有沦为科学活动的一个引子或序曲，而是贯穿始终，真正实现了它在领域类活动中的价值。

该设计体现了"以幼儿为本"的教学理念，关注幼儿的能力水平，用小组合作和两两互助的形式来开展测量，同时，也有助于幼儿社会性的发展。

三、主题探究下的绘本教学活动：树

(一)活动案例

以"树"为主题的学习活动中，教师设计了不同面向的系列探究活动。

1. 观察活动"拜访大树"

带领幼儿参观幼儿园的植物园，运用感官知觉，认识不同的树，进而关怀大自然的环境。

2. 科学活动"奇妙的种子"

阅读绘本《子儿，吐吐》，回顾故事中胖脸儿想象长出来的东西有哪些？帮助幼儿了解树与种子的关系：一颗种子可以长成一棵大树。

通过胖脸儿在马桶中认出种子的情节，认识各种各样的种子(种子的形状、颜色)。

进一步认识种子：种子的结构；种子的生长规律。

3. 种植活动"我是小园丁"

给每位幼儿分发种子，让幼儿回家后在爸爸妈妈的帮助下种上，观察并填写记录表。

4. 美术活动"树叶大变身"

欣赏绘本《叶子先生》。

认识树叶：不同的树叶形状、颜色；树叶的构成茎、叶脉。

收集树叶，幼儿发挥想象，尝试用树叶拼贴，创造出各种形象。

5. 阅读活动《爱心树》

绘本阅读，理解故事内容，体会大树对男孩的无私付出。

通过情节中大树的几次"给予"，教师引导幼儿讨论：树对人类的贡献？由此建立"爱护植物"的观念。

(二)绘本简介

《爱心树》(*The Giving Tree*)是美国著名的诗人、插画家、剧作家、作曲家、乡村歌手谢尔·希尔弗斯坦的成名作，在此后几十年时间里，一直畅销不衰，累计销量超过600万，被美国教育部评选为百部最受教师和幼儿喜爱的书之一。绘本用简洁的黑色线条和大量留白的艺术手法讲述了一个耐人寻味的故事，被视作"一则有关'索取'与'付出'的寓言"。

《子儿，吐吐》是中国台湾绘本插画家李瑾伦的作品，曾获台湾信谊幼儿文学奖图画书首奖，讲了一个令人捧腹又备感亲切的故事：小猪"胖脸儿"吃起东西来总是又快又多，这一次，他把木瓜吃得一干二净却没吐子儿。围绕这一有趣的事件，绘本生动地描绘了胖脸儿的一系列心理反应，先是想象自己头上长树的样子，他陷入了沮丧、担忧之中，接着是坦然的释怀和热切的期待，"我得赶快回家，让树好好地长出来才行"。最后是意外的发现："我的木瓜子怎么都在便便里啦？"伴随着一点点的失望，胖脸儿又一次给我自己积极的暗示和安慰："也好，万一长出来的木瓜不好吃，反而糟糕咧！"

《叶子先生》的作者是美国凯迪克大奖得主、绘本创意大师洛伊丝·艾勒特。她特别擅长各种拼贴，甚至废旧物品都可以在她的手中变成各种奇妙的形象。《叶子先生》是她用秋天散步时收集的各种不同形状、色彩和斑纹的树叶——枫叶、橡树叶、银杏叶、无花果叶等——创作的一个艺术绘本，展示了生动而精致的拼贴艺术。这些树叶经过巧妙组合，变成各种动物、植物和秋日风景。绘本的每一页都是不规则的形状，通过裁剪画面，制造出蜿蜒的河流、起伏的山丘、绵延天际的森林……立体地呈现出迷人的秋色。

图 11-16 《子儿，吐吐》封面

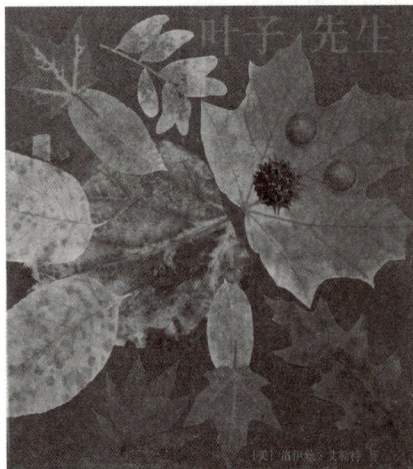

图 11-17 《叶子先生》封面

(三)设计解读

幼儿园的主题探究活动是指围绕某个主题，以幼儿的主动学习为中心，引导幼儿对周围世界细致观察、主动探索、自主体验的学习活动，具有整合性、开放性、自主性等特点。

该案例以"树"为主题，整合了科学、语言、艺术三个领域的学习内容，引领幼儿探索奇妙的树的世界，认识各种不同的树和树的结构。从名称、外观的认识到实际探索，通过种植活动，实现对植物的观察，了解植物的生长。这一连串的体验紧密联系幼儿的生活，引发他们主动学习、主动探索的科学精神，也是一次生动的生命教育。

绘本在整个活动中发挥了重要作用。三个绘本有三个面向，《子儿，吐吐》面向"树的种子"，《叶子先生》面向"树叶"，《爱心树》面向"树的功能"。从绘本的自身风格来讲，三个绘本也各有特点，《子儿，吐吐》贴近幼儿心理，趣味十足；《叶子先生》富有创意，艺术气息浓厚；《爱心树》则饱含情感与哲理，启人思考。我们都知道，优秀的绘本往往具有多元教育价值，设计者只有紧扣教学需要和绘本自身的特色，在主题活动中找到"适宜"的切入点，才能实现绘本价值的最大化。

问题讨论

1. 在幼儿自主阅读绘本的过程中，教师可以扮演什么角色？
2. 绘本教学活动中，新型的多媒体阅读能够替代文本阅读吗？
3. 绘本阅读与看图讲述有何不同？
4. 简述小、中、大班的绘本教学活动设计有何异同点？可从多个角度论述。

课后练习

1. 请为小班阶段的幼儿设计一个完整的绘本教学活动。

2. 在本章中经典绘本《小蓝和小黄》被应用于艺术教育活动，请为其设计一个社会领域的活动方案。

3. 举例说明绘本在幼儿园各类教学活动中的应用价值。

第十二章　如何为幼儿选择绘本

学习目标 ▶

1. 理解幼儿阅读心理与审美认知心理。
2. 掌握为幼儿选择绘本的原则。
3. 掌握不同阅读方式下的绘本选择方法。

学习导图 ▶

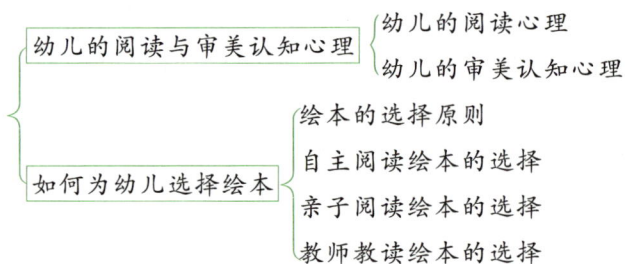

学习导言 ▶

　　如何为幼儿选择绘本，是学前教育专业学生必备的素质。

　　面对五彩缤纷的绘本海洋，如何才让幼儿不迷失方向，选择什么样的绘本才更利于幼儿的成长？成人选择的绘本能满足幼儿的心理需要及成长需要吗？阅读是一种认知审美心理活动，幼儿阅读绘本时有怎样的阅读倾向？幼儿的自主阅读、亲子共读、教师教读等不同的绘本阅读方式下怎样选择绘本呢？别林斯基说："阅读一本不适合自己阅读的书，比不阅读还要坏。"为了让幼儿更好地阅读，让我们学习与掌握选择绘本的知识和方法，让我们的孩子在绘本阅读中更健康、更快乐的成长吧！

第一节　幼儿的阅读与审美认知心理

阅读是人类重要的社会活动，莎士比亚说："书籍是人类知识的总结。书籍是全世界的营养品。"通过阅读人们获取与传承人类历史、文化，并通过"取其精华，去其糟粕"的方式发展本民族文化。2015 年国务院《政府工作报告》提出"倡导全民阅读，建设学习型社会"。在国家的大力倡导下，社会各个层面广泛参与，书香中国的各种活动正如火如荼地开展着。当前，绘本因其直观形象、具有童趣等特点得到了幼儿读者与幼儿教育工作者的青睐。面对浩如烟海的各式各类的绘本，如何选择有助于幼儿成长的绘本呢？别林斯基说："阅读一本不适合自己阅读的书，比不阅读还要坏。"幼儿甄别能力弱，需要成人为其选择合适的绘本。会选择适合幼儿阅读的绘本是学前教育专业学生必备的素质。如何为幼儿选择绘本，首先要了解幼儿的阅读心理及其审美认知心理，才能较好地选择适合幼儿阅读的绘本。

一、幼儿的阅读心理

（一）什么是阅读

我国政府于 2017 年通过《全民阅读促进条例》，把孔子的诞辰日 9 月 28 日确定为"全民阅读节"。阅读活动是多个层次的活动，包括生理学、心理学、物理学、语言学等方面协同活动，不同专业的专家对阅读概念有不同的阐释。道林（Downing）和莱昂（Leong）认为，阅读是对记号的解释。从这个意义上来看，阅读包括自然符号与人文符号的两种阅读，与视觉符号相关的都是阅读。自然符号如天象、地理等，人文符号如文字、图画、图表、商标等。《中国阅读大辞典》指出："阅读指大脑接受外界，包括文字、图表、公式等种信息，并通过大脑进行吸收、加工以理解符号所代表的意思的过程。"[1]从这个意义来看，阅读的对象是人类的语言符号，即人文符号。本教材的阅读是指对人类语言符号的阅读。

（二）阅读的作用与意义

阅读对国家、社会、个人都有很大的作用。古今中外，许多著名的教育家、理论家、学者都提倡大量阅读。孔子说："《诗》可以兴，可以观，可以群，可以怨。迩之事父，远之事君，多识于鸟兽草木之名。"孔子说阅读《诗经》可以兴、观、群、怨，还可以知道鸟兽草木的名称，他从封建社会意识的角度提出了阅读《诗经》的作用。古人说，读诗使人聪慧，读史可以明鉴。赫尔岑说："读书是取得多方面知识的最重要手段。"阅读不仅可以增长自然科学和社会科学知识，还可以学习祖国优秀的语言

---

[1]　王余光、徐雁主编：《中国阅读大辞典》，421 页，南京，南京大学出版社，2016。

文字，学习传承中华民族灿烂的历史文化，提高国民的思想道德素质和科学文化素质，推动社会文明进步。一个人不阅读，无法提升个人素养；一个国家不阅读，无法提升国民素质；一个社会不阅读，无法延续并发展社会文明成果，推动社会进步。

(三)早期阅读的意义

从人均纸质阅读量来看，我国未成年阅读量比成人高，但整体来讲，近几年虽然我国国民人均纸质阅读持续增长，但是与欧美和日韩等国家还存在着一定差距。据 2017 年公布的第十五次全国国民阅读调查报告显示，2017 年成年国民各种媒介的综合阅读率为 80.3％，我国城镇居民的纸质阅读量为 5.83 本，农村居民纸质图书阅读量为 3.35 本，我国人均纸质图书阅读量为 4.66 本，人均电子书阅读量为 3.1 本。0～17 岁未成年人均图书阅读量为 8.81 本。2017 年我国 0～8 岁儿童阅读率为 75.8％，人均阅读量为 7.23 本。[①] 与其他国家相比，我国国民阅读量较低。韩国人均阅读量约为每年 11 本，法国约为 8.4 本，日本约为 8.5 本。全世界每年读书量最多的是犹太人，平均每人一年读书 64 本。[②] 阅读开始时间越早，阅读习惯和养成越好，阅读技能提高越快。西方发达国家幼儿在 6～9 个月就开始阅读，美国幼儿 4 岁进入独立、自主的大量阅读阶段。美国为了消除幼儿阅读障碍，对早期阅读进行研究，认为早期阅读年龄越早，儿童阅读障碍者越少，儿童的阅读能力越强。2017 年，我国《全民阅读促进条例》把未成年人设为全民阅读活动的重点群体。

阅读是人的精神活动，既是一种基本的智力技能，也是一种心理过程。它既有智力因素的参与，如感知、注意、记忆、思维、语言、想象等；也有非智力因素参与，如兴趣、情绪、个性、意志。早期阅读因幼儿识字量少，阅读内容主要读图以主。《幼儿园教育指导纲要(试行)》在语言领域里对早期阅读提出具体目标和要求，提出"喜欢听故事、看图书"的目标，提出了引导幼儿接触优秀的幼儿文学作品，感受语言的丰富和优美，并通过多种活动帮助幼儿加深对作品的体验和理解，利用图画书等方式，引发幼儿对书籍、阅读兴趣，培养前阅读技能等要求。周兢认为："早期阅读是儿童接触书面语言的形式和运用的机会，是儿童发展语言和元语言能力的机会，是儿童掌握词汇构成和文字表征的机会，同时也是儿童发展学习读写的倾向态度的机会。"[③]早期阅读可以使幼儿通过阅读认识自然、社会与自身，影响并发展幼儿的兴趣、情绪、个性、语言、思维等智力与非智力能力。

(四)早期阅读心理

阅读时幼儿在看什么？阅读需要视觉的参与，中外心理学专家通过视觉注意和脑电波研究，通过幼儿阅读绘本的眼动轨迹观察，发现了幼儿早期阅读的一些心理

---

① 魏玉山、徐升国：《第十五次全国国民阅读调查主要发现》，载《出版发行研究》，2018(5)。

② 解艳华：《我国公民阅读状况不容乐观》，载《人民政协报》，2013-05-22。

③ 周兢：《论早期阅读教育的几个基本理论问题——兼谈当前国际早期阅读教育的走向》，载《学前教育》，2005(1)。

特点。

1. 图画优先心理

图画具有形象直观的特点。生动鲜明的形象及其色彩吸引着幼儿，幼儿可以不用看文字，根据图画的描述理解整个故事，图画具有比文字优先阅读的可能。我国心理学专家周兢、韩映红、刘宝根等依靠眼动仪，对 0～6 岁幼儿在自主阅读和伴读阅读绘本进行的研究表明：0～6 岁幼儿观看图画和文字时，很少关注文字，主要观看图画；年龄越小的孩子关注图画的时间越多，识字越少的孩子对文字关注越少。此外，"幼儿在关注图画书的人物主体和背景时，表现为人物主体优先的特点，观看人物时，存在着面部优先的特点"。[①]

2. 文字阅读开始

幼儿识字不代表幼儿通过文字开始阅读，幼儿的阅读以图为始，什么时候文字与图画开始出现联系？据周兢对汉语幼儿从图像到文字的早期研究表明：2 岁幼儿阅读绘本时主要关注图画，几乎不看文字；4 岁之后开始将视觉关注分配到文字区域，3～6 岁幼儿对文字的注视水平低于图画上的水平，随着年龄的增长，对文字的注视时间和次数明显增加；4 岁的时候，幼儿对图画与文字的联合注视开始萌芽；5～6 岁表现出对文字和图画中寻找故事信息的行为；4～6 岁幼儿能迅速关注绘本中主角的画面关键信息，6 岁幼儿对绘本的文字注视时间与主角注视时间比例接近。[②]以上情况表明，4 岁幼儿阅读出现文字与图画的联系，6 岁时文字阅读逐渐开始。

3. 阅读注意力持续时间短

阅读是一种心理活动，也是一种认知活动，需要身心全身关注，注意力会影响幼儿的阅读时间。心理学研究表明：幼儿期的注意力方面，因为幼儿脑神经发育系统尚不完美，大脑的控制功能不强。注意分为无意注意、有意注意等。无意注意指事先没有预定目的，也不需要作意志的努力的注意。有意注意是有预定目的，必要时还需一定意志努力的注意。幼儿的注意以无意为主，注意力不稳定，容易被刺激的东西吸引，注意力容易分散。年龄越小注意力越不集中，注意力很难固定在某一个物体上，注意的时间不能持久。[③]婴儿期以无意注意为主，将近 3 岁时，有意注意开始出现，幼儿能注意观察周围环境中的变化并和认知过程结合起来。3 岁左右有意注意时间为 3～5 分钟，4 岁有意注意可达 10 分钟，5～6 岁才能较好地控制自己的注意力，集中时间约为 15 分钟。[④]幼儿在玩新奇玩具和感兴趣游戏时上会相对延长，专注时间可达 30 分钟。诸多研究表明，幼儿的注意力容易分散，注意力集中

---

① 韩映红：《自主阅读和伴读方式下 3～4 岁幼儿图画书阅读的眼动研究》，载《心理发展与教育》，2011(4)。

② 周兢、刘宝根：《汉语儿童从图像到文字的早期阅读与读写发展过程：来自早期阅读眼动及相关研究的初步证据》，载《中国特殊教育》，2010(12)。

③ 杜玫、詹丽峰主编：《心理学》，45～47 页，武汉，湖北科学技术出版社，2013。

④ 张婷、刘新民主编：《发展心理学》，103 页，合肥，中国科学技术大学出版社，2016。

时间短，注意力持久性差。受注意力的影响，阅读伴随着感知觉、记忆、思维、想象等心理活动，属于有意注意，幼儿的阅读注意力持续时间也就会短。

4. 有色彩的倾向

绘本既是文学的艺术，又是视觉艺术。从视觉方面来看，绘本通过图画来叙述故事内容。绘本的图画往往通过形象、背景、线条、色彩等叙事，色彩丰富的绘本能较大程度的吸引幼儿。幼儿的视觉阅读有自己独特特点，对暖色调及鲜艳的颜色有着偏爱，在情感表达上能用色彩表达自己情感。心理学研究表明：幼儿对色彩的认知较早，出生 1～3 个月，开始具备识别色彩的能力。幼儿首先能够分辨的色彩是红色与绿色，其次是蓝色与黄色。颜色偏好顺序依次为：红、黄、绿、橙、蓝、白、黑、紫，共同倾向是喜欢暖色调。在情感的色彩表达方面上，"愉快时使用的颜色是蓝、绿、橙、黄，而在表达悲伤时所使用的颜色则是黑、棕、灰、红色等"。[①]

此外，阅读对于幼儿来说，不仅是一种心理活动过程，也是一种生理活动过程。早期阅读还要注意幼儿的生理发展，如视力、手指活动。幼儿期是身体快速生长时期，幼儿生理各方面发育尚未成熟。在视力方面，幼儿的视力 1 岁约为 0.2，以后每长大一岁，视力上升 0.2，5 岁时约为 1.0。幼儿期，幼儿骨骼以软骨居多，手指的灵活性、精细度和协调性差，手工操作方面的表现差，4～6 岁可以进行一些精细的手工操作。

二、幼儿的审美认知心理

(一)幼儿阅读认知发展

阅读是一种认知活动，《中国文化大百科全书·教育卷》指出："阅读是一种综合性复杂的智力技能，它是由一系的过程和行为构成的总和。包括认知的、动作的、情感态度和评价诸因素。"[②]认知是一种心理活动和心理过程，认知是人对客观世界的认识活动，认知是人脑的高级功能，它包括多个层次和多种形式的活动，如感觉、知觉、记忆、注意、思维、想象、语言等。2 岁前的幼儿主要依靠感知觉认识世界，3～6 岁的幼儿心理活动感知觉仍占优势。[③] 绘本阅读是多种认知心理的过程，绘本阅读会涉及感知觉、语言文字、情感、想象和思维方面心理活动。认知心理学研究表明：第一，幼儿主要通过感知觉认识世界。第二，在语言文字方面，幼儿 4 岁时基本已经掌握母语的全部语言，3～5 岁是幼儿语言表达能力的快速发展期，6 岁时词汇量达 3000～4000 个。幼儿一般先掌握实词，依次主要有名词、动词、形容词，副词、代词、数词掌握较晚，虚词掌握更晚；单词句一般出现在 1 岁以后，1岁半到 2 岁出现电报句，2 岁左右出现简单句，3 岁之后会使用一些修饰语，能用

① 鲁芳：《怪诞心理学》，164 页，北京，中国法制出版社，2016。
② 朱自强、高占祥等主编：《中国文化大百科全书·教育卷》，710 页，长春，长春出版社，1994。
③ 胥兴春：《学前心理学》，81 页，重庆，西南师范大学出版社，2016。

完整的句子与人交往，表达个人的要求及愿望，5～6 岁能运用简单复句。第三，在想象发展方面，无意想象为主。3～4 岁幼儿无意想象占重要地位，5～6 岁有意想象逐渐发展，这时幼儿的想象主要为复制和模仿，6 岁左右幼儿初步有创造想象。第四，在思维发展方面，由直觉行为思维到抽象思维发展。0～3 岁的幼儿以直觉行为思维为主，直觉行为思维是一种依靠直接感知和实际动作来进行的思维，表现为解决问题的方式是实际动作，思维受动作支配。具体形象思维是 3～6 岁幼儿思维主要思维方式，此时幼儿思维的内容是具体的，依靠事物在头脑中的形象来思维，对事物的认识只停留在表面；6 岁以后逐步具有抽象逻辑思维。此外，幼儿语言表现上还具有自我中心思维、泛灵思维与任意逻辑思维等特点。第五，在情感方面，幼儿逐渐具备自尊、自豪、羞愧、内疚情绪情感，并伴随与混合多种情感。

(二)幼儿审美认知心理倾向

绘本的阅读是文学的阅读，是一种审美，绘本的目标读者是儿童。每一位幼儿都是一个独立的审美个体。审美个体的元认知审美能力是在其长期艺术审美实践过程中逐渐形成的，并不断发展与完善起来的。幼儿审美因其环境、教育、社会等诸多原因，其审美存在着差别，但又存在共性。随着审美个体的审美知识、审美经验、审美技能不断成熟，元认知的审美能力不断提高。因知识、经验的积累，幼儿与成人的元认知审美能力存在差异性，审美能力差异性影响形成不同的审美倾向。幼儿有自己独特的审美认知心理倾向性。主要表现为以下几个方面[①]。

1. 愉悦性倾向

行为主义心理学表明行为是有动机的。阅读的愉悦性是幼儿的审美感觉，是幼儿阅读文学作品的动机。李学斌认为，儿童读者之所以喜欢阅读那些为他们喜闻乐见的故事，是源于乐趣的吸引。绘本的创作与幼儿具体形象思维相契合，以直观形象叙事形式展示给幼儿，幼儿很容易在图画的阅读过程中获得阅读体验的乐趣。阅读的愉悦性还存在着两种情况：本我倾向性、超我倾向性。本我倾向性是一种低层次阅读倾向，是一种本能阅读选择，是娱乐放松的追求，如果不加以引导就会流于庸俗的阅读。超我倾向性是高层次的阅读倾向，是人类阅读的共同理想追求。如《大卫，不可以》([美]大卫·香农/文·图)系列，绘本中大卫生活的趣事吸引着幼儿的目光，阅读绘本更容易得到共鸣，带给幼儿丰富的愉悦体验；又如绘本《打灯笼》(王亚鸽/文，朱成梁/绘)描绘了中国过春节幼儿打灯笼的游戏过程，写出幼儿打灯笼的乐趣。

---

① 宋俊娟：《浅论儿童读者的审美倾向与儿童教育》，载《内蒙古师范大学学报·教育科学版》，2015(2)。

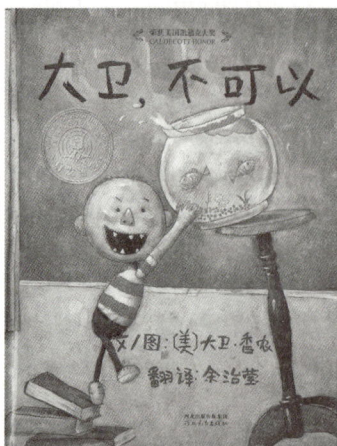

图 12-1 《大卫，不可以》封面

图 12-2 《打灯笼》封面

2. 游戏性倾向

绘本阅读是想象的游戏。人类文化学家胡伊青加提出："人：游戏者。"在他看来游戏是人类本身存在的方式。绘本阅读的游戏性指幼儿在阅读幼儿文学的过程是一种想象游戏的过程。在幼儿生命成长过程中，游戏既是幼儿存在的一种方式，也是生命形态的一种表现形式。游戏是幼儿的一种精神需求。正如福禄贝尔所说的，儿童之所以喜欢游戏，是因为游戏的发生是起于儿童的内部发生的纯真的精神产物。绘本阅读是想象的游戏，幼儿在阅读绘本过程时，通过绘本图画与语言文字的留白，展开自己的想象游戏，体验绘本描述的生活。如《夜黑黑》（［日］小木屋工坊/文·图）幼儿阅读作品的过程，也就想象跟着小夜体验了一把夜晚上厕所的恐慌过程；又如《青蛙与男孩》，幼儿阅读作品的同时想象跟着男孩一起体验了去青蛙王国历险的过程。

图 12-3 《夜黑黑》封面

图 12-4 《青蛙与男孩》封面

3. 生活性倾向

生活性倾向，指幼儿在阅读过程中会寻找自己生活的影子，或者寻找与他们生活相似的内容。生活性，指绘本作品的内容主要描写幼儿生活与心理。贴近幼儿生活的绘本作品更能走进幼儿心灵世界，更能打动幼儿的情感，如《找东西大王》(［中］萧褒/文，李伟、周丽/绘)和《鳄鱼怕怕　牙医怕怕》(［日］五味太郎/文·图)就以幼儿生活及其心理为题材。幼儿在阅读作品的过程中或想象、或模拟生活，在阅读的过程中想象体验与人的交往，在想象中体验失败与成功、痛苦与欢乐、生与死、聚与散等情感，同时也得到了情感的寄托或宣泄。

图 12-5　《找东西大王》封面

4. 模糊性倾向

幼儿的文学审美倾向存在着模糊性的特点。① 模糊性，指幼儿在幼儿文学审美过程，对作品语言、情感、内容等方面一知半解的现象。幼儿文学是成人从幼儿视角进行创作的，创作的作品隐含着成人的理想、成人见解、成人引导性语言。不同年龄阶段的幼儿因其语言理解能力、情感理解能力、生活阅历不同，对作品的理解程度有深浅之分，对幼儿文学文本的理解也会存在着不同程度的理解障碍。这种现象决定幼儿在阅读时是囫囵吞枣式的，对幼儿文学作品的理解是一知半解的。

第二节　如何为幼儿选择绘本

一、绘本的选择原则

据统计，目前我国年产的图画书约 4000 种，国外引进约 2000 种，国内原创约 2000 种。② 面对浩如烟海的绘本，幼儿的鉴别能力低，需要成人为幼儿挑选合适绘本阅读，而成人的选择往往从成人审美角度出发，与幼儿阅读需求产生冲突。如何

---

① 宋俊娟：《浅论儿童读者的审美倾向与儿童教育》，载《内蒙古师范大学学报(教育科学版)》，2015(2)。
② 海飞：《从童书出版大国崛起看儿童文学的蓬勃》，载《国际出版周报》，2018-12-10。

更好地选择适合幼儿阅读的绘本？需要考虑幼儿的阅读心理、认知发展与审美倾向。为幼儿选择绘本，主要有以下两个原则。

（一）根据幼儿认知发展选择

幼儿的认知发展有着阶段性特点，不同年龄阶段的幼儿有不同的认知心理。0～6岁幼儿认知发展大概以一岁为一个阶段，不同阶段幼儿认知特点有相似性，也有差异性。北京师范大学教育学部芝兰玉树教育研究院出版了《中国儿童全效成长攻略》系列，以一岁为一个阶段，从健康、语言、科学、数学、社会、习惯、美术、音乐、综合九个领域描述了0～6岁的认知发展。该书有助于我们了解幼儿各年龄阶段认知的发展特点和具体表现。2012年国家教育部颁布的《3—6岁儿童学习与发展指南》从健康、语言、社会、科学、艺术五大模块领域指导与规范了幼儿教育。我们可以根据《中国儿童全效成长攻略》与《3—6岁儿童学习与发展指南》的幼儿的认知情况和水平，选择与幼儿适合的绘本。

语言方面，根据幼儿语言认知特点进行选择。因幼儿识字量少，文字阅读才开始，我们选择绘本要考虑语言文字少的绘本，最佳句子的构成形式为短语、简单句，如《母鸡萝丝去散步》（［美］佩特·哈群斯/文·图）、《火车快跑》（［美］唐诺·克鲁斯/文·图）语言文字几乎以短语的形式呈现；又如《爷爷一定有办法》句子结构简单，并且句子结构形式、内容相似。如小班可选择主要以图叙事的绘本，大班的孩子可以主要选择图文互补的绘本。

思维方面，根据幼儿的思维特点进行选择。幼儿思维主要有直觉行动思维、具体形象思维、自我中心思维、泛灵思维和任意逻辑思维等。许多绘本结合了幼儿的思维特点进行创作。如《哐当哐当哐当》（［日］安井季子/文，［日］福田岩绪/绘）直观形象，图画色彩丰富，人物形象表情逼真，人物形象色彩随着故事情节而不断变化，并与背景色彩形成对比，共同叙事人物心理。如《猜猜我有多爱你》（［爱尔兰］山姆·麦克布雷尼/文，［英］安妮塔·婕朗/绘）小兔子与大兔子用动作表达对对方的爱意，用行动来表达自己的想法。书中的语言不仅具有幼儿特点，还用了拟人创作手法，把兔子拟人化，体现幼儿的直觉行为思维与幻灵思维特点。如《阿罗有支彩色笔》（［美］克罗格特·约翰逊/文·图）结合幼儿任意逻辑思维特点，具有创造性。阿罗手中的彩色笔可以画出任意想象的图形，阿罗手中的彩色笔既创造了故事的情节，也推动了故事情节的发展，幼儿想象不出彩色笔下一次会画出什么图形，又有怎样的故事情节；又如《一个角的旅行》（［哥伦比亚］克劳迪娅·鲁埃达/文·图）作者通过一个三角形在旅途上与各种图形的相遇，创造性地想象了三角形与其他图形结合的变化。

图 12-6　《哐当哐当哐当》内页

图 12-7　《阿罗有支彩色笔》封面

　　生理与情感认知方面，可以根据幼儿的生理与情感发展选择相适应的绘本。生理方面，幼儿认识世界首先从自己开始，幼儿关注生命的奥秘，往往探寻生命的起源。比如，幼儿对自己从哪来十分有兴趣，经常会询问自己是从哪里来的，《出生的故事》(蔡皋/文·图)从精子到婴儿出生形象直观地解答出生的秘密。情感方面，幼儿逐渐具备自尊、自豪、羞愧、内疚情绪情感，并伴随与混合多种情感，如《又有了一个弟弟》([美]马修·科德尔/文·图)，描绘幼儿多了弟弟后的心理情感变化。

图 12-8　《出生的故事》封面

图 12-9　《又有了一个弟弟》封面

(二)根据幼儿认知审美倾向选择

　　兴趣是最好的老师，正如孔子所说："知之者不如好之者，好之者不如乐之者。"绘本的选择我们要从幼儿兴趣出发，根据幼儿的认知审美倾向选择。快乐的阅读不仅可以培养孩子性格品质，也可让孩子健康地成长。认知心理研究表明，3～6岁孩子的注意力控制时间为3～10分钟。如果幼儿玩的是自己喜欢的玩具，注意力的时间最高可延长至30分钟。根据幼儿认知审美倾向选择绘本，是一种快乐阅读，是幼儿喜欢的阅读。这样快乐阅读可让孩子不由自主地延长阅读时间，也让孩子在阅读中获得了自然、社会等科学知识，这正是幼儿教育所乐于看到的。前面谈到幼儿认知审美倾向主要有愉悦性、游戏性、生活性、模糊性等，可以根据幼儿这些审美倾向性进行选择，但不同的幼儿还可能有性别、年龄等各方面的审美倾向差异性。

二、自主阅读绘本的选择

在阅读的过程中，应尽早培养孩子早期自主阅读的能力，通过自主阅读能够提早培养幼儿独立自主能力和自主学习能力，培养幼儿探索知识、认识世界的基本能力。幼儿自主阅读绘本，可以通过两种方式的选择，一是幼儿自主选择自己喜欢的绘本，二是成人为幼儿挑选适宜的绘本。幼儿自主选择绘本，让幼儿拥有自由挑选的空间，尊重幼儿的愿望，这能加强幼儿阅读兴趣的持久性。但幼儿在选择绘本时可能会受绘本的包装、绘本的色彩等外观吸引，而对绘本内容、知识范围往往忽略，这就需要成人为其挑选一些内容、质量等较好的绘本。此外，自主阅读绘本的挑选还要考虑幼儿其他情况，如注意根据幼儿生理特点，挑选绘本，考虑绘本的纸张的厚度与硬度，考虑绘本文字的大小。幼儿因手部精细动作差，可以选择纸张较厚较硬的绘本，可以让幼儿容易翻阅书箱，不也会割破幼儿的手。因幼儿视力发育尚不完全，绘本的文字要选择字号较大的绘本。如《在森林里》（［美］玛莉·荷·艾斯/文·图）、《火车快跑》等文字的字号较大。其次，要注意考虑幼儿识字量。无字绘本因其没有文字的障碍，为幼儿自主阅读首选，如《汤姆和小鸟》（［瑞士］帕特里克·伦兹/图）、《海底的秘密》（［美］大卫·威斯纳/图）等。

图 12-10 《在森林里》封面　　　　图 12-11 《汤姆和小鸟》封面

三、亲子阅读绘本的选择

父母是对孩子阅读习惯养成的影响最大，往往父母爱阅读的，幼儿也爱阅读。亲子阅读也成了早期阅读重要方式。亲子阅读绘本的选择除了上述讲的方法之外，因家长与幼儿生活在一起，更能了解自己孩子的生理、心理、认知发展情况，更能挑选适合自己孩子成长需要的绘本。但成人的审美也与幼儿审美存在差异性，亲子阅读绘本的选择不仅要考虑幼儿阅读心理与幼儿认知审美心理，还要考虑选择哪些绘本更适合亲子阅读开展。维果茨基最近发展区理论指出，幼儿在给予一定支持与引导的情况下，有可能达到能力最近的发展区。亲子阅读可以挑选与幼儿认知能力水平相近的绘本，如根据幼儿的识字程度选择比幼儿识字量大一些的绘本，便于通过阅读增加幼儿识字量；又如，根据幼儿认知发展水平选择幼儿感兴趣又尚未理解的一些绘本，如知识绘本《蚯蚓的日记》（［美］朵琳·克罗宁/文，［美］哈里·布里斯/图）、《北纬 36 度线》（［日］小林丰/文·图）。中华民族文化博大精深，亲子阅读绘本的选择要考虑文化传统的继承与发展，可以挑选有关中华文化传统的绘本进行阅读，如《二十四节气》（熊亮/文·图）、《晒龙袍六月六》（邬朝祝/文，蔡皋/图）等。

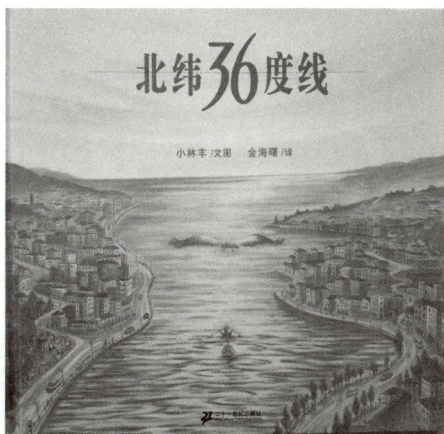

图 12-12　《北纬 36 度线》封面

市场上的绘本数量众多，现在大多数绘本在出售前有塑料薄膜的保护，购买者很难看到绘本的内容。如何才能快速便捷选好的绘本，家长们可通过作品封面的提示进行挑选，封面一般有作者名字、出版社名字以及作品的获奖情况。有些作品有个小护封，上面有一些作品提示及作品情况介绍。家长们可根据此信息提示进行挑选。一般情况下看绘本所获得的奖项是什么，目前国际的绘本奖项主要有美国的凯迪克奖（Randolph Caldecott Medal）、英国的凯特·格林威奖（Kate Greennaway Medal for Illustrators）、国际安徒生奖（Hans Christian Andersen Award），国内绘本奖主要有丰子恺儿童图画书奖、图画书时代奖，台湾绘本奖有信谊图画书奖。绘本出版社在国内影响较大的有中国少年儿童新闻出版总社、二十一世纪出版社、接力出版社、湖南少年儿童出版社、浙江少年儿童出版社、明天出版社等。国际绘本大师主要有安东尼·布朗、李欧·李奥尼、汉斯·比尔、宫西达也、五味太郎等，国内著名的绘本作家主要有熊亮、蔡皋、周翔、朱成梁、王晓明等。此外，国内著名的绘本馆主要有蒲蒲兰绘本馆。

四、教师教读绘本的选择

教育部 2012 年颁布的《3—6 岁儿童学习与发展指南》从健康、语言、社会、科学、艺术五个领域给幼儿教师提出了幼儿园教育具体的指导与建议。幼儿园教学是集体教学活动，集体的教学活动针对幼儿集体发展特征，在绘本的选择在要注意幼儿群体的表现，根据《3—6 岁儿童学习与发展指南》不同年龄阶段的指示要求，不同领域的教学可以选择相对应一些绘本。幼儿园教学活动是一种集体教学活动，选择一些恰当的绘本，有利于集体教学的开展。

（一）选择人物表情丰富的绘本

人物形象是故事刻画中心。人物形象表情丰富的绘本，有利于幼儿理解人物形象情绪、情感及性格特征，有利于理解故事内容，有利于理解绘本主题，有利于培养幼儿的语言能力。如绘本《大卫，不可以》（［美］大卫·香农/文·图）中大卫的面部表情丰富，不同情境下有不同的表现，有开心、沮丧、疑问、难过等，从不同的情境下观察大卫的情绪，大卫形象的立体而鲜明。又如，《哐当哐当哐当》（［日］安井季子/文，［日］福田岩绪/图）人物的面部表情在不同的情节变化中有不同的表现，人物面部表情的变化表现了人物之间的互动，深化绘本的主题。

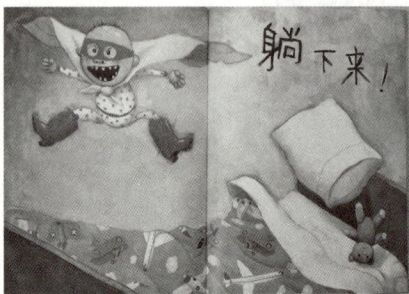

图 12-13　《大卫，不可以》内页　　　　图 12-14　《哐当哐当哐当》内页

（二）选择故事情节曲折的绘本

情节是故事发生发展的手段，故事对人物的刻画通过情节来完成，通过情节来刻画人物性格。情节结构曲折，使得故事跌宕起伏，更能吸引读者的兴趣，绘本的情节曲折停顿处便于教师的教学设计。故事情节辗转曲折，又如《吃掉黑暗的怪兽》（［英］乔伊斯·邓巴/文，幾米/图），绘本故事情节一波三折。故事中的球晚上睡不着觉，他不喜欢黑暗，也怕怪兽，承着故事的发展却出现了一只小怪兽，但这只小怪兽却能吃掉黑暗，它把世界上所有黑暗全吃掉了，这时世界上却发生奇异的事，猫头鹰从树上掉下来，猫的眼睛不再闪闪发亮，狐狸撞到石头上……当球球哭泣时，妈妈却没有听到，而小怪兽抱起了球球，球球却甜美地睡着了。情节曲折的绘本，往往设计一些伏笔，如《花园里的秘密》（［法］赛琳娜·拉维涅-阿蒙/文，［法］艾斯黛乐·比永-斯巴尼奥/图），花园里一共五个动物：猫、老鼠、蝴蝶、壁虎和小鸟，动

物一个接着一个的消失，动物去哪了？绘本伏笔或是一截壁虎的尾巴，或是树中鸟窝中鸟儿寻找妈妈的尖叫，或是一个杯子……

图 12-15　《花园里的秘密》封面

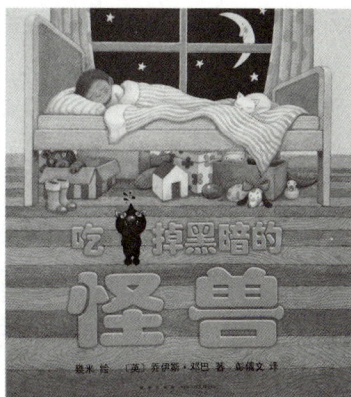

图 12-16　《吃掉黑暗的怪兽》封面

（三）选择留白较多的绘本

留白是绘画的一个技巧，指绘画时利用纸张的空白留给观者想象的空间。绘本的留白包括纸张的留白和语言的留白。纸张的留白一个方面是指绘画时的纸张的空间留白，另一个方面指绘本上一页图画与下一页图画之间的空间。语言的留白，指绘本的语言简单，有时是简单的词、短语或者简单没有修饰语的句子，如《美丽的星期五》绘本句子简单，图画较好地弥补了文字的空白；纸张留白，如瑞士莫妮克·弗利克斯小老鼠无字书全八册，无字书的每一幅画之间留有许多的空间留白，上一页图画与下一页图画也有留白的空间，幼儿可以根据绘本中小老鼠的动作与表情进行天马行空的想象。留白的空间给教师的集体教学较多的设计空间。

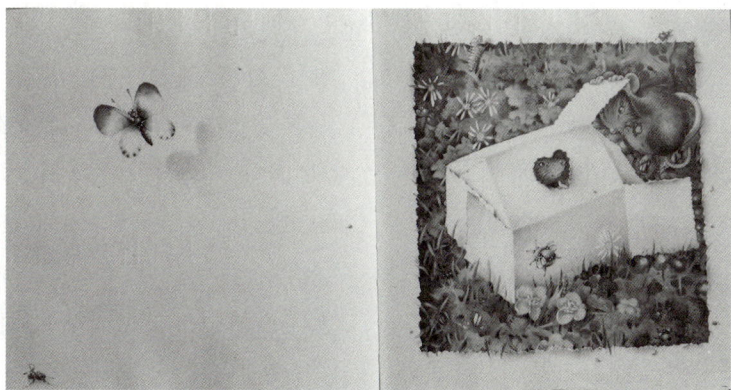

图 12-17　《房子》内页

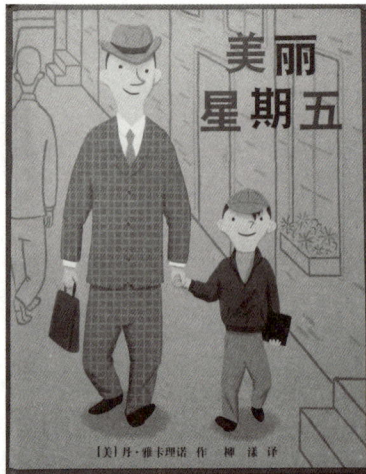

图 12-18 《美丽的星期五》封面

(四)根据绘本主题选择

主题教学是幼儿园常见的一种教学方式，根据主题选绘本是一种快捷的方式，也契合幼儿园的教育教学。现在市场上绘本的主题越来越丰富，有品格培养、自然生态、爱护环境、生活能力、生活教育、健康发展、安全教育、社会交往、艺术发展、科学启蒙、语言发展等主题。主题分化越来越细，如健康发展细分为身体健康、心理健康、管理情绪等主题。绘本的主题有时在封面、封底有些暗示，有些需要阅读绘本才明白。如，品格培养主题绘本有《又有了一个弟弟》([美]马修·科德尔/文·图)、《短耳兔考 0 分》(达文茜/文，唐唐/图)、《勇气》([美]伯纳德·韦伯/文·图)、《烟》(曹文轩/文，[英]郁蓉/图)等；自然生态主题绘本有《遇见春天》([日]原京子/文，[日]秦好史郎/图)、《14 只老鼠过冬天》([日]岩村和朗/文·图)等；安全主题绘本有《和甘伯伯去游河》([英]约翰·伯宁罕/文·图)、《我不跟你走》([德]达柯玛尔·盖斯勒/文·图)、《鼹鼠的警觉》([韩]韩恩善/文，[韩]吴胜源/图)等；科学启蒙主题绘本如《变色龙和他的伙伴们》([美]黛安·彭斯/文，[美]琳达·加罗/图)、《这样的尾巴可以做什么?》([美]史蒂夫·詹金斯/文，[美]罗宾·佩奇/图)、《盘中餐》(于虹呈/文·图)等。

图 12-19 《变色龙和他的伙伴们》封面

图 12-20 《盘中餐》封面

问题讨论

1. 讨论早期阅读与其他阶段阅读的区别，可从多种角度思考。

2. 讨论为幼儿自主阅读、亲子阅读、教师教读选择绘本原则的异同点，并简述原因。

3. 讨论如何在选择绘本过程中注重幼儿的个体差异。

课后练习

1. 幼儿的审美认知心理有怎样的表现？

2. 幼儿的早期阅读心理主要有哪些表现？

3. 早期阅读的作用与意义有哪些？

4. 自主阅读绘本选择要注意什么？

5. 亲子阅读绘本怎么选？

6. 分别为小班、中班、大班幼儿园健康、科学、社会、艺术、语言五大领域教学选择适合的绘本。

第十三章　家园共育：绘本亲子共读

学习目标 ▶

1. 掌握亲子共读的含义与策略，了解亲子共读的影响因素及误区。
2. 能够帮助家长结合具体绘本进行有效的亲子共读。

学习导图 ▶

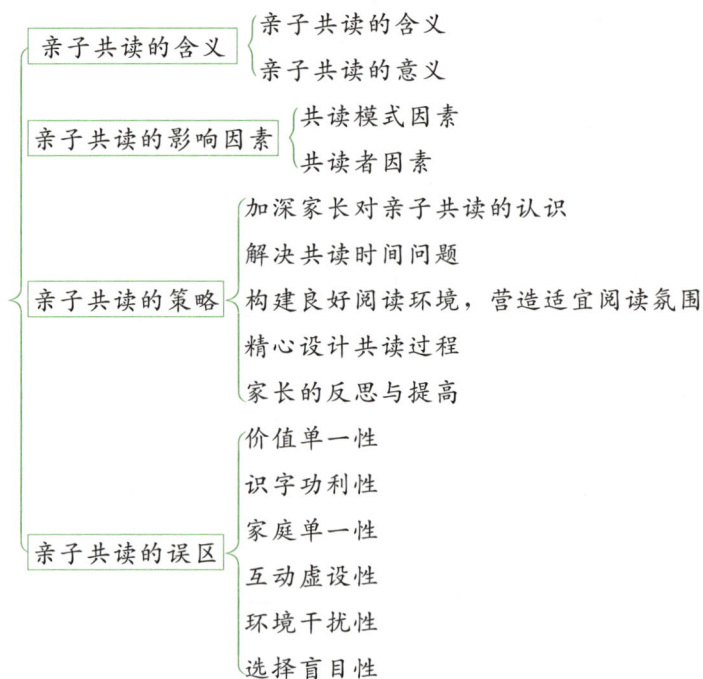

- 亲子共读的含义
  - 亲子共读的含义
  - 亲子共读的意义
- 亲子共读的影响因素
  - 共读模式因素
  - 共读者因素
- 亲子共读的策略
  - 加深家长对亲子共读的认识
  - 解决共读时间问题
  - 构建良好阅读环境，营造适宜阅读氛围
  - 精心设计共读过程
  - 家长的反思与提高
- 亲子共读的误区
  - 价值单一性
  - 识字功利性
  - 家庭单一性
  - 互动虚设性
  - 环境干扰性
  - 选择盲目性

学习导言 ▶

　　《幼儿园教育指导纲要（试行）》中指出：家庭是幼儿园重要的合作伙伴。充分利用家长资源，有利于实现家园共育，促进幼儿全面发展。

　　亲子共读是家长与孩子之间围绕绘本进行的互动活动，对于孩子的成长具有重要意义。如何进行有效的亲子共读是许多家长关心的问题。

亲子共读不仅仅是简单地为孩子读书，其中存在着诸多因素，如不同的共读模式，不同的共读者等，对孩子的阅读习惯的养成和阅读能力的提高都会产生较大的影响。

在亲子共读活动中，应加深家长对亲子共读的认识，保证并适当延长共读时间，为共读创设良好的阅读环境，营造温馨的阅读氛围，完善共读过程。将个人反思与教育培训相结合，以期充分实现亲子共读的价值。

当前的亲子共读中也存在一些误区，需要引起家长们重视并适当注意，如重视智育价值，忽视其他价值，将亲子共读等同于识字，共读活动中父亲的缺席，互动缺乏科学的指导，共读环境不佳，绘本的选择具有盲目性等。

第一节　亲子共读的含义

一、亲子共读的含义

亲子共读又称亲子阅读，是家长与孩子在和谐温馨的家庭氛围中，围绕儿童读物进行的阅读互动活动。从孩子出生即可开始，是儿童早期阅读中的一个重要组成部分。对于绘本的亲子共读能够培养并激发幼儿的观察力与想象力，训练幼儿的语言与思维能力，引导幼儿形成健康的阅读习惯与良好的审美能力，帮助幼儿完善品格、健全人格，增强幼儿的社会适应性。

联合国教科文组织在 1972 年和 1982 年曾两次发出"走向阅读世界"呼唤，引导各国重视儿童的"早期阅读"。我国《幼儿园教育指导纲要（试行）》中明确把早期阅读的要求纳入语言教育的目标体系。其中，第 4 个目标即为"喜欢听故事、看图书"，提出要"引导幼儿接触优秀的儿童文学作品，使之感受语言的丰富和优美，并通过多种活动帮助幼儿加深对作品的体验和理解"，"利用图书、绘画和其他多种方式，引发幼儿对书籍、阅读和书写的兴趣，培养前阅读和前书写技能"。教育部发布的《3—6 岁儿童学习与发展指南》中强调对语言领域中阅读的重视，通过一定数量的图书激发幼儿的阅读兴趣，发展幼儿的想象力与创造力，感受作品中的美。绘本作为一种图文并茂的优秀儿童文学样式，成为 3～6 岁幼儿阅读材料的最佳选择。

阅读绘本对于个体发展尚不稳定的幼儿而言，家庭和父母的影响远比幼儿园和老师大。幼儿阅读能力的高低很大程度上取决于家庭亲子共读活动的质量。要想在这个时期养成良好的阅读习惯，逐渐培养自主阅读的意识，家庭中的亲子共读必然起着决定性的重要作用。

二、亲子共读的意义

亲子共读既是学前教育的重要组成部分之一，又是早期阅读的主要形式。亲子共读对于培养幼儿的阅读兴趣与习惯、增强亲子关系等有诸多益处。

通过共读，基于温馨、快乐的氛围中，家长与孩子能够增进情感，促进亲子关系；帮助孩子看到更广阔的世界，传承优良美德与生活经验；丰富幼儿的词汇，增强对语言文字的感悟与驾驭能力；学会倾听和表达，增进沟通协调能力；感受故事，体验故事氛围，提高阅读与理解能力；激发幼儿的阅读兴趣，养成良好的阅读习惯，增强专注力，提升学习能力；引导幼儿思考，滋养想象力和创造力；激发潜能，增强幼儿的热情、希望、勇气、信心，为幼儿的健康成长奠定基础。

第二节　亲子共读的影响因素

亲子共读是家长与孩子一起进行的一项阅读活动，只有调动孩子的积极性，让孩子充分地参与进来，才能体会到其中的乐趣，学到更多的知识，从而爱上阅读。在此过程中，存在着一些因素，对亲子共读的效果产生影响。

一、共读模式因素

(一)灌输式

与孩子一起阅读的时候，家长占据主导地位，照本宣科，依照文本朗读故事，希望孩子能专注地聆听故事，很少停下来与孩子讨论故事，不允许孩子随意打断。

(二)对话式

在亲子共读过程中，家长通过提示的方式，鼓励和引导孩子，让孩子说出书中的内容，然后对孩子所说的内容给予及时回应，并做出适当的评价。在此基础上，家长也可增加一些信息，或换一种方式来补充孩子讲述的内容。最后，家长通过再次提示的方式，了解孩子是否真正理解所阅读的内容。这是一种开展有效交流的亲子共读模式。

在此过程中，成人回应与提示的方式大致有如下几种。

1. 补充式

经过适当提示，让幼儿自己把内容补充完整。比如，在读《猜猜我有多爱你》的时候，提示幼儿："小兔子除了张开双臂，还用哪些方式表示自己的爱?"

2. 回想式

通过提示，帮助和引导幼儿回想读过的内容。比如："毛毛虫吃了哪些水果?"（《好饿的毛毛虫》）

3. 开放式

问题没有限定性的答案，给幼儿自由发挥的空间。读《我妈妈》，可以问孩子："宝宝，你的妈妈是什么样的?"

4. 封闭式

有一定的限定型的提示，这种方式更适于考查细节，如人物、时间、地点、颜色、形状等。在《大卫，不可以》一书中，家长可以问孩子："站在客厅里的大卫，头上、脸上、手上、腿上有什么? 头上是什么?"

5. 延伸式

把阅读的内容与幼儿有相关体验或经验结合起来，让幼儿去体会，从而帮助幼儿把书本中阅读到的内容与现实的生活联系起来。比如，读《棉婆婆睡不着》。家长问："棉婆婆睡不着，她在等谁啊?"孩子答："等棉爷爷，棉爷爷回来了，棉婆婆很快就睡着了。"家长："棉婆婆心里牵挂着棉爷爷呢，亲人直接要互相顾念，就像妈妈去上班了，你想妈妈吗?"

(三)伙伴式

基于绘本，家长和孩子互讲故事。家长侧重于围绕故事主题，讲述故事文本，适时停下来与孩子讨论故事。孩子对图画进行想象和演绎，家长对孩子的言语和非言语行为表示认可。当孩子讲不下去或出现卡壳时，家长引导孩子观察画面、提供的主要信息，帮助孩子围绕故事中的主要人物和情节，持续完整地讲述。

(四)曲解式

1. 故意曲解

无关故事主题，曲解故事内容。不依照书本上的文字说故事，而是利用书本的图片作为讨论的话题来与孩子互动，很少或是没有注意原本的故事。或是强调绘本之外的部分，如阅读姿势、阅读规则、阅读顺序等。在阅读过程中，过分在意幼儿是否正确识字，能否复述故事，过度注意细枝末节。

2. 无意误读

无视或者忽略书中文字的作用，误读画面内容，随意、过多地联想，表面上是围绕故事在交流，实际上已经游离于故事情境之外。

二、共读者因素

在亲子共读过程中，家长是引导者，家长的教育背景、词汇量、言语变通能力、学习能力等对共读的效果都会产生影响。

(一)教育背景

家长的学历及教育背景在一定程度上对亲子共读产生影响。在共读过程中，陪伴孩子阅读的家长，其学历及教育背景的不同，导致家长对亲子共读的认知不同，直接表现在阅读过程中引导幼儿的方式不同。有的家长认为亲子共读就是早期识字过程，有的家长认为阅读就是养成孩子看书习惯，有的家长认为亲子共读是培养幼儿阅读能力。不同的认识导致家长在亲子共读过程中表现不同。

亲子共读并不是单纯的陪孩子读书，教孩子认字，也不是单纯的培养孩子阅读习惯的过程，而是要让孩子发自内心地享受阅读的过程，是让孩子具备阅读能力，从而爱上阅读，最终走上自主阅读的过程。

(二)词汇量与言语变通能力

在亲子共读过程中，家长的语言对幼儿语言的发展有至关重要的引导作用。家长的词汇量以及输出的高级词汇的数量种类与幼儿语言直接相关。家长的词汇量越丰富、输出的高级词汇的数量与种类越多，相应的幼儿语言输出的词汇量与高级词汇的种类和数量也越丰富。在阅读过程中，家长与孩子应相互配合，积极讨论，家长应该在阅读中多使用名词、形容词等主要词汇，并且注重对孩子词汇的拓展和认知。

家长的言语变通能力也会对孩子的阅读产生影响。伴随着给孩子阅读绘本故事并适当讲解，引导孩子参与绘本内容的讨论，在讨论与目前有关的事情时，疑问句与陈述句交替使用，朗读、复述、背诵相结合。家长对言语使用的方式直接影响到幼儿在阅读过程中所受到的语言影响以及语言能力的发展。

(三)观察、思考与学习能力

不同年龄段幼儿的注意力，语言发展能力，识字读图的能力都有所差异，每个年龄段的幼儿都有其语言发展的特征。随着年龄的增大，家长应细心观察，认真思考，根据孩子的年龄和语言发展程度，及时调整自己的引导方式。

4岁的幼儿，识字较少，更容易被图画上的内容吸引，家长应关注孩子的注意力，引导孩子探索图画上丰富的内容，并且适当引导孩子用语言表达出所看到的内容。5岁的幼儿，语言表达能力有所提升，更多的关注绘本的内容，家长应积极配合，与孩子讨论书上内容。6岁的幼儿，可能认得少量的文字，家长在阅读过程中可以引导孩子将文字内容与图画内容对应看，并多引导孩子勇敢地表达。家长应积极学习幼儿身心发展、亲子共读等方面的知识，不受固定的思维模式制约，低估或高估孩子的语言发展程度，用更科学合理的理念指引亲子共读，以利于在共读中收获更大的成效。

总之，在亲子共读过程中，家长应先了解一下整体内容，把握核心，选择适合的阅读模式，引导孩子结合图文的内容进行讨论，减少过度延伸，或无意曲解。也不能只侧重于图画或只侧重于文字。慢慢培养阅读兴趣，提升幼儿自主阅读的能力。

第三节　亲子共读的策略

亲子共读强调亲子间的互动，对培养幼儿的阅读兴趣，丰富幼儿的情感，促进幼儿的语言、思维发展，增进亲子感情等都有着积极的作用。通过共读，不仅创设了父母与幼儿交流的机会，分享了读书的感动和乐趣，同时，也是健全、温馨家庭生活的重要组成部分。家长的陪伴在亲子共读过程中非常重要，因为孩子的独立阅读需要一个学习的过程。在没有掌握文字之前，需要家长陪伴和指导孩子的阅读。

绘本主要用图画或图画结合较少的文字共同讲述故事，具有丰富的文学和艺术内涵。因此，绘本成了很多家长和孩子进行亲子共读的首选书籍。很多家长会抽出一些时间有意识地与孩子进行亲子共读，但这一行为往往出于自发而缺乏系统的理论支持和研究。如何进行亲子共读，每个家庭各有千秋。探讨科学有效、让幼儿喜欢又能持久的策略，很有必要。

一、加深家长对亲子共读的认识

亲子共读的阅读体验需要孩子和家长共同创造，高质量的陪伴很重要，家长的引导更为重要。目前，多数家长已认可亲子共读，但未能正确理解、把握其意义与价值，存在认识不充分，共读准备不足，共读延伸意识欠缺等现象。

从本质上说，能否顺利开展幼儿绘本亲子共读，最大限度发挥绘本的价值，关键在于家长对绘本是否具有正确的认识和评价。只有树立正确的认识观，才能顺利地开展亲子共读活动。这就要求家长在引导幼儿开展亲子共读前，正视绘本的价值。然而，现实生活中很多家长以"不能让孩子输在起跑线上"为信条，强调亲子共读中的智育价值，将绘本视为认字的工具，孩子无法从绘本中感受爱与快乐，没有达到亲子共读的效果，是一种伪共读。

还有一些家长对亲子共读重要性认识不足，认为自己的工作比较重要，孩子读书只是"玩玩而已"，不需要花时间和精力，于是以工作繁忙、没有时间等理由，拒绝开展亲子共读活动，或是进行共读，但无法保证质量，更谈不上共读的次数与频率。有的甚至就绘本读绘本，没有交流与互动，更缺乏共读延伸活动。所以，家长应走出价值认知的误区，以孩子的成长需求为依据，有针对性地引导孩子进行亲子阅读，完善幼儿绘本亲子共读观。

亲子共读绘本的价值在于能够让人获得快乐、幸福与愉悦。家长要正确认识亲子共读在孩子成长中的重要性，端正态度，解放思想，及时纠正错误的观点和思维偏见，形成正确的认识，以单纯美好的心情为孩子开启亲子共读，引导孩子接触图画、感知文字，感受绘本的情趣，体会其中的奥妙，在愉快的共读过程中，积极主动地交流互动，升华亲子感情。使孩子在潜移默化中接触生活，收获真正的快乐，润物细无声般对孩子进行熏陶、感染、启发和教育。

二、解决共读时间问题

(一)保证阅读时间

不同的家庭在亲子共读时间上差异较大，有的很有规律，比如在饭后或睡觉前，有的则较为随意。无论哪种方式，都必须保证每天的阅读时间，建议每天的阅读时间至少为 15 分钟，依据孩子的年龄、性别、性格、读书经历等差异，可以几次叠加，也可以一次达到。

鼓励幼儿自行选择并阅读自己喜爱的书，可以默读也可以发出声音。家长坚持大声为孩子读书，这一过程可以持续到孩子小学毕业。在具有一定阅读基础的条件下，建议用有规律的阅读时间读具有连续性的绘本，帮助孩子形成有规律的连续阅读习惯。利用零碎的时间阅读短小的故事，既有趣，又不会破坏绘本的完整性。

(二)合理安排亲子共读时间

幼儿绘本一般比较简短，家长自行阅读时间一般不超过 1 分钟，亲子共读时间为 5~10 分钟。家长要根据孩子的实际情况合理安排。比如，选择一天中的哪个时段，在室内还是室外、在卧室还是客厅，在孩子精力充沛还是玩累了需要休息调整的时候，是用零碎的时间还是固定的时间，是家长去给孩子读书还是孩子拿书来让家长讲……诸多情况需要家长结合孩子的兴趣，考虑当时的环境，合理安排亲子共读时间。

对于已经有阅读基础，并对绘本充满兴趣的孩子来说，家长可以依据孩子的要求，多次并适当延长共读时间。对于能够自己静下心安静阅读的孩子来说，家长以高质量的陪伴为主，切勿随意打断孩子的阅读。对于尚未养成阅读习惯的孩子而言，家长可以尝试"玩中学"的方式，在游戏中逐渐加入亲子共读，引导孩子逐渐过渡到专心阅读阶段。

(三)适当延长阅读时间

幼儿对绘本阅读的苛求度存在不同，这种差异在 3 岁左右便能明显表现出来。尤其是初入幼儿园时，教师能够通过幼儿对绘本的专注力，看出不同家庭对于亲子共读的重视程度以及亲子共读的进行情况。一些家长认为，孩子不喜欢读绘本，"坐不住"，无法静下心来阅读，这种情况与家长的耐心及引导有极大的关系。家长希望孩子能够安安静静地坐下来，认认真真地听家长讲故事，这对于幼儿来说，起初确实有些困难。

家长必须将阅读作为一项长期目标，尽早让孩子接触绘本，从图画的颜色、形状、构图开始，规避家长急于求成的心理，戒掉孩子浮躁的心情，引导孩子在绘本上产生更多的兴趣，每天适量延长静心阅读的时间，在潜移默化中形成良好的阅读习惯。需知道到，亲子共读不可能一蹴而就，需要长时间的坚持才能收获成效，所以家长要结合孩子的自身情况，合理考量，做到有针对性、有目的性地安排亲子阅读，使阅读成为习惯，让阅读在孩子的成长中发挥积极意义。

三、构建良好阅读环境，营造适宜阅读氛围

开展亲子共读活动需要有良好的环境，良好环境的能够激发幼儿的学习欲望，

增强幼儿主动活动的意识，从而促进幼儿语言的发展，最后让他们爱上阅读。亲子共读的环境有良好的物质环境和温馨的心理氛围两个主要组成部分。

(一)创设良好的物质环境

环境是教育中不可忽视的角色，幼儿从环境中汲取知识并融入生命之中，亲子共读能否获得较好的效果与物质环境的创设有着很大的关系。

家长要用心布置环境，结合孩子的认知能力、审美情趣以及喜好等特点，为孩子营造适宜的阅读地点，布置适宜阅读、功能合理、舒适温馨的阅读空间，让孩子有主动阅读的愿望。比如，在孩子容易触及的地方摆放孩子喜欢的绘本，以供随时阅读；准备一个专门存放孩子读物的书柜；帮助孩子布置一个阅读天地，营造"书香"的氛围，让他们以书为伴，爱上阅读，充分感受阅读带来的快乐。

(二)营造温馨的心理氛围

家庭氛围对幼儿的阅读起着十分重要的作用，温馨、舒适、宁静的阅读氛围能激发幼儿的阅读兴趣。家长要尽可能营造轻松自如、愉快和谐的家庭阅读环境，让孩子用自在的姿势阅读绘本。

有爱书的大人，就会有乐读的幼儿。家长发挥自身榜样的作用，在日常生活中以实际行动感染孩子。多看书，多充实自己，让自己变成一个乐学、好学的好家长。家长是孩子生命中的第一位老师，家长对阅读的热爱会潜移默化地融入孩子的心里，成为孩子生命中的一部分。

亲子共读绘本时，家长应注意营造温情的心理氛围。抱着、搂着或挨着坐，让孩子获得归属感，通过温柔的语言、缓缓的语调、有效的互动、饱含深情的沟通，让孩子获得安全、幸福与满足感，用表扬、鼓励和掌声，让孩子获得自信、成就和愉悦感。这些美好的感觉是非常微妙的，孩子会不由自主地将其与阅读绘本联系在一起，对阅读产生浓烈的好感。潜意识中对美好感觉的渴求，推动孩子经常性地进行绘本阅读。所以说，幼儿在愉悦的环境中会更容易爱上阅读，良好心理环境的营造帮助幼儿感受到了阅读的快乐，引导幼儿形成良好的阅读习惯，这对于幼儿一生的成长都具有重要意义。

四、精心设计共读过程

(一)共读准备阶段

共读准备阶段主要是激发孩子的阅读兴趣。

首先，呈现绘本，让孩子自行观察，如，绘本的装帧、形状、颜色、画面等；然后，引导孩子翻页，整体浏览与兴趣观察相结合。一般情况下，孩子会对"到手"的绘本比较感兴趣，尤其是新的，之前没有见过的。孩子在眼睛观察过后，会迅速地用触觉进行感悟：摸——感受温度和质地，拿——感受重量，翻——与视觉互补，感受"美"。有时候，孩子会训练手部动作、感受身体协调能力似的，快速地"看完"

一本书；有时候，孩子会在某页停留较长时间，甚至会就某个细节说上很多话。家长此时要做的是观察、等待与聆听。

接下来，孩子似乎要看的也看过了，要说的也说完了。轮到家长上场了。

家长引导孩子观察封面，猜测故事中的主要人物与大致内容。在绘本比较有特色的条件下，翻阅封底，看看封面与封底之间的关系。孩子的阅读兴趣马上会调动起来，在想象力的驱动下，孩子会迫不及待地要求家长讲故事，满足自己的好奇心，检验自身的预测能力。

家长根据之前对绘本了解的基础上，介绍书名和作者(若孩子之前读过该作者的书，或是该作者比较出名，或是比较特殊的原因，则不需要介绍作者)，强调书名，并要求孩子跟读，能够说出读的是什么书。家长对书名可以稍做解释，也可以巧妙地设置疑问，让孩子在听故事的过程中自己寻找答案。

(二)共读感知领悟阶段

感受胜于理解，"知识"对幼儿发展的意义，远没有"感觉"重要。语言与孩子的感官活动直接相联，语言越生动，感觉越强烈，思维越深刻。家长应注重朗读、提问、讲解、启发，听、说、读、写、画、演等多种途径交错进行，把握时间，边感觉边读书，让游戏般的体验贯穿在共读过程中。亲子合作，相辅相成，家长应针对孩子的身心发展特点和个体差异，有侧重地选择不同的方法，让共读成为亲子间的一种享受。

1. 绘声绘色读故事

孩子最初是用耳朵来接收信息的，认真听，尤其在听到"美"，获得美感的时候，分外有成就感。在亲子共读时，家长可以为孩子大声朗读绘本上的内容，通过不同的语气、语调、语速，使文字变得生动有趣，帮助孩子丰富自己的语言经验，让孩子感受书中不同的角色，体会书中的环境美、人情美，既吸引了孩子的注意力，又能让孩子在绘声绘色的朗读中，体验极大的阅读快乐。

2. 安安静静看故事

绘本里优美的图画具有无限的美感与张力，默默传递着故事的价值，很多信息隐藏在细节中，通过与图画的直接交流，能够弥补文字的空白。家长指导孩子看图，观察画面中的主要形象，引导孩子观察画面的细微变化，发现其中隐藏的信息，培养孩子的观察力与发现力，体会颜色、形状、构图的独特意义，感受画面所流露的情感。提示孩子关注文字背后的故事，以此丰富故事的内容，使主题更加明确，更具有童趣。在这个过程里，孩子会发现：图画中有他们生活中的所有情感：温情、快乐、痛苦、美好、悲伤、忧虑、期待、失望、幻想……在乐趣中获得精神上的温暖与自我接纳，渐渐地，孩子会乐于安安静静地和书相处。

3. 巧妙设疑解故事

大多家长在亲子共读过程中，常常会一边读一边向孩子提问，培养孩子对故事的理解、反思、假设和质疑能力。家长的提问应具有启发性，不设标准答案，鼓励孩子拓展想象的空间，提倡发散性思维，锻炼孩子的思维能力。同时，引导孩子发现问题，积极提问。家长倾听和交流，既要从孩子的角度思考问题，做出回答，又要以教育者、引导者的身份，高屋建瓴地对孩子的问题给予肯定、奖励和引导，让孩子体验到成功的喜悦。

4. 激发想象扩故事

绘本故事是丰富的，每个画面，每一句话，都能演绎出很多的内容。在进行亲子共读时，家长要注意引导孩子发散思维。通过聆听家长绘声绘色的声音，欣赏画面中的细节，孩子仿佛进入了绘本故事中，在所描绘的环境中，与故事中的形象相处，人物间的对话能亲耳听到，人物的感情心理能直接感受到。这样的阅读体验，丰富了孩子的想象力和创造力，孩子会有更深刻的生活与情感体验，迫不及待地与家长分享，在原有故事的基础上，孩子能够讲出更多精彩的、新奇的、有趣的故事。

5. 加入动作演故事

幼儿对于周围环境和事物的认知不是单一的，学习方式是多元的，所有的感觉器官同时起作用，其中，模仿是他们学习的主要方式。模仿声音、模仿表情、模仿语气、模仿动作，动动小手，手脑相结合，从而在想象中对对象有一个整体的感知。亲子共读时，夸张的语气、丰富的表情、声音的模拟和肢体的动作尽量配合使用。在家长的带领下，动作体验和表现越丰富的孩子，想象越活跃奇特，对绘本内容把握得越充分。

6. 情境体验编故事

绘本把生活用最生动有趣的方式呈现在孩子面前，亲子共读时，要善于把幼儿最感兴趣的、对幼儿最有利的东西放大，一直放大到生活中，即以情境体验的方式，引导去幼儿将故事表演出来。家长参与其中，配合表演，并观察孩子在遇到各种情况的时候如何处理，及时评判孩子对故事的消化程度，适时引导孩子：在生活中如果遇到某某情况、某某人，你会怎么做。以原有的绘本故事为原型，套用故事中的形象或部分情节，创编新的内容。孩子获得极大的满足感，感觉学到了很多东西，在得到鼓励和肯定后，更增强了亲子共读的兴趣。

(三)共读延伸拓展阶段

孩子听完故事的那一刻是弥足珍贵的。虽然故事已经结束，但孩子依然沉浸在故事里。部分家长的阅读延伸意识欠缺，亲子共读活动结束后，认为自己的事情已经完成了。事实上，在孩子尚处于故事的幻想世界中时，正确做法能对共读起到画龙点睛的作用。

1. 启发式提问

孩子希望与家长交流，希望与家长互动，但是，如果以教诲者的角色对孩子指指点点，会破坏孩子诉说的愿望。所以，启发式提问显得极其重要，即基于共读的绘本，可以就故事本身，更好是超越文本，对故事进行延伸。比如："有什么想说的吗？""你的心情如何？""后来可能发生什么呢？""如果是你的话，会怎么样？"

问题不宜过多，1～2个足矣。这类问题一般设置起来比较概括，基本上在每次共读之后都可以用。孩子比较喜欢，因为他们可以将自己在听故事读绘本过程中的想法和感受都表达出来，有一定的成就感。家长要做的就是聆听，听孩子的表述是否规范、是否有条理、是否有新的想法、是否合理积极。在孩子讲完后，家长要及时地给予肯定：肯定孩子对绘本的掌握程度，肯定孩子勤于思考，肯定孩子的想象力和创新力，肯定孩子的思辨能力。当然，如果在孩子的表述中出现不合适的甚至消极的成分，家长要及时点出，并予以纠正。

2. 套用式续编

学习是不断重复的过程，家长要善于把握幼儿学习的这一特征，并做到寓教于乐。在共读过后，家长和孩子都会发现绘本中有一些重复性的词句，这些词句在文中反复出现。不同幼儿的接受能力存在差异，在故事讲完后，有的能够复述重复出现的词语和句子，有的能够在家长的帮助下断断续续地说出，有的对这些词句没有留下一点印象，导致什么都说不出。

家长应根据孩子不同的接受程度，引导孩子练习绘本中出现频率高的词语，可以采用这样的方法：家长先准确清晰地大声读某个词语，可以要求孩子跟读；然后稳稳地把绘本中这个词语出现的语句一一读出来，注意把握节奏，不宜过快或过慢，观察孩子的反应；接下来，家长用这一词语造新的句子，对绘本中的故事进行适当的拓展；最后，家长引导孩子用这一词语说句子。孩子说出的句子，可以是绘本中出现的原句，可以是对绘本内容重新思考整理后自己的表述，也可以是与绘本没有关系的任何一句话。

亲子共读是一个由孩子听，到跟读，再到自己读、自己讲的过程。绘本中反复出现的句子，使得绘本呈现出较为整齐的重复式结构。家长在涉及这类句子的时候，可以将速度放慢些，给孩子充分的思考和吸收的时间。较为一致的句式不停地出现，孩子第一次听到，在心里不会留有太多的痕迹；第二次听到，忽然有一种似曾相识的感觉；第三次听到，肯定自己之前听过，产生一种自豪之感；接下来，就会尝试着跟着读，发现自己也能说出来，获得成就感。这种感觉促使孩子的表现欲猛增，自己读句子，很快就开始套用句式，对绘本进行续编。家长要积极配合孩子，先读给孩子听，然后和孩子一起说，最后听孩子讲。用合适的方式表现出对孩子的肯定与赞赏。在孩子出现停顿或卡壳的时候，不需要帮助孩子说出完整的句子，只需要稳稳地进行引导，相信孩子这时候已经有了想法，只是暂时没有组织好语言。这种方式的运用，既能磨炼孩子的语言表述能力，又能拓展孩子的想象力，最为重要的是，重复和续编帮助孩子获得极大的满足感，这种感觉引导孩子继续重复并续编，使得共读效果翻倍。

3. 多渠道表达

不同的孩子对于美的感悟和表述的方式是不一样的，苏霍姆林斯基说："儿童是用色彩、形象来思维的。"家长结合孩子的特征，在亲子共读后，鼓励孩子继续延续美的体验。比如，用语言或表情动作提示孩子复述或改编故事，用绘画和手工表达故事内容，开展游戏和表演活动等。既增进了亲子关系，又激发了孩子的想象力和创造力。

正所谓"阅读有法，但无定法"，亲子共读最主要的目的是让孩子在阅读中感到快乐，获得美感。亲子共读没有固定的套路或模式，性别、年龄、性格、兴趣的不同，家庭环境的不同，在方法的选择上应有所区别。不同的方法各有千秋。家长可以综合种种方法，灵活运用，让孩子积极主动地参与到亲子共读活动中，保持孩子的新鲜感，调动孩子的积极性，培养孩子的阅读兴趣，在孩子精神味蕾的初始阶段，留下难以消失的记忆。

五、家长的反思与提高

家长作为亲子共读的重要组织者和参与者，只有具备正确的亲子共读的观念及相应的指导策略知识，才能达成良好的阅读效果。呼吁家长积极接受教育，进行专业性的学习，适当地参与具有一定针对性的培训，以追求高品位的亲子共读为目标。

（一）提高自主学习意识

如今的信息接收方式更加多样化，家长在获取亲子共读资料的方式上有了更广阔的选择。家长可以关注并订阅专门的教育网站，接收相关的教育信息，查阅不同的教育方法，寻求相似问题的处理办法，在线解答棘手的难题，及时更新教育理念，获取新的共读资源等。

（二）接受幼儿教育机构的培训

幼儿教育机构对幼儿的阅读指导是非常专业和有针对性的。让家长亲自参与到整个阅读活动中，进而让家长了解在阅读时该如何与不同年龄段的幼儿互动。家长只有参与正规的阅读活动才能更好地了解幼儿的阅读能力，在进行亲子共读时，才能够根据幼儿的发展水平进行更好的延伸。

（三）深入绘本馆，学习优良方法

亲子共读得到越来越多家庭的认可，绘本馆之类的专门供幼儿读书的藏书机构应运而生。不同主题、不同类型、不同功能、不同风格的绘本较为齐全，家长在为孩子选书的时候，应眼界开阔、品种多样。这就要求家长自身对不同的绘本有一定程度的了解。绘本馆还会定期和不定期地进行阅读指导，家长应在条件允许的情况下积极参与，学习有效的阅读方法和策略。

亲子共读重在家长、贵在坚持，并不是要培养早慧的天才，也不是要用读书识字充塞童年的快乐时光，而是充分开发孩子的潜能，培养幼儿自主阅读能力、让阅读成为孩子认知和交流的重要途径，成为童年快乐生活的一部分。天底下所有的声音中，读书的声音是最美妙的，只要是为孩子读书，父母的声音永远是最动听的。"爱看书的孩子，学习成绩不一定是最好的，但是他们肯定是最有前途的！"让孩子成为自觉的、独立的、热诚的终身阅读者，让阅读为他们带来一生的幸福。

[亲子共读范例]

《猜猜我有多爱你》（[爱尔兰]山姆·麦克布雷尼/文，[英]安妮塔·婕朗/图）

根据幼儿的年龄，家长可以抱着孩子，也可以与孩子并肩而坐。准备好绘本，开始共读。

家长：宝宝，今天我们来讲一个新故事：《猜猜我有多爱你》。

孩子：猜猜我有多爱你……猜什么啊？

家长：（翻开书，引导孩子观察：两只兔子，颜色一样，一大一小，猜猜它们的关系，与孩子进行简短对话，然后回到绘本中。）小栗色兔子该上床睡觉了，可是他紧紧地抓住大栗色兔子的长耳朵不放。（摸摸孩子的耳朵。）他要大兔子好好听他说。"猜猜我有多爱你。"他说。（停顿，观察孩子的反应。）大兔子说："哦，这我可猜不出来。""这么多"小兔子说，他把手臂张开，开的不能再开。（家长做动作，孩子会跟着做，比一比谁的手臂长。）

孩子：妈妈，你的手臂比我的长……（孩子使劲张开手臂。）

家长：大兔子的手臂要长得多，"我爱你有这么多。"他说。（家长夸张得张开手臂，孩子更努力地模仿。）嗯，这真是很多，小兔子想。（短暂停顿，给孩子一点回味的时间。）"我的手举得有多高我就有多爱你。"小兔子说。（家长做动作，孩子模仿，比一比谁的手臂举得高。）"我的手举得有多高我就有多爱你。"大兔子说。（家长夸张得举高手臂，孩子会踮起脚尖，甚至会爬到一个物体上，让自己更高一点，家长观察引导。）这可真高，小兔子想，我要是有那么长的手臂就好了。（短暂停顿。）

家长：宝宝，你看小兔子的手臂没有大兔子长，手举得也没有大兔子高，怎么办啊？（与孩子稍做讨论。）

家长：小兔子又有了一个好主意，他倒立起来，把脚撑在树干上。"我爱你一直到我的脚趾头。"他说。

孩子：（指图）好高啊。大兔子呢……

家长：大兔子把小兔子抛起来，抛的比自己的头顶还高，"我爱你一直到你的脚指头。"

孩子：大兔子又赢了……

家长：（配合动作）"我跳得多高就有多爱你！"小兔子笑着跳上跳下，"我跳得多高就有多爱你。"大兔子也笑着跳起来，他跳得这么高，耳朵都碰到树枝了。这真是跳的太棒了，小兔子想，我要是能跳这么高就好了。

家长："我爱你，像这条小路伸到小河那么远。"小兔子喊起来。

孩子：（看图，眼睛追随小河的流向）好远……

家长："我爱你，远到跨过小河，再翻过山丘。"大兔子说。

孩子：更远……

家长：这可真远，小兔子想。他太困了，想不出更多的东西来了。他望着灌木丛那边的夜空，没有什么比黑沉沉的天空更远了。"我爱你一直到月亮那里。"说完，小兔子就闭上了眼睛。"哦，这真是很远，"大兔子说，"非常非常的远。"大兔子把小兔子放到用叶子铺成的床上。他低下头来，亲了亲小兔子，对他说晚安。然后他躺在小兔子的身边，微笑着轻声地说："我爱你一直到月亮那里，再回到你身边。"

孩子：它们都睡着了。

家长：宝宝，你听懂了吗？

孩子：（在家长的引导下，断断续续地说）大兔子和小兔子……猜猜我有多爱你……小兔子张开手臂，大兔子张开手臂……小兔子举起手，大兔子举起手……小兔子跳，大兔子跳……还有，小河，月亮……

家长：大兔子的爱多点，还是小兔子的爱多点？

孩子：大兔子！大兔子就是爸爸。

家长：兔爸爸对兔宝宝的爱总是多一些，当然兔宝宝也爱兔爸爸。就像爸爸妈妈和宝宝一样。

孩子：妈妈，我爱你。（做书中小兔子做过的动作。）

家长：宝宝，妈妈也爱你，猜猜我有多爱你，（配合宝宝的动作）爱你总会多一点。

孩子：（满足、有爱）。

第四节　亲子共读的误区

当前，幼儿绘本亲子共读也存在着一定的问题，比如，过分关注知识与识字，父亲的缺席，缺乏科学指导，共读环境不佳，对绘本的选择具有盲目性等。

一、价值单一性

优秀的绘本极富魅力，用最简单浅显的文字表现客观世界的丰富多义性，集文学、哲学、艺术、社会学、心理学、教育学等于一身，其中不仅蕴含着作品所要阐释的故事，更具有德育、审美、情感等多方面的价值，亲子共读绘本意义也丰富多样：升华亲子感情，提升幼儿的审美能力，培养幼儿的综合素质等。

家长在进行亲子共读时，容易把沟通的重点放在故事本身，没有再造和延展，将其价值仅仅局限于智育方面，忽略互动沟通中情感蕴藏的价值对孩子的影响与熏陶。有许多绘本以动物形象为主体，通过拟人化的手法，展现幼儿的生活，将对幼儿成长具有重要意义的哲理包含在其中，对塑造完满型的人格具有重要意义。家长在进行共读时容易重视结果，忽略过程，并没有真切发挥亲子共读绘本的德育作用，没有把阅读与生活相结合，在现实生活中，对孩子的教育和引导方式较简单粗暴。

二、识字功利性

很多家长潜意识里认为只有多认字才能提升阅读理解能力，在为孩子选择绘本时带着较强的功利性，将绘本视为一种早期识字的工具，将亲子共读等同于识字。其实这已经偏离了亲子共读绘本的本质。带着这样功利的心理引导孩子，亲子共读的效果会大打折扣，甚至起到反作用。亲子共读的真正价值并不在于多识字，它的实质在于营造温馨和谐的氛围，引导孩子共享其中的快乐，获取幸福感。家长只有去除"功利性"，将绘本亲子共读作为一个感受快乐的途径，单纯的投入其中，在与孩子互动中愉悦身心，才能使绘本发挥应有的作用。相反，如果家长一开始就将绘本视为一种识字的工具，那么不仅偏离了亲子共读的本质，更难以获得其中丰富的价值。

三、家庭单一性

在很多家庭中，亲子共读的参与者以妈妈为主导，爸爸参与度极低。这种情况的出现受中国传统"男主外，女主内"思想的影响。爸爸们认为孩子和家务是老婆的事情，老婆要安顿好家里的一切，自己回到家就是休息。在孩子的成长过程中，爸爸很多时候是缺席的。有的爸爸看似陪孩子读书，其实心不在焉，眼不离手机，或是敷衍应付，并未参与到亲子共读中。性别差异，妈妈更细心，爸爸更果敢，爸爸在孩子认知事物和性格养成方面起了很大的作用，经常与爸爸交流的孩子更勇敢，更有责任心。但是从目前情况看来，大多数父亲并未积极地参与到亲子共读活动中，这对于孩子，尤其是男孩的成长非常不利。

四、互动虚设性

亲子共读是一种亲子间甜蜜温情的互动享受，注重"愉悦性"和"互动性"。多数家庭的亲子共读采用家长讲孩子听的模式，缺乏正确有效的互动，缺乏科学的指导。互动最重要的是鼓励孩子参与到亲子共读活动中，家长通过与孩子互动，达到以情感人的目的，家长是孩子的榜样，孩子模仿家长的语气、语调，细细观察、慢慢思考，最终能完整表述自己的想法。如果孩子只是听，没有话语权、参与权，只是被动学习，共读效果不佳，甚至会扼杀孩子的阅读兴趣，有损孩子的健康成长。

五、环境干扰性

环境的创设对于亲子共读来说是非常重要的手段，良好的环境能够为孩子提供更好的阅读氛围，激发孩子的阅读兴趣，培养孩子良好的阅读习惯。有的家长发现亲子共读时，孩子注意力难以集中，且很容易被周围吸引，就单纯地认为没有共读氛围，于是陪同孩子到书店进行亲子共读。其实，对于幼儿而言，书店并不是理想的亲子共读场所，孩子在阅读中，想要的不仅仅是有趣的故事，更多的是与家长之间的温情互动。家长应帮助孩子选择并主动创设合适的共读环境，约定共读过程中无论是家长还是孩子，都不能做与阅读无关的事情。家长以身作则，沉浸到阅读中，使孩子也能专注在阅读上，慢慢养成孩子在相对固定的时间和地点进行专门阅读活动的良好习惯。

六、选择盲目性

市面上绘本数量激增，花样繁多，鱼龙混杂。除了一些全世界都公认的绘本，家长在绘本的选择与购买方面较为盲目。

大多数家长缺少正规有效的途径来获取与绘本有关的知识，局限于上网查询、书店推荐、朋友介绍等。网络搜索相当方便，但难保信息的科学性与准确性；书店本身就是营利机构，营销是其主要目的，所谓的"畅销书排行榜""销售冠军"等不能帮助家长有效了解绘本知识；朋友介绍无法针对孩子的个性特点；再加上家长往往以自己的喜好为依据，忽视孩子的需要。如此一来，亲子共读的效果大打折扣，不利于充分发挥绘本的作用，当然也一定程度影响了亲子共读的开展。绘本是幼儿最早接触的文学，是幼儿早期认识世界的主要媒介，富有美感的图画、生动的文字直接通往幼儿的心灵世界，能够引导孩子形成健康的人生观、世界观和价值观。当代社会，中西文化交融，一部分西方民族的文化心理随着绘本流入中国孩子的心中，家长如果不能充分认清中西文化的差异，对各种"洋绘本"趋之若鹜，则会将大量的西方民族文化深埋入中国幼儿的心里，导致民族文化之根的缺失。所以，在肯定西方优秀绘本的基础上，家长应多选一些充满中国传统文化元素的绘本，帮助幼儿了解中国的民俗与文化，传达中华民族精神和情感，增强本土文化的归属感与认同感，感受古老而现代的中国文明，把握中国传统文化和美学艺术，让幼儿在共读中进一步体会周围熟悉、平凡、有趣、有爱的生活。

问题讨论

1. 除了教材提到的方法外，你有没有其他亲子共读的方法？
2. 你认为幼儿园、教师层面能为亲子共读提供哪些帮助？

课后练习

1. 说说亲子共读的重要性和影响因素。
2. 模拟一次亲子共读，体会共读过程，分享成功的经验，总结不足之处。
3. 举例说明如何避免亲子共读的误区。

参考文献

[1]佩里·诺德曼，梅维丝·雷默. 儿童文学的乐趣[M]. 上海：少年儿童出版社，2008.

[2]佩里·诺德曼. 说说图画：儿童图画书的叙事艺术[M]. 贵阳：贵州人民出版社，2018.

[3]保罗·哈里斯. 儿童与情绪：心理认知的发展[M]. 北京：教育科学出版社，2012.

[4]丹尼丝·I. 马图卡. 图画书宝典[M]. 北京：北京联合出版公司，2017.

[5]珍·杜南. 观赏图画书中的图画[M]. 乌鲁木齐：新疆青少年出版社，2017.

[6]柳田邦男. 感动大人的图画书[M]. 桂林：广西师范大学出版社，2018.

[7]河合隼雄，松居直，柳田邦男. 绘本之力[M]. 贵阳：贵州人民出版社，2011.

[8]柳田邦男. 在荒漠中遇见一本图画书[M]. 桂林：广西师范大学出版社，2018.

[9]松居直. 我的图画书论[M]. 上海：上海人民美术出版社，2009.

[10]松居直. 幸福的种子：亲子共读图画书[M]. 济南：明天出版社，2007.

[11]B. 英海尔德. 学习与认知发展[M]. 上海：华东师范大学出版社，2001.

[12]约翰·洛威·汤森. 英语儿童文学史纲[M]. 台北：天卫文化图书有限公司，2003.

[13]梅兰妮·克莱茵. 儿童精神分析[M]. 北京：世界图书出版公司北京公司，2016.

[14]戴蒙，勒纳. 儿童心理学手册：第6版[M]. 上海：华东师范大学出处社，2015.

[15]北京师范大学教育学部·芝兰玉树教育研究院，《中国(0—6)岁成长指标体系》科研项目组编著. 中国儿童全效成长攻略[M]. 成都：四川教育出版社，2014.

[16]常立，严利颖. 让我们把故事说得更好：图画书叙事话语研究[M]. 桂林：广西师范大学出版社，2017.

[17]陈晖. 图画书的讲读艺术[M]. 南昌：二十一世纪出版社，2010.

[18]陈世明. 婴幼儿文学教程（基础理论卷）（第2版）[M]. 北京：北京师范大学出版社，2016.

[19]陈世明. 图像时代的早期阅读[M]. 上海：复旦大学出版社，2008.

[20]陈世明等. 儿童戏剧的多元透视[M]. 上海：复旦大学出版社，2014.

[21]陈姝娟主编. 学前儿童心理学[M]. 郑州：郑州大学出版社，2015.

[22]方卫平. 享受图画书：图画书的艺术与鉴赏[M]. 济南：明天出版社，2011.

[23]方卫平. 幼儿文学教程[M]. 北京：高等教育出版社，2012.

[24]葛琦霞. 当绘本遇见戏剧：教室里的小剧场[M]. 北京：外语教学与研究出版社，2017.

[25]郝广才. 好绘本如何好[M]. 南昌：二十一世纪出版社，2009

[26]侯颖. 论儿童文学的教育性[M]. 北京：中国社会科学出版社，2012.

[27]胡瑛婷. 玩吧！绘本[M]. 上海：华东师范大学出版社，2016.

[28]李坤珊. 小小爱书人[M]. 台北：信谊基金出版社，2004.

[29]李文玲，舒华主编. 儿童阅读的世界[M]. 北京：北京师范大学出版社，2016.

[30]林良. 浅语的艺术[M]. 福州：福建少年儿童出版社，2017.

[31]林玫君. 儿童戏剧教育活动指导：童谣及故事的创意表现[M]. 上海：复旦大学出版社，2018.

[32]林玫君. 儿童戏剧教育活动指导：肢体与声音口语的创意表现[M]. 上海：复旦大学出版社，2016.

[33]林玫君. 儿童戏剧教育的理论与实务[M]. 上海：复旦大学出版社，2015.

[34]林美琴. 绘本有什么了不起[M]. 乌鲁木齐：新疆青少年出版社，2012.

[35]林统. 儿童文学的思想和技巧[M]. 台北：富春文化事业股份有限公司，1992.

[36]鹿萌主编. 中国儿童早期注意力培养（0—6岁）[M]. 北京：中国妇女出版社，2010.

[37]梅子涵，方卫平，朱自强等. 中国儿童文学5人谈[M]. 天津：新蕾出版社，2001.

[38]彭懿. 世界图画书：阅读与经典[M]. 南宁：接力出版社，2011.

[39]彭懿. 图画书：阅读与经典[M]. 南昌：二十一世纪出版社，2008.

[40]宋姝婷. 幼儿文学[M]. 北京：首都师范大学出版社，2017.

[41]孙莉莉. 欢迎走进图画书王国[M]. 桂林：广西师范大学出版社，2018.

[42]孙云凤，王晓芬. 学前儿童文学[M]. 南京：南京大学出版社，2017.

[43]王蕾. 幼儿图画书主题赏读与教学[M]. 上海：复旦大学出版社，2015.

[44]王蕾等. 生命教育怎么教？100 本图画书告诉你[M]. 上海：华东师范大学出版社，2015.

[45]王泉根. 儿童文学教程[M]. 北京：北京师范大学出版社，2008.

[46]王添强，朱曙明. 儿童戏剧魔法棒[M]. 乌鲁木齐：新疆青少年出版社，2016.

[47]王英，李淑霞主编. 学前儿童发展心理学[M]. 杭州：浙江工商大学出版社，2016.

[48]吴振尘. 幼儿文学[M]. 北京：人民邮电出版社，2017.

[49]张必隐. 阅读心理学(第 3 版)[M]. 北京：北京师范大学出版社，2004.

[50]张金梅主编. 表达·创作·表演：幼儿园戏剧教育课程[M]. 南京：南京师范大学出版社，2014.

[51]张明红. 学前儿童语言教育[M]. 上海：华东师范大学出版社，2001.

[52]张新国. 幼儿文学理论研究与文体赏析[M]. 沈阳：沈阳出版社，2016.

[53]郑荔. 学前儿童文学[M]. 南京：江苏教育出版社，2014.

[54]郑蕙苙等. 儿童戏剧与学前教育[M]. 杭州：浙江工商大学出版社，2012.

[55]周杨林，李晓晶，陆潇原主编. 幼儿文学[M]. 北京：北京理工大学出版社，2018.

[56]朱自强. 儿童文学概论[M]. 北京：高等教育出版社. 2009.

[57]祝士媛. 低幼儿童文学(第 4 版)[M]. 北京：北京师范大学出版社，2017.

[58]祝士媛. 学前儿童语言教育[M]. 北京：北京师范大学出版社，2010

[59]单冬雪. 亲子阅读活动中的家长角色研究[D]. 东北师范大学，2014.

[60]季燕. 亲子阅读现状及家长指导策略的调查与分析[D]. 广西师范大学，2006.

[61]王西敏. 图画书在亲子阅读中的使用[D]. 上海师范大学，2003.

[62]徐光荣. 3—6 岁幼儿阅读能力培养的研究[D]. 首都师范大学，2005.

[63]张晓怡. 不同亲子阅读策略对 3—6 岁儿童图画书阅读能力的影响[D]. 陕西师范大学，2008.

[64]陆颖. 儿童绘本亲子共读的现状和影响因素调查[D]. 青岛科技大学，2018.

[65]陈晖. 论绘本的性质与特征[J]. 海南师范学院学报，2006(1).

[66]康长运，唐子煜. 图画书本质特点研析[J]. 大学出版，2002(2).

[67]刘宝根，高晓妹. 儿童前阅读核心经验及其发展阶段[J]. 幼儿教

育，2013.

[68]刘宝根，李林慧. 早期阅读概念与图画书阅读教学[J]. 学前教学研究，2013.

[69]秦光兰. 图画书教学与幼儿园语言教育的关系辨析[J]. 早期教育，2017.

[70]孙莉莉. 图画书阅读在幼儿园课程中的位置[J]. 教育研究与评论，2012.

[71]周兢. 促进儿童前阅读核心经验形成的教育活动与指导建议[J]. 幼儿教育，2013.

附　录

附录1　中外经典绘本主题书单

表附 1-1　"人与自己"主题绘本一览

主题	关键词	书　名	出版社
认识 自我	寻找我自己	《我不知道我是谁》	南海出版公司
	坚持对自己的认识	《森林大熊》	南海出版公司
	遵循自己的生活习惯	《星月》	河北少年儿童出版社
	认识自己的情绪	《脸，脸，各种各样的脸》	少年儿童出版社
	建构正确的认知	《子儿，吐吐》	明天出版社
情绪 管理	生气的危害性	《生气的亚瑟》	河北教育出版社
	抛弃自己的不良情绪	《野兽出没的地方》	明天出版社
	抵抗内心的恐惧	《雷公糕》	江西科学技术出版社
	战胜漆黑的夜	《魔奇魔奇树》	新星出版社
	丢掉坏脾气	《我变成一只喷火龙了！》	河北少年儿童出版社
追寻 梦想	追寻自己的梦想	《我要高飞》	华东师范大学出版社
	努力实现梦想	《阿利的红斗篷》	明天出版社
	坚信自己的愿望	《胡萝卜种子》	人民文学出版社
	拥有伟大的理想	《达芬奇想飞》	湖北美术出版社
	努力实现自己的愿望	《小火龙找工作》	华东师范大学出版社
学会 欣赏	保持自己独特的爱好	《爱花的牛》	二十一世纪出版社
	做最好的自己	《田鼠阿佛》	南海出版公司
	学会肯定自己	《点》	南海出版公司
	欣赏独一无二的自己	《大脚丫跳芭蕾》	河北教育出版社
	互相欣赏对方的优点	《绿池白鹅》	五洲传播出版社

续表

主题	关键词	书　名	出版社
自我保护	保护自己的身体	《不要随便摸我》	青岛出版社
	勇敢自信地保护自己	《别想欺负我》	地震出版社
	学会拒绝别人	《不要随便亲我》	青岛出版社
	远离陌生人的搭讪	《对待陌生人》	新疆青少年出版社
	走丢的时候	《汤姆走丢了》	海燕出版社

表附 1-2　"人与他人"主题绘本一览

主题	关键词	书　名	出版社
友好相处	诚恳地对待他人	《狐狸和大熊》	华东师范大学出版社
	友好地与他人相处	《坏脾气的格拉夫》	中央编译出版社
	不要与人为敌	《敌人派》	湖北少年儿童出版社
	珍惜美好的友情	《我有友情要出租》	中国和平出版社
	主动承认错误	《对不起》	中央编译出版社
尊重他人	学会宽容他人	《小羊和蝴蝶》	明天出版社
	尊重对方很重要	《南瓜汤》	明天出版社
	尊重别人的看法	《谁是第一名》	明天出版社
	尊重是交友之先	《不是那样，是这样的！》	二十一世纪出版社
	保守别人的秘密	《嘘！这是秘密》	浙江少年儿童出版社
奉献与分享	分享的快乐	《左左和右右》	浙江人民美术出版社
	分享自己的礼物	《艾薇的礼物》	湖北少年儿童出版社
	感悟爱人的快乐	《石头汤》	南海出版公司
	分享与合作的快乐之情	《古利和古拉》	南海出版公司
	讲述生命的价值	《彩虹色的花》	二十一世纪出版社
团结互助	团结的力量	《蚂蚁和西瓜》	二十一世纪出版社
	共同战胜敌人	《小黑鱼》	南海出版公司
	互帮互助互相配合	《警官巴克尔和警犬葛芮雅》	河北教育出版社
	凝聚在一起	《阿秋和阿狐》	南海出版公司
	我们在一起生活	《好朋友》	明天出版社
感悟亲情	体会美好的亲情	《忘了说我爱你》	外语教学与研究出版社
	母爱的距离	《猜猜我有多爱你》	明天出版社
	"逃"不出的母爱	《逃家小兔》	明天出版社
	深沉的母爱	《永远永远爱你》	二十一世纪出版社
	浓浓的隔辈情	《小西有棵外婆树》	华东师范大学出版社

表附 1-3 "人与生命"主题绘本一览

主题	关键词	书 名	出版社
了解出生与性别	了解不同的出生方式	《呱呱坠地》	电子工业出版社
	认识人类生命的形成过程	《人之初》	北京联合出版公司
	探秘小"精子"	《小威向前冲》	贵州人民出版社
	探索人类存在的意义	《妈妈，我为什么存在？》	湖北美术出版社
	了解我们怎样出生	《菲菲出生了》	浙江教育出版社
认识身体	认识我们的身体器官	《了不起的身体》	北京科学技术出版社
	我的脑、心和肚子	《你不知道的三个朋友》	二十一世纪出版社
	探秘身体里各种洞的功能	《我们身体里的"洞"》	浙江教育出版社
	活动我们的四肢	《从头动到脚》	明天出版社
	探索口腔中牙齿的秘密	《牙齿大街的新鲜事》	北京科学技术出版社
生命成长历程	体会母爱与成长	《有一天》	新星出版社
	奇特"粪球"论生命	《大象的算术》	连环画出版社
	认识各种植物的生长	《一粒种子的旅行》	南海出版公司
	从番茄看植物成长过程	《番茄的旅行》	华东师范大学出版社
	发现成长的变化	《你很快就会长高》	湖北少年儿童出版社
面对死亡，理解死亡	以猫的视角探索生命意义	《活了100万次的猫》	接力出版社
	探索友谊与生命	《獾的礼物》	明天出版社
	体会生命在死亡面前的力量	《会魔法的爸爸》	海燕出版社
	学会理解生命的告别	《爷爷有没有穿西装？》	江苏少年儿童出版社
	理解生命的消逝	《汤姆的外公去世了》	海燕出版社
珍爱生命	了解交通灯一天的工作	《红绿灯眨眼睛》	新星出版社
	学会保护自己	《安全第一》	新疆青少年出版社
	追求和平，热爱生命	《和平是什么？》	译林出版社
	珍惜生命，拒绝战争	《走进生命花园》	中国民族摄影艺术出版社
	浓浓的隔辈情	《一切有心》	华东师范大学出版社

表附 1-4 "人与自然"主题绘本一览

主题	关键词	书 名	出版社
认识自然	体会大自然的黑夜	《午夜》	连环画出版社
	认识太阳	《噗～噗～噗》	南海出版公司
	探索白天与黑夜	《白天和黑夜》	湖北美术出版社
	奇特的世界	《我们的世界》	连环画出版社
	与自然和谐共处	《有一天，他们不见了》	四川少年儿童出版社

续表

主题	关键词	书　名	出版社
自然现象与规律	走近奇妙的云彩	《小云彩》	清华大学出版社
	触摸有趣的风	《风喜欢和我玩》	二十一世纪出版社
	探秘神秘的影子	《影子》	南海出版公司
	探索自然规律	《天为啥是蓝的?》	明天出版社
	了解太阳的运动规律	《昨天的太阳去哪儿了?》	连环画出版社
大自然的植物	了解植物的生命	《植物是阳光猎人》	长春出版社
	保护大森林	《森林》	中国电力出版社
	学会创造美丽的自然环境	《花婆婆》	河北教育出版社
	了解蒲公英的生长	《飞吧,蒲公英》	华东师范大学出版社
	体会植物的生长过程	《叶子》	连环画出版社
美丽季节	听叶子诉说四季的变化	《勇敢的叶子》	华东师范大学出版社
	感受春天的样子	《是谁唤醒了春姑娘》	二十一世纪出版社
	聆听夏天的声音	《夏日的一天》	新星出版社
	触摸秋天的叶子	《一片叶子落下来》	南海出版公司
	在玩耍中享受冬天	《雪人》	江苏少年儿童出版社
保护自然环境	地球也会生病	《地球感冒了》	现代出版社
	呵护我们的家园	《这片草地真美丽》	河北教育出版社
	变化的环境,不变的小房子	《小房子》	南海出版公司
	真爱自然里每一个生命	《花城》	明天出版社
	对自然的爱与不舍	《再见小树林》	河北教育出版社

——摘自王蕾等著:《生命教育怎么教? 100 本图画书告诉你》,上海,华东师范大学出版社,2015。

附录 2　各类重要绘本奖项介绍

一、中国

(一)丰子恺奖

丰子恺奖是国内第一个国际级的华文儿童图画书奖,由香港陈一心家族基金会于 2008 年在香港设立。"丰子恺儿童图画书奖"每两年评选一次,旨在促进公众重视原创儿童图画书及阅读;推动出版社出版原创儿童图画书;表彰创作优质华文儿童图画书的作家、画家。

书奖委员会定期举办相关的推广活动,如得奖作品巡回展、专业图画书论坛等,期望借此契机促进华文儿童图画书的创作、出版、阅读及国际交流。

(二)信谊图画书奖

信谊图画书奖由中国台湾信谊基金会资助，由 20 位幼儿教育界、儿童文学界、儿童阅读推广资深专家于 2009 年共同设立。该奖创设的初衷有两个：为了鼓励原创图画书的创作、为儿童提供本土文化的图画书进行阅读。

从 2008 年开始，信谊推出《团圆》《一园青菜成了精》等图书支持大陆图画书的创作，该奖项每年举办一次，目前已成为国内图画书界最具有影响力的奖项之一。

(三)青铜葵花图画书奖

青铜葵花图画书奖是由著名儿童文学作家曹文轩发起，以其代表作《青铜葵花》命名，由天天出版社、人民文学出版社、曹文轩儿童文学艺术中心共同主办的重要奖项，每两年举办一次。曹文轩儿童文学艺术中心另外下设了"青铜葵花儿童小说奖"，与图画书奖隔年交叉举办，两个奖项相互呼应，共同致力于推动中国原创儿童文学的全面发展。

截至目前，该奖项共举行过两次，参赛作品不再拘泥于传统画纸、数码、颜料等，创作的媒介更加丰富。瓷板画、泥塑摄影、复合材料拼贴等的出现，体现新一代作者对图画书更加新颖、深层次的理解。作品形式也愈加丰富，无字书、洞洞书、立体书、翻翻乐，体现了作者更加国际化的创作理念与视阈。

二、国外

(一)国际安徒生奖

"国际安徒生大奖"是全球性的儿童文学届最高奖项，被称为"儿童文学届的诺贝尔奖"，1956 年由国际少年儿童读物联盟(International Board on Books for Young People)在丹麦女王玛格丽特二世赞助下创办，以童话大师安徒生的名字命名，创设初始仅设有作家奖项，1966 年由于绘本的蓬勃发展，特别独立出画家奖项部分。

该奖项每两年评选一次，以奖励全世界范围内优秀的儿童读物作家和插画家，获奖者将被授予一枚金质奖章和一张奖状。截至目前共有 31 名作家和 24 名插画家获得此项荣誉。

(二)凯迪克奖

凯迪克奖是美国最具权威的绘本奖，在美国已有 60 余年的历史，是为了纪念 19 世纪英国的绘本画家伦道夫·凯迪克而设立的，由美国图书馆协会邀请具有权威性的教育学者、专业人士和图书馆员组成评审委员会，由当年出版的绘本读物中，评选出一名首奖和 2 至 3 名佳作，授予凯迪克大奖和荣誉奖项。

美国关于绘本的奖项众多，凯迪克奖之所以能够具有权威性，主要在于其评选标准重视作品的特殊寓意和艺术成就，每本获奖作品都重视其"寓教于乐"的价值。作品获奖后，出版商一般会在其图书封面，贴有凯迪克著名插画"骑马的约翰"奖牌。

(三)凯特·格林威奖

凯特·格林威奖由英国图书馆协会创立于 1955 年，以纪念 19 世纪伟大的儿童图画书插画家凯特·格林威女士，设立的初衷是拔擢优秀的插画艺术家、提升绘本水平，该奖项下设立"格林威大奖""最佳推荐奖""荣誉奖"三个类别。其中"格林威大奖"遴选标准严苛，图文结合度、插画质量等都是其重要参照标准。

该奖项虽然是英国儿童绘本的最高荣誉，但获奖者不仅限于英国国籍的插画家，体现其兼顾国际性的特点，这也使得格林威奖显得格局大、气势雄伟。

(四)德国绘本大奖

德国绘本大奖是欧洲具有绝对权威性的重要绘本奖项，是包含在"德国青少年文学奖"中的奖项，该奖评选单位是在德国儿童文学届极具影响力的"德国青少年文学协会"，协会拥有 50 个左右会员协会及其分支机构，还包括广大的个人会员，其中不乏从事儿童文学的知名作家。因此，该奖项成为德国众多儿童文学工作者努力追求的成功标杆。

德国绘本大奖的获奖作品传承了德国人严谨、冷静的一贯作风，叙事周全、逻辑清晰是作品的重要特征，常给人以"多一点则浪费，少一点则不足"的感受。